ŒUVRES CHOISIES DE
C.R. LAMA

ŒUVRES CHOISIES DE C.R. LAMA

ÉTABLIES ET ÉDITÉES

PAR

JAMES LOW

TRADUITES DE L'ANGLAIS PAR MANON WIDMER

Publié par Simply Being www.simplybeing.co.uk

British Library Cataloguing in Publication Data. Un catalogue d'archive pour la version originale de ce livre est disponible à la British Library.

ISBN: 978-0-9569239-3-6

Composé en police unicode tibétain : Jomolhari-ID-a3d.ttf ; titres: Avenir ; corps de texte : Palatino Linotype ; translittération du tibétain: Arial ; lignes de traduction : Times New Roman, Palatino Linotype, Book Antiqua.

*Puissent tous les êtres s'éveiller
à l'infinie profondeur et lumière
qui est la base de leur être*

Sommaire

Puissent le soleil du sourire de l'enseignant
et la pluie des instructions précieuses
faire germer et fleurir toutes les graines de
l'éveil dans les dix directions

Préface

La réalisation de ce livre a été un ouvrage d'amour. Les textes originaux à partir desquels il a été préparé étaient souvent de piètre qualité grammaticale, sémantique, ou étaient imprécis à l'égard de nombreux détails, aussi un grand travail de vérification et de révision a-t-il été nécessaire. Cela n'en a pas représenté un fardeau pour autant, car cette entreprise nous a ramenés, ma collègue Barbara Terris et moi-même, aux sensations de notre premier travail avec Rimpoche en Inde.

Les textes bouddhistes nous le rappellent encore et encore, aucun progrès ne peut être accompli sans une foi sincère. Rencontrer un enseignant digne d'une telle foi est véritablement une opportunité rare et précieuse. L'ouverture du cœur permet au flot de bénédictions ainsi qu'à la transmission d'affluer et cela constitue la base de la continuité de la tradition. La dévotion ouvre également le cœur à la beauté de l'instant, quel qu'il soit. La dévotion nous libère de la réification, de l'objectivation et du jugement, ces trois tendances qui rendent notre monde et nos cœurs si denses et lourds.

La dactylographie (et re-dactylographie) des textes a été accomplie par Barbara Terris. Barbara a ensuite vérifié l'orthographe des termes sanskrits et tibétains pour l'ensemble du travail. Nos remerciements vont à Gyurme Dorje pour son aide à cet égard. Sarah Allen a préparé la version finale en vue de la publication de la version anglaise.

La traduction française a été réalisée par Manon Widmer. Nathalie Koralnik a généreusement relu et corrigé l'introduction ainsi que les chapitres 1 et 2, et Martine Widmer le reste du texte. La préparation de la version finale de cette traduction en vue de la publication a été effectuée par Cyril Obadia.

Nous espérons que ce livre intéressera ceux qui ont une connexion avec C. R. Lama ainsi que ceux qui sont intéressés par les différents sujets couverts dans ce petit volume.

James Low

S'il y a quelque mérite dans ce travail, puisse-t-il aider tous les êtres à s'éveiller.

S'il en est dépourvu, puisse sa vacuité protéger tous les êtres d'une quelconque perturbation.

Introduction

Ce livre présente un large éventail de courts travaux auxquels C. R. Lama s'est consacré à l'époque où il était professeur au département d'études indo-tibétaines de l'université Visva-Bharati, à Santiniketan, dans le Bengale-Occidental. Certains d'entre eux sont des traductions, d'autres des écrits originaux, ou encore des courts enseignements qu'il a donnés tout en travaillant sur d'autres textes. Le but de ce volume est de donner un aperçu du large spectre d'intérêts et de styles de l'un des premiers lamas à avoir communiqué librement avec le monde moderne.

C. R. Lama

Lorsqu'il vivait en Inde, il se présentait comme C. R. Lama et les Indiens l'appelaient généralement Lamaji. Parmi les Tibétains, il était connu comme Khordong Terchen Tulku Chimed Rigdzin (*'Khor-gDong gTer-Chen sPrul-sKu 'Chi-Med Rig-'Dzin*) et on l'appelait Rimpoche.

Il est né en 1922, le jour de la pleine lune du 10ème mois. Il fut reconnu comme la troisième incarnation de Khordong Terchen Drophan Lingpa Drolo Tsal (*'Khor-gDong gTer-Chen 'Gro-Phan gLing-Pa Gro-Lod rTsal*) par Tulku Tshultrim Zangpo (*sPrul-sKu Tshul-Khrims bZang-Po*) auquel Rimpoche se référait toujours comme Tulku Tsurlo (*sPrul-sKu Tshul-Lo*), qui devint par la suite son maître principal. Il fut également reconnu comme l'incarnation du Corps de Khyeu-Chung Lotsawa (*Khye'u Chung Lo-Tsa-Ba*), de la Parole de Nanam Dorje Dudjom (*sNa-Nam rDo-rJe bDud-'Joms*), et de l'Esprit de Padmasambhava. Quand il eut quatre ans, il fut intronisé à la tête du monastère de Khordong (*'Khor-gDong dGon-Pa*) et prit également la direction de ses onze sous-monastères principaux.

Comme il le racontait souvent, ce fut pour lui le début d'une éducation intense, où était attendu de lui qu'il fasse preuve de capacités
supérieures, dans tous les domaines, à celles des autres élèves. Afin
d'illustrer comment des motivations égoïstes peuvent avoir de bonnes
conséquences, il expliquait que le prestige du monastère dépendait
des qualités de celui qui était à sa tête. Si le lama principal était célèbre
pour son pouvoir et son érudition, le monastère recevait beaucoup
d'offrandes - aussi aimait-il à comparer l'intérêt des gens pour son
éducation à l'engraissement d'un veau en vue d'un festin. « Bien que
j'aie été battu et sous pression, je suis heureux à présent, car j'ai appris
de nombreuses choses qui m'ont rendu utile à d'autres. »

À l'âge de dix ans, il se rendit dans le Tibet central et étudia pendant
deux ans sous la conduite de Nyamnyi Dorje (*mNyam-Nyid rDo-rJe*),
le chef de Dorje Drag (*rDo-rJe Brag*), principal monastère Byangter
(*Byang-gTer*). Il retourna ensuite à Khordong en tant que détenteur
officiel de la lignée Byangter au Tibet oriental. Il poursuivit ses études
avec Tulku Tsurlo, de Shugchung Gompa (*Shug-Chung dGon-Pa*),
monastère célèbre pour ses exécutions précises et disciplinées des
rituels et des danses religieuses. Il acquit une grande expertise dans
tous les aspects des rituels et des pratiques et, à l'âge de dix-sept ans, il
fut testé sur ses aptitudes et récompensé par le le titre de Dorje Lopon
Chenpo (*rDo-rJe sLob-dPon Chen-Po*), signe de sa maîtrise de toutes les
facettes de la pratique tantrique.

Tulku Tsurlo fit ensuite sept prédictions pour le guider dans l'avenir.
Il dit à C. R. Lama :

*A dix-huit ans, tu devras quitter le monastère sans dire à personne que tu
t'en vas et faire un long pèlerinage dans les régions frontières proches du
Bhoutan, du Sikkim et du Népal. Tu devras épouser une femme du Sikkim,
cela t'assurera une longue vie. Tu devras faire une retraite de trois ans à Tso
Pema et ne pas te défendre quand tu te feras détrousser. Tu voleras dans le
ciel à l'âge de trente-sept ans. Quand tu approcheras de la soixantaine, ta
vue baissera et tu devras agir afin de la préserver pour tes prochaines activités du Dharma. Après cela, tu devras retourner à Khordong et donner tous
les enseignements et initiations nécessaires. Tu vivras jusqu'à quatre-vingt-
quatre ou cent vingt ans, en fonction des circonstances.*

Il quitta comme prévu son monastère à onze heures du soir, la nuit de la pleine lune du premier mois de l'année du lapin de terre, en 1939, accompagné par deux assistants. Il laissa un message disant qu'il partait et qu'il ne devait pas être suivi. Il se rendit à Lhassa et travailla quelques temps pour l'administration du Dalaï Lama, classant des documents historiques et mettant de l'ordre dans la bibliothèque. Il alla ensuite en Inde via le Bhoutan et le Sikkim. C'était avant l'invasion chinoise, et la frontière était facile à traverser. Il vécut à Kalimpong pendant quelques années, épousa une femme sikkimaise et, grâce à l'oncle de cette dernière, travailla quelques temps pour le gouvernement indien fraîchement indépendant, dans la région de Tawang.

Dudjom Rimpoche l'encouragea à devenir le chef du monastère Nyingma à Tso Pema (*mTsho-Padma*), mais C. R. Lama déclina son offre, arguant que qui dit monastères dit sponsors et qui dit sponsors dit ennuis. Comme il voulait fonder une famille, il se chercha un emploi stable ; usant alors de son intuition, de son intelligence et de ses connexions politiques, il parvint à s'assurer le poste de conférencier, puis de professeur en études indo-tibétaines à l'université Visva-Bharati, à Santiniketan. Il avait déjà acquis de bonnes connaissances en népali et en hindi et se concentra alors sur son apprentissage du bengali et du sanskrit. Ses premières années d'efforts disciplinés lui en firent une tâche facile et, bientôt, il se trouva à travailler avec des chercheurs indiens sur la reconstruction d'anciens textes bouddhiques, en bengali et en hindi, textes perdus en Inde mais préservés en tibétain, grâce au travail réalisé pendant la Deuxième période de traduction, autour du XIème siècle de notre ère.

Il devint une figure familière du circuit de conférences universitaires indien, illustrant encore et encore l'importance de l'étude du bouddhisme comme outil de compréhension de la culture indienne. Il enseigna également le tibétain à l'université de Calcutta pendant plusieurs années.

À l'âge de trente-sept ans, il se rendit en Italie, pour travailler à Rome avec Giuseppe Tucci, et à Münich, en Allemagne, pour travailler avec le Professeur Hoffmann. Cette exposition à la culture européenne à la fin des années 1950 lui donna une idée de l'intense énergie que les Occidentaux investissent dans l'existence mondaine. Il dit alors que, voyant avec quel enthousiasme ils s'égaraient, il n'avait pas d'intérêt pour la culture occidentale.

C. R. Lama travailla à l'université Visva-Bharati jusqu'à sa retraite et, pendant un certain temps, Tulku Thondup Rimpoche fut son collègue proche. Rimpoche vivait dans une maison appartenant à l'université avec son épouse, Sangye Dolma, connue de tous comme Amala, et leurs cinq enfants. La maison comprenait une véranda, une cour intérieure, un jardin, et plusieurs annexes. Dans les années 1970 et au début des années 80, cela devint une ruche d'activités et quelques Occidentaux s'établirent autour de lui. C'était parfois une vraie Tour de Babel, où, dans des tentatives de communication interculturelle, l'on parlait bengali, népali, hindi, tibétain, anglais, français, allemand et néerlandais. C. R. Lama donnait peu d'enseignements formels du Dharma. Il n'aimait pas enseigner ou donner des explications. Il enseignait en créant des situations dans lesquelles l'expérience directe faisait s'effondrer les attentes conceptuelles. Il ne parlait que rarement de sa propre vie et, lorsqu'il le faisait, ses récits divergeaient souvent. Il insistait sur l'idée que l'accumulation de « faits » induisait une fausse et inutile impression de certitude. « *Tout n'est qu'histoires, tout est illusion. Seule la vacuité est vraie.* »

Le nombre d'étudiants occidentaux présents variait entre un et dix, et tous étaient encouragés à prendre part, d'une manière ou d'une autre, à la préparation de traductions de textes rituels. Ces textes étaient présentés avec l'original en tibétain assorti d'une signification mot à mot, puis d'une traduction de la phrase, en anglais (voir le chapitre 4, *Les vers racines des bardos*, en guise d'exemple. Plusieurs milliers de pages furent préparées de cette manière, tapées à la machine et écrites à la main sur du papier paraffiné, puis imprimées sur la machine Gestetner à tambours à encre de Rimpoche. Il régnait un sentiment de grande pression en tout temps, une ambiance d'intensité et d'urgence, et de longues heures étaient consacrées au travail tous les jours et souvent dans la nuit, à la lueur d'une bougie ou d'une lampe à acétylène. Il arrivait fréquemment que les textes soient imprimés et leurs nombreuses pages mises en ordre juste avant le début d'une initiation ou d'une pratique. Nous avions l'impression de vivre dans un champ d'énergie continue et imprévisible, le mandala de Senge Dongma (*Seng-Ge gDong-Ma*), l'une des pratiques principales de Rimpoche.

Les 10ème et 25ème jours du mois lunaire tibétain, nous prenions tous part aux rituels vêtus de nos robes rouges du Dharma. Ces pujas avaient énormément de force et de densité, car Rimpoche s'ouvrait totalement aux potentialités passablement embrumées de ses étudiants. Le soleil de sa conscience était capable de percer quelques ouvertures dans ces nuages, et de faire émerger l'immédiateté de la présence à partir des pages des textes rituels et jusque dans les vies de ceux qui l'entouraient. Un exemple d'une telle pratique peut être trouvé dans *DANS LE MANDALA DE PADMASAMBHAVA*[1].

L'ambiance dans sa maison était souvent sauvage, comme un orage, une menace, une explosion. Il n'y avait aucune chance d'y trouver de la complaisance, car l'attention au moindre détail et la précision de l'intention étaient les seuls facteurs permettant de maintenir cette intensité canalisée. Quand cela tournait mal, il y avait cris, fracas, obscurité, silence et enfin terreur, comme avec un orage de mousson. Cette atmosphère pouvait perdurer plusieurs jours, offrant une chance - mais seulement une chance - d'entrevoir la nature vide de la peur. Sans la pratique, la situation était intolérable.

Quand j'ai rencontré C. R. Lama pour la première fois, il m'a dit : « Le Bouddha n'est pas quelqu'un de gentil ». Le fantasme de la douceur, de la sécurité et du calme était un de ceux qu'il était heureux de dissoudre. Son but était la *dés*-illusion - grâce à un effondrement des certitudes, des espoirs et des peurs, des intentions et des plans.

Lorsque les étudiants s'accrochaient à ces cadres de références, la *dés*-illusion était douloureuse, et constituait une source de désarroi. Encore et encore, il révélait la spécificité du moment, et l'occasion de découvrir si nous pouvions, ou non, trouver notre « part » (*Rang-Chas*), notre chance, dans son mandala. Correspondance, conjonction, connexion - c'est l'ouverture à ce qui est ici. Si ça ne colle pas, la transmission n'a pas lieu. C'est franc et personnel, il n'y a nulle part où se cacher et aucun moyen de faire semblant.

À l'époque où C. R. Lama prit sa retraite, ses enfants avaient quitté la maison, aussi sa femme et lui partirent de Santiniketan pour Siliguri, dans le Nord Bengale, là où les collines rencontrent les plaines. De cet endroit, il fit plusieurs voyages en Europe et attira graduellement une vaste suite, constituée de ceux qui avaient fait l'expérience de l'ouverture de sa présence en participant à des pratiques.

À ce moment de sa vie, son tempérament était plus paisible et, bien qu'occasionnellement direct et provocateur, sa présence bienveillante offrait un réconfort et une direction aux personnes - jeunes, pour la plupart - qui étaient venues pour trouver un sens à leur vie.

Il consacra ses dernières années à la construction d'un monastère à Siliguri, pour poser les bases nécessaires à la continuité du versant monastique de sa lignée. Lignée qui se poursuit en Europe sous diverses formes et de manière discrète.

J'ai vécu dans une chambre à l'arrière de sa maison pendant huit ans, et mon expérience de Rimpoche durant tout ce temps a été incroyablement variée. Il est impossible de le résumer ou même simplement de clairement rendre compte de comment il était: il était ce qu'il était dans l'instant, sans honte ni crainte. Il n'essayait pas de projeter une image ou de faire en sorte que les gens l'apprécient, et cela donnait aux autres une liberté infinie. Vous pouviez faire de lui ce que vous vouliez - mais était-ce là un aperçu de lui, ou seulement une projection de votre propre matrice interprétative ?

La première fois que je suis allé à Santiniketan, avec mon amie Barbara, pour étudier le tibétain avec C. R. Lama, sa famille et lui-même étaient absents, et un moine kagyu américain, Tsultrim, s'occupait de sa maison. Nous avions laissé nos bagages sur un cadre de lit en bois dans la véranda fermée à clé et étions sortis pour dîner. À notre retour, nos sacs étaient dans la cour, sous une conduite d'eau, totalement détrempés. Dès le début, il nous indiquait : «vous devez compter sur moi, mais ne comptez pas sur moi». Comme il le disait souvent de lui-même : « je suis le menteur numéro un, le tricheur numéro un », et « je n'ai confiance en personne et surtout pas en moi». Le seul véritable refuge est notre propre esprit, et c'est un terrain trompeur, plein de certitudes illusoires.

Quand j'ai commencé à travailler sur des textes tibétains avec C. R. Lama, je les préparais de mon mieux, puis il les parcourait dans son « système pas-de-course », donnant la signification des mots et phrases difficiles aussi vite que possible. Il disait : « vite c'est bien », puis décrivait comment, enfant, son écriture filait sur l'ardoise comme un oiseau dans le ciel. Bientôt, il ne disait essentiellement plus que : « tu sais cela », puis sautait plus loin. C'était douloureux et déroutant de voir qu'il avait plus de foi en moi que je n'en avais en lui. À chaque fois que je me perdais dans des relations, la boisson, ou des humeurs rebelles, il me disait que cela était dû à l'énergie négative d'autres personnes, et qu'il ne fallait pas que je m'en fasse.

L'étendue de ses connaissances et de ses compétences était impressionnante, et il pouvait s'adonner à n'importe quelle activité. Alors que je me préparais à partir pour une retraite au Ladakh, il me fallait une tente, aussi m'envoya-t-il au marché acheter plusieurs mètres de coton blanc, de celui utilisé en Inde pour emballer les colis postaux. À mon retour, il avait fait venir un tailleur local qui attendait dans la véranda avec sa machine à coudre. Rimpoche mesura le tissu avec son bras, puis le déchira en dix pièces tout en indiquant au tailleur de quelle façon les coudre. En quelques heures ma tente fut prête et investie de son énergie protectrice.

Lors d'un pèlerinage à Tso Pema, il remarqua que les îles flottantes du lac sacré ne bougeaient pas. Il dit à l'Abbé du Monastère Nyingma du lieu que c'était un mauvais signe, et qu'elles devraient être encouragées à flotter librement. Il me demanda de nager jusqu'à elles et de les pousser afin qu'elles puissent voguer avec la brise comme indiqué dans les textes traditionnels. Les habitants du coin étaient très mécontents, mais il se mit alors à chanter de sa belle voix puissante et, peu à peu, toutes les petites îles, ces masses de racines, de terre et de roseaux, se mirent en mouvement. Tant de fois agit-il directement sur une situation, en gérant par la suite les conséquences sans hésitation ni embarras ! Il était confiant et clair, pouvait manifester un énorme impact puis, en un instant, devenir invisible.

Il se rendait souvent à son bureau à l'université vêtu d'un simple maillot de corps et d'un lunghi, la tenue des chauffeurs de rickshaw. Sa femme s'en plaignait : « N'as-tu aucune dignité? Que vont dire les gens ? » Et il répondait : « Eh bien, quand ils me voient arriver, penses-tu qu'ils se disent : 'voici C. R. Lama', ou : 'Tiens, voilà les vêtements de C. R. Lama'?»

Sa principale méthode de transmission reposait sur l'intensité des pratiques rituelles. Sa première incarnation était allée à Zangdopalri (*Zangs-mDog dPal-Ri*) sur le dos d'une oie et y avait passé trois jours avec Padmasambhava. Rimpoche nous raconta que les assistants de Nuden Dorje s'étaient demandé s'il était mort car son corps ne bougeait plus, mais qu'il était ensuite revenu avec de nombreux enseignements. Rimpoche disait que le but de nos rituels était de voir vraiment Padmasambhava et d'obtenir ses enseignements. Ce n'était pas une métaphore ou une situation où il s'agissait de faire « comme si » - c'était « comme c'est ». Alors nous priions avec une intensité concentrée pendant que Rimpoche déployait tout son pouvoir de méditation, sa voix et son habileté aux cymbales et au tambour afin de faire entrer Padmasambhava dans une relation vivante avec ce petit groupe de dévots. Le point essentiel c'est l'expérience directe, pas la théorie, ni la connaissance, mais l'expérience réelle de sa propre nature comme ouverture, clarté, et participation ininterrompue.

Rimpoche était impatient avec les structures restrictives, les manières pompeuses, et se montrait hautement hostile quand il voyait le Dharma être employé pour sécuriser des ambitions mondaines. Qui peut dire qui il était ? Certainement un *trickster*, certainement un tertön, certainement une force brillante, bénéfique, qui guidait au cœur de la pratique. Comme il me le disait souvent : « Les autres lamas espèrent mourir avec des mantras aux lèvres, moi je veux mourir la bouche pleine de délicieuses douceurs lactées. »

Les textes

Les deux premiers chapitres, *Le Vajrayāna au Tibet* et *La Tradition nyingma*, sont des textes écrits en tibétain par C. R. Lama. Ils présentent de nombreuses similarités dans leur contenu : ces répétitions soulignent l'importance accordée traditionnellement au fait d'obtenir une vision claire de l'unité fonctionnelle des différents systèmes et niveaux de pratique. Malheureusement, les originaux en tibétain ont été perdus, dévorés par des termites. Les deux premiers textes comportent beaucoup de termes bouddhistes techniques, donnés en français, en sanskrit, et en tibétain. C. R. Lama insistait pour que les termes soient donnés dans leur langue originale car leur signification y avait été clairement établie, alors qu'en français, en anglais, ou dans d'autres langues européennes, elle n'était pas encore définie mais approxi- mative et à l'état d'ébauche. Ces deux textes posent le contexte de la pratique en se focalisant sur le développement historique de l'orien- tation nyingma elle-même. Cette « école » comprend un assemblage flottant de groupes de personnes qui suivent les enseignements provenant de Padmasambhava, qui a établi le bouddhisme tantrique au Tibet au VIIIème siècle de notre ère.

Il existe de nombreuses voies dharmiques et, en Occident, on peut de nos jours visiter des centres présentant des enseignements qui n'ont eu aucun contact les uns avec les autres pendant mille ans. Comment choisir ce qui est bon pour soi ? Eh bien... peut-être sommes-nous autant « choisis » que « choisissants » ; nos vies nous sont révélées alors que nous nous trouvons attirés vers quelqu'un, ou vers un chemin qui séduit notre imagination. La manifestation de notre connexion avec le Dharma est rarement éclairée par la raison; au lieu de cela, nous sommes entraînés avec et par des images, des voix ou des idées et trouvons alors, peut-être sans savoir pourquoi, que nous sommes sur le chemin. Il ne s'agit toutefois pas d'une simple lubie, et une certaine connaissance de la riche histoire de la tradition peut renforcer notre sentiment d'appartenance - un sentiment crucial si nous devons la suivre des mois, des années, ou des vies.

Le premier chapitre, *Le Vajrayana au Tibet*, décrit brièvement comment les enseignements tantriques furent connus des êtres humains. Ce ne fut pas le résultat du développement d'un système à partir d'une idée intéressante que quelqu'un aurait eue. C'est, au contraire, une lignée présente depuis le commencement des temps, transmise par des êtres existant sous diverses formes dans divers royaumes. La lignée ininterrompue découlant de son origine « divine » ou naturelle coïncide avec la continuité ininterrompue entre tous les phénomènes, et entre ces phénomènes et leur source, ou base naturelle. On trouvera davantage de détails sur l'histoire précoce de ces enseignements dans THE NYINGMA SCHOOL OF TIBETAN BUDDHISM: ITS FUNDAMENTALS AND HISTORY [2]. Ce chapitre expose également la structure des niveaux de la pratique tantrique, et met en évidence les importantes différences de vue et de méditation existant entre elles.

Le deuxième chapitre, *La Tradition nyingma*, prolonge les éléments présentés dans le premier chapitre en proposant une description claire de la façon dont notre regard sur notre propre situation génère des configurations de réponses incarnées. Aussi longtemps que nous croyons que sujet et objet sont véritablement séparés et intrinsèquement réels, dotés chacun d'une essence les définissant ou d'une nature propre et intrinsèque, alors nous sommes condamnés à un long, lent, et difficile chemin de purification et de développement sur lequel nous rencontrons de nombreux obstacles. L'obstacle principal étant, en réalité, notre propre croyance en notre existence en tant qu'entité distincte.

Ce chapitre attire notre attention sur l'importance vitale de s'ouvrir et de demeurer dans la vue non-duelle du dzogchen, le pinacle des enseignements du Bouddha. Cette vue nous initie à la perfection naturelle de notre propre situation présente, si bien que, sans effectuer aucun changement externe ou interne, nous nous éveillons à notre bouddhéité primordiale, à la non-dualité de la pureté intrinsèque de l'ouverture non-née et à la clarté de la manifestation spontanée. C'est là l'enseignement qu'incarnait C. R. Lama, et qu'il exprimait dans l'immédiateté insouciante de sa participation à tout ce qu'il rencontrait.

Les chapitres 3, **Instructions sur le bardo rayonnant de clarté comme le soleil**, et 4, **Les Vers racines des bardos**, se concentrent sur l'expérience des bardos, ces états intermédiaires ou d'entre-deux. Le troisième chapitre fait partie du recueil de termas (gTer-Ma, trésor), de la première incarnation de C. R. Lama. Le quatrième chapitre appartient au cycle des ZHITRO DE KARMA LINGPA. Nos vies ne sont rien d'autre qu'expérience, insaisissable expérience ; quoi que nous saisissions, ce n'est rien qu'une autre forme d'expérience, présente uniquement si nous y prêtons attention. Plutôt que d'affirmer qu'il y aurait des étapes définies dans nos existences, étapes que nous occuperions et maîtriserions, les enseignements sur le bardo attirent notre attention sur la nature transitoire et contingente de chaque moment de notre déploiement. Nous sommes toujours entre ce qui est parti et ce qui est encore à venir - la vie est faite d'instants, pas de choses. Ces enseignements nous encouragent à nous ouvrir pleinement au moment dans lequel nous sommes. Si nous sommes pleinement ouverts et recevons la plénitude du moment, nous serons pleins et vides en même temps; c'est la rencontre du ciel avec le ciel.

Le cinquième chapitre, **La Pratique de Vajrasattva purifiant toutes les erreurs et les obscurcissements**, a été écrit par C. R. Lama afin de compléter les enseignements de Chetsangpa qui forment les chapitres 1, 3, et 5 de LA SIMPLICITÉ DE LA GRANDE PERFECTION[3] . Il insistait sur le fait que le facteur le plus important dans la pratique du Dharma était la foi, pas seulement en les divinités de la méditation, mais la foi en nous-mêmes, en notre vraie nature, notre nature de bouddha, notre pureté primordiale. Vajrasattva, l'Être Indestructible, est le garant de notre éveil. Il est la présence de notre présence; notre pureté révélée à nous-même à travers la pureté d'une forme qui est la vacuité elle-même. Ce court texte donne les instructions clés pour cette pratique et a été écrit il y a une quarantaine d'années par Chimed Rigdzin Lama alors qu'il vivait dans le Bengale, en Inde.

Ce chapitre traite de la relation entre fantasme et réalité. La réalité, dans cette définition, n'est pas le monde substantiel qui nous semble être révélé par nos sens et compris par nos pensées. La réalité est la non-dualité de base, ce qui perdure lorsque les élaborations d'artifices cessent d'être encouragées. Le monde des expériences ordinaires, avec ses espoirs et ses peurs, ses idées du bien et du mal, et son incessante organisation conceptuelle, se révèle alors être un fantasme, le produit d'une incompréhension première.

C'est précisément parce que nos fautes, nos erreurs, nos confusions et autres sont, comme tout le reste, dénuées de nature propre inhérente, qu'elles peuvent être rapidement dissoutes. La méditation de Vajra-sattva, en reliant l'ordinaire, le symbolique, et l'ouverture de l'expé-rience directe, offre un moyen de dissoudre nos réifications contami-nées, créatrices de tant de douleur et de culpabilité, dans leur propre pureté intrinsèque. L'essence de la pratique réside dans la prise de contact et la reconnaissance de cette pureté innée de tout ce qui apparaît. La corruption est un fantôme adventice qui s'épanouit sur l'identification erronée à un soi. La pratique offre l'un des nombreux chemins menant à l'expérience de la conscience et de la vacuité, qui est le début du dzogchen.

Le chapitre 6, *Padmasambhava se présente*, le chapitre 7, *De l'Impor-tance de contempler Padmasambhava* et le chapitre 8, *Prédictions de Padmasambhava*, concernent Padmasambhava et ont été traduits par C. R. Lama à partir d'extraits de textes qui étaient disponibles en Inde dans les années 1960. Quand les Tibétains durent quitter le Tibet en raison du contrôle chinois, de nombreux textes furent perdus. Progres-sivement, plusieurs d'entre eux sont réapparus et ont été réimprimés, mais ces courts extraits remontent à une époque durant laquelle chaque bribe était chérie et conservée avec les plus grandes précautions.

Les chapitres 6 et 7 exposent le pouvoir et les qualités de guérison de Padmasambhava, propriétés nourrissantes et curatives qui étaient particulièrement importantes pour les réfugiés qui avaient tant perdu. Son pouvoir à faire le bien ne vient pas tant d'une position dans le monde que de sa base naturelle, le dharmadhātu, depuis laquelle il convoque tout ce qui est nécessaire à ceux qui ont foi en lui.

Le chapitre 8 énumère certaines des nombreuses prédictions faites par Padmasambhava pour les temps à venir. Il s'agit essentiellement de prédictions concernant des troubles et des désastres - et, paradoxalement, ces rappels des maux du saṃsāra sont rassurants lors d'époques difficiles. Nous avons tendance à surinvestir nos propres tragédies, leur donnant une grande importance alors qu'elles ne sont rien d'autre que des exemples de la nature de l'expérience dualiste.

Le chapitre 9, *Extraits de préfaces*, propose quelques extraits de préfaces dictées par C. R. Lama pour une série de textes rituels publiés en Inde. Ils donnent un avant-goût de son phrasé et de ses intentions.

Le chapitre 10, *Courts enseignements*, comprend un choix de courtes notes prises alors que C. R. Lama expliquait des textes. Il parlait très vite et exigeait une attention totale. Ces notes donnent une idée de la manière condensée et directe qu'il employait pour se faire comprendre. Ces courts enseignements recèlent des significations qui sont révélées par une réflexion calme sur notre propre existence.

Les chapitres 11 à 16 ont été dictés par C. R. Lama. Je les ai couchés par écrit sous forme de brouillon, puis vérifiés avec Rimpoche. Certains d'entre eux ont ensuite été édités pour des présentations données lors de conférences, tandis que d'autres sont restés sous forme de notes jusqu'à récemment. Tous les efforts ont été déployés pour que les toponymes soient épelés correctement, mais il est possible que quelques inexactitudes aient subsisté.

Le chapitre 11, *Le Monastère de Khordong*, relate l'histoire et le développement du monastère principal de C. R. Lama, dans le Tibet oriental. Il décrit les efforts d'une foule de personnes à construire, à enseigner, à pratiquer - tous impermanents, et tous de grande valeur. Cette brève description souligne la place de la transmission par la lignée en tant que fil principal reliant et façonnant toutes les activités monastiques.

Le chapitre 12, *L'Éducation au monastère de Khordong*, est une courte communication que C. R. Lama avait faite lors d'une conférence en Inde. Elle décrit le système éducatif au Monastère de Khordong, passant en revue le programme d'études et la façon d'étudier employée alors.

Le chapitre 13, *Le Monastère de Khordong: cycle annuel de rituels*, décrit les pratiques de méditation enseignées et utilisées au monastère de Khordong. Plusieurs d'entre elles étaient organisées suivant le système Byangter du monastère de Dorje Drag. Ce chapitre expose le cycle annuel des rituels de méditation. Il a été présenté lors d'une conférence à Varanasi, en Inde, en même temps que le chapitre 12.

Le chapitre 14, *Célébrations du Nouvel-An*, raconte les célébrations du Nouvel-An dans le district du Kham Trehor, comme pratiquées par les moines et les personnes laïques.

Le chapitre 15, *Commentaires sur la culture*, offre les réflexions de C. R. Lama sur la culture locale et donne un aperçu du mode de vie au sein duquel sa perception du monde s'est développée. Rimpoche n'était pas sentimental et acceptait avec équanimité les nombreuses circonstances changeantes de sa vie et la perte irrévocable de la culture tibétaine traditionnelle.

Le chapitre 16, *Rigdzin Godem et le Sikkim*, est un bref récit de la révélation de la terre cachée du Sikkim par Rigdzin Godem. Il comprend une courte prière. Rimpoche avait présenté cet exposé lors d'une conférence au Sikkim en 1979 et c'est un exemple de sa façon de subvertir la structure académique objectifiante en déplaçant la concentration vers la pratique.

C. R. Lama a aussi écrit une Prière des Lampes à Beurre pour soutenir la santé et la longévité de son Guru. Elle a déjà été publiée séparément sous le titre de RADIANT ASPIRATION [4], aussi n'est-elle pas incluse ici.

Le Dharma lui-même ne change jamais, mais les formes de son expression véritable sont myriades, émergeant selon les textures karmiques des différentes époques. C. R. Lama était une présence impossible à reproduire - tout comme nous lorsque nous nous libérons des restrictions des suppositions et des habitudes. L'être, la présence, est toujours frais, toujours ouvert, toujours prêt à manifester spontanément ce qui est utile et approprié. C'était la base, le chemin, et le résultat présents sous la forme rayonnante de C. R. Lama.

> *La lumière rayonne sans cesse de l'esprit illuminé:*
> *puisse-t-elle briller du cœur de Rimpoche où qu'il se trouve*
> *orientant tous les êtres vers leur vraie nature.*

James Low

NOTES

[1] Low, J. (trad. Nathalie Koralnik et Patrice Sammut), DANS LE MANDALA DE PADMASAMBHAVA. Editions Khordong France, Belmont, 2010.

[2] Dudjom Rinpoche, Jikdrel Yeshe Dorje, Dorje, G. (Tr and Ed.), THE NYINGMA SCHOOL OF TIBETAN BUDDHISM: ITS FUNDAMENTALS AND HISTORY. Wisdom Publications, Boston, 1991.

[3] Low, J. (trad. Nathalie Koralnik et Patrice Sammut), LA SIMPLICITÉ DE LA GRANDE PERFECTION, RECUEIL DE TEXTES DZOGCHEN TRADUITS DU TIBÉTAIN ET PRÉSENTÉS PAR JAMES LOW. Editions du Rocher, Monaco, 1998.

[4] Lama, C. R. and Low, J., RADIANT ASPIRATION: THE BUTTERLAMP PRAYER LAMP OF ASPIRATION. Simply Being, Londres, 2011.

1

Le Vajrayāna au Tibet

Voici une brève présentation des pratiques tantriques du Vajrāyana [1] au Tibet d'après l'École Nyingma.

Selon le Mani bKa 'Bum, le recueil d'enseignements sur le mantra d'Avalokiteśvara, le Roi Songtsen Gampo (*Srong-bTsan sGamb-Po*) parlait des différentes vues et méditations tantriques. Il avait beaucoup à dire au sujet de la phase de développement (*utpannakrama*), de la phase de perfection (*sampannakrama*) et des instructions (*upadeśa*) de la pratique d'Ārya Avalokiteśvara. Le Tibet entier devint fidèle à Ārya Avalokiteśvara, Chenresi, et commença à méditer sur les six syllabes (OM MANI PADME HŪM) depuis l'époque de ce roi (VIIème siècle après J.-C.). Certains textes tantriques furent traduits quand les Indiens Ācārya Kusara et Brahmāna Śaṅkara et le Népalais Ācārya Śīlamañju se rendirent au Tibet. De courts extraits des tantras d'Ārya Avalokiteśvara furent traduits. Cinq générations plus tard, le Roi Trisong Detsen (*Khri Srong lDeu bTsan*) invita le grand érudit Śāntarakṣita, le grand sage Mahācārya Padmasambhava ainsi que d'autres lettrés indiens à venir au Tibet, et ils y propagèrent alors le bouddhisme. Mahācārya Dharmakīrti, le grand érudit Vimalamitra, Ācārya Buddhaguhya et Ācārya Śāntigarbha se rendirent tous au Tibet. Mahācārya Dharmakīrti transmit la méthode de consécration dans le Maṇḍala du Vajradhātu du Yogatantra. Mahāpaṇḍita Vimalamitra et d'autres enseignèrent tout ce qui était nécessaire aux Tibétains. Les traducteurs tibétains Vairocana, Ma (*rMa*), Nyag (*gNyag*) et Nub (*gNub*), etc., traduisirent un grand nombre de textes, dont le Kun Byed rGyal Po, Le Roi Tout-

ACCOMPLISSANT, le *MDO DGONGS 'DUS*, *LE SUTRA UNIFIANT LES INTENTIONS*, l'un des quatre tantras racine de l'Anuyoga, et le *SGYU 'PHRUL 'GRUB SDE BRGYAD*, *LES HUIT SECTIONS DE LA PRATIQUE DES FORMES ILLUSOIRES*, et ainsi de suite. Les textes de base (*āgamas*) et les explications (*upadeśas*) furent également traduits.

Par son pouvoir miraculeux, Mahācārya Padmasambhava, achemina de nombreux ouvrages tantriques au Tibet depuis l'Inde, Uḍḍiyāna et d'autres lieux, et il les traduisit. D'autres tantras qui étaient répandus en Inde parvinrent au Tibet au fil du temps.

L'émergence du Tantra

Vingt-huit ans après son nirvāṇa, le Seigneur Bouddha s'incarna sous la forme de Guhyapati, le Maître des Secrets, sur le Mont Malaya en Inde du sud. Il trouva là cinq êtres sages, « Les Cinq Excellents de Noblesse sublime », qui pouvaient exposer trois tantras externes et dix-huit tantras internes. Ces cinq êtres sages appartenaient aux cinq groupes d'êtres sensibles :

1. De la famille pure des dieux, devasatkūla, vint Yaśasvī (*Grags-lDan mChog-mKyongs*)
2. De la famille pure des yakṣas, yakṣasatkūla, vint Ulkāmukha (*sKar-mDa' gDong*)
3. De la famille pure des nagas, nāgasatkūla, vint le Roi Takṣaka (*kLu-rGyal 'Jog-Po*)
4. De la famille pure des rākṣasa, rākṣasasatkūla, vint Matyaupāyika (*bLo-Gros Thabs-lDan*)
5. De la famille pure des humains manuṣasatkūla, vint Vimalakīrti (*Li-Tsa-Bi Dri-Med Grags-Pa*)

De ces cinq êtres sages, ce fut le rākṣasa, Lodrö Thabden (*bLo-Gros Thabs-lDan*) qui écrivit les tantras sur des feuilles d'or avec de l'encre de béryl bleu et les garda cachés dans le ciel suivant les sept instructions de Guhyapati. Ces sept instructions étaient les suivantes :

1. Le tantra devait être écrit sur feuille d'or
2. L'encre utilisée devait être tirée de la pierre de béryl
3. Le tantra devait être gardé dans un récipient fait de pierres précieuses
4. Le récipient devait être conservé en un lieu où les éléments ne puissent le détruire

5. Des Devīs, des déesses, furent placées pour garder le récipient
6. Le Roi Ja fut désigné en charge des tantras
7. Kukurāja, Uparāja et d'autres enseignants furent annoncés, jusqu'à la période actuelle.

Quand le temps fut venu, le Roi Ja [ou Dza] fit un rêve dans lequel il vit que les tantras écrits sur feuille d'or lui étaient accordés. Ce rêve devint réalité le lendemain matin lorsque tous les tantras tombèrent comme de la pluie sur le toit de sa maison. Après cela, le Roi Ja, Buddhaguhya, Buddhājñāna, Ānandavajra et d'autres exposèrent ces tantras au monde.

Ces dix-huit tantras et le MAHĀMĀYA GUHYASĀRA, L'ESSENCE SECRÈTE DE LA GRANDE ILLUSION, furent étudiés en détail par Buddhaguhya, Mahāpaṇḍita Vimalamitra et les traducteurs Ma et Nyag. Mahācārya Mahāhuṅkāra enseigna la sādhana de Viśuddha et d'autres tantras à ses disciples, parmi lesquels Namkhai Nyingpo (Nam-mKha'i sNying-Po) de Nub. Padmasambhava enseigna à d'autres disciples la sadhana de Kilaya et la sādhana de Mahāṣṭa. Buddhājñāna, un Tibétain, Vyākaraṇavajra et d'autres instruisirent le peuple. C'est ainsi que leurs enseignements sont parvenus jusqu'à aujourd'hui.

Pour ce qui concerne l'āgama anuyoga, le samājasūtra, le vidyasūtra, et ainsi de suite, les instructions furent données par quatre ācāryas indiens et népalais au tibétain Buddhājñāna, dont le travail est arrivé jusqu'à nous. Le cycle de textes appelé BSHAD RGYUD DGONGS PA 'DUS PA,, LE TANTRA EXPLICATIF ASSEMBLÉE DE CLARTÉ, (SAMKṢIPTA SANDHISAMGRAHA) fut traduit au monastère de Samye dans le Tibet central pendant la première période de traduction.

L'Atiyoga Mahāsampanna est divisé en trois sections:

Les dix-huit instructions externes de la série de l'esprit (cittavarga, Sems-sDe) furent exposées. Ces instructions furent expliquées par Vairocana et Yudra Nyingpo (gYu-sGra-sNying-Po) et ont été transmises jusqu'à nos jours.

Les instructions de la série de l'espace intérieur (dhātuvarga, kLong sDe) furent présentées par Śrī Siṅgha et expliquées par Vairocana, et ont été transmises jusqu'à nos jours.

Les instructions essentielles contenues dans les dix-sept tantras de la série des instructions orales secrètes (upadeśavarga, Man-Ngag-sDe) furent expliquées par Ācārya Padmasambhava, Vimalamitra et Vairocana et ont été transmises jusqu'à nos jours.

Une brève présentation de la signification du Vajrayāna

Le *sNga-'Gyur Kun-Byed-rGyal-Po, Roi Tout-Accomplissant de la première période de traduction*, énonce : « *Theg-Pa rNam-Pa gNyis-Yin-Te mTshan-Nyid rGyu-Yi Theg-Pa 'Bras-Bu sNgags-Kyi-Theg-Pa* ». Ce qui signifie : « Il y a deux sortes de yanas ou véhicules. Le premier est le véhicule qui fonctionne comme une cause et qui s'appuie sur les caractéristiques et l'analyse. Le second est le véhicule qui fonctionne suivant le résultat et qui s'appuie sur le tantra. ». « Yana » indique une élévation, le fait de monter jusqu'à l'éveil. Le véhicule de la cause (*lakṣaṇa hetuyāna*) est présenté dans les sutras. Le véhicule du résultat (phala vajrayāna) renvoie au mantrayāna, au tantrayāna, et au sahajayāna. En raison de son pouvoir et de son efficacité, phala vajrayāna est considéré comme étant supérieur au lakṣaṇa hetuyāna, le chemin qui fonctionne comme une cause pour l'obtention de l'éveil à un moment ultérieur. Il y a de nombreux adeptes du Vajrayāna qui ont atteint la libération, et il est souvent arrivé que leur corps se transforme en un arc-en-ciel.

Le chemin du tantra est appelé le « vajrayana », le chemin adamantin ou indestructible. On dit du diamant qu'il a sept qualités :

1. Un diamant ne peut être coupé par quoi que ce soit
2. Un diamant ne peut être détruit
3. Un diamant est une vraie pierre
4. Un diamant est très fort
5. Un diamant conserve sa forme
6. Un diamant est impénétrable
7. Un diamant peut tout pénétrer.

Les bouddhistes croient que le tantra possède ces sept vertus qui manifestent chacune de nombreuses qualités. Parmi celles-ci, seule une qualité sera donnée ici pour chacune des vertus énumérées ci-dessus. Le Vajrayana manifeste l'indestructible nature de bouddha, Vajradhara, dans tous les êtres. On considère que Vajradhara :

1. Est à l'abri de toute contamination
2. Ne peut être détruit
3. Est le vrai nirvāṇa
4. Est force
5. Est fermeté
6. Est immortel
7. Est le seul moyen de libérer le monde

Trois véhicules

Les enseignements ont été organisés selon divers schémas. L'un d'eux, trouvé dans les premières traductions de la tradition nyingma, fait appel à trois véhicules, ou chemins :

1. Le chemin du véhicule qui mène hors de la souffrance, sarvobhavanayaka yāna (*Kun-Byung-'Dren*)
2. Le chemin du véhicule qui se centre sur l'austérité, tapasvinkūla yāna (*dKa'-Thub Rigs-Pa*)
3. Le chemin du véhicule des méthodes qui subjuguent, śaktiupāya yāna (*dBang-bsGyur Thabs-Kyi Theg-Pa*)

Ce sont les noms donnés dans les Anciennes Traductions [nyingma].

Neuf véhicules

Le schéma le plus couramment utilisé se base sur neuf véhicules :

1. Le véhicule des auditeurs, (*sNyan-Thos-Kyi Theg-Pa*)
2. Le véhicule des bouddhas solitaires, (*Rang-rGyal-Kyi Theg-Pa*)
3. Le véhicule des bodhisattvas altruistes, bodhisattvayāna (*Byang-Chub Sems-Pa'i Theg-Pa*)

Les trois véhicules ci-dessus constituent le sarvabhavanayakayāna

4. Le véhicule de l'activité, kriyāyāna (*Bya-rGyud*)
5. Le véhicule de la conduite, caryāyāna (*sPyod-rGyud*)
6. Le véhicule qui est suprême, anuttarayāna (*bLa-Na-Med-Pa'i rGyud*), aussi appelé véhicule de la méditation yoga, yogayāna (*rNal-'Byor rGyud*)

Ces trois-ci constituent le tapasvinkūlayāna

7. Le véhicule des tantras pères, pitrāgayāna (*Pha-rGyud*), aussi

appelé mahāyoga

8. Le véhicule des tantras mères, matṛyagayāna (*Ma-rGyud*), aussi appelé āgama anuyoga

9. Le véhicule du yoga non-duel, advayayogayāna (*atiyogayāna*) (*gNyis-Med-rGyud*), aussi appelé mahāsampanna atiyoga. L'advayayogayāna comporte lui-même trois séries:

   a. La série de l'esprit, cittavarga (*Sems-dDe*)
   b. La série de l'espace, khavarga (*kLong-sDe*)
   c. La série des instructions orales secrètes, upadeśavarga (*Man-Ngag-sDe*)

Ces trois-là constituent le śaktiupāyayāna.

Les trois premiers véhicules appartiennent au système des sutras du véhicule de la cause, s'appuyant sur des signes. Les six autres appartiennent au véhicule du résultat et emploient l'enseignement du Vajrayāna pour gagner connaissance et puissance. Le *tapasvinkūlayāna*, qui comprend les trois premiers chemins tantriques, est restrictif dans son champ, alors que les deux autres groupes de trois sont plus ouverts dans leur vue.

Selon le mahāyoga, il n'existe pas de règle absolue permettant de déterminer ce qui est vertueux et ce qui ne l'est pas, puisque tout est naturellement pur et immuable depuis l'origine. C'est la connaissance humaine qui perçoit des différences et émet des jugements. S'éveiller à notre état naturel est la seule façon d'atteindre l'illumination (*abhisambodhi*).

D'après l'āgama anuyoga, la conscience (*vidyā*) est naturellement pleine de clarté et de félicité (*mahānanda*).

D'après le mahāsampanna atiyoga, il n'est nul besoin de se référer au passé ou à l'avenir, ni d'observer les causes et les effets. Dans l'instant présent, la conscience (*vidyā*) est elle-même inhérente aux trois corps, ou modes, de l'illumination, le dharmakāya, le sambhogakāya, et le nirmāṇakāya.

Le dharmakāya (*Chos-sKu*), ou mode de réalité, bien que sans forme et sans substance, est la source de toute illumination. C'est la vérité absolue saṃsāra, existant par lui-même, éternel. Il est représenté par Samantabhadra ou Ādi-Bouddha.

Le sambhogakāya (*kLong-sKu*), ou mode de jouissance, est glorieux et splendide. Il est le rayonnement naturel du dharmakāya et la récompense, ou l'accomplissement, des mérites de Bouddha. Il est représenté par les bouddhas des cinq familles, qui sont gracieux et bienheureux.

Le nirmāṇakāya (*sPrul-sKu*) ou mode de participation, est la présence illuminante du Bouddha, qui mène les êtres sensibles de l'obscurité à la lumière, du sommeil à l'éveil, de l'ignorance à la présence. Il est représenté par le Bouddha Śākyamuni, qui montra la vacuité et l'absence de nature propre inhérente de tous les phénomènes.

Le mahāsampanna atiyoga est divisé en trois sections : cittavarga, khavarga, et upadeśavarga.

Selon la série de l'esprit (*cittavarga, Sems-dDe*), quoi que vous voyiez, sentiez, touchiez, etc., ce n'est rien d'autre que les reflets de votre esprit (*citta*). Cette connaissance est naturellement présente, car l'esprit lui-même est conscience, clarté, et vacuité – pur et sans défaut. Aussi, l'esprit ne requiert rien qui lui soit extérieur pour sa purification. Dans la série de l'esprit, l'attention est portée sur le sujet (*dharmatā*), alors que dans le mahāmudrā, elle se concentre sur l'objet (*dharma*).

Selon la série de l'espace (*khavarga*, ou *dhātuvarga, kLong-sDe*), la vue est que tous les phénomènes (*dharmas*) sont contenus dans la réalité de la conscience (*dharmatā, Samantabhadra*), d'où son rejet de l'inclusion d'interprétations fournies par la connaissance humaine. Selon cette vue, aucun péché ou objet n'a besoin d'être enlevé, purifié ou transformé. Elle est elle-même la profondeur et la lumière de la connaissance ou conscience intrinsèque. Grâce à la pratique du mode indestructible (*vajrakāya sādhana*), le corps du méditant (*sādhaka*) se manifeste comme un arc-en-ciel. Nombreux sont les adeptes de cette pratique dont le corps semblable à un arc-en-ciel s'est fondu dans le jñanakāya, le mode d'intégration des trois modes de l'illumination. Parmi eux figurent Vimalamitra, Jñanasūtra, Jñanagarbha entre le neuvième et le onzième siècles, Pema Dudul (*Padma dDud-'Dul*) et Tsangkor Drubchen (*rTshang-sKor Grub-Chen*) au vingtième siècle.

Le dhātuvarga met l'accent sur la non-dualité de l'ouverture, ou profondeur (*śūnyatā*), et de la lumière. Cela peut sembler similaire à la vue Rim lNga (*panchkram*) de la tradition gelugpa. Toutefois, cette vue stipule que les cinq souffles (*pañcavāyu*) du corps doivent être contrôlés et que, par conséquent, śūnyatā doit être réalisé graduellement. Cela signifie qu'il faut faire des efforts pour atteindre śūnyatā et la lumière, alors que le dhātuvarga n'implique pas de tels efforts pour actualiser la lumière.

D'après la série des instructions orales secrètes (*upadeśavarga, Man-Ngag-sDe*), la vue s'intéresse à l'éveil à la nature de notre existence. La clarté non-duelle (*advayajñāna*) est libre de gain comme de perte car elle voit et révèle la vacuité (*śūnyatā*) de l'objet (*dharma*) et du sujet (*dharmatā*), du saṃsāra et du nirvāṇa. Aussi n'y a-t-il pas d'emphase sur la sādhana. Par la lumière de cette conscience (*jñānavidyā*), dharmatā atteint aisément l'auto-connaissance. Alors, toutes les sortes de raisonnements cessent et il ne demeure rien qui doive être accompli.

L'upadeśavarga se concentre sur l'expérience d'un objet direct et peut, pour cette raison, ressembler aux six unions (*ṣaḍaṅga-yoga, sByor-Drug*) pratiquées dans la tradition gelugpa, mais elle en diffère. La pratique des sByor-Drug enferme les cinq souffles dans le canal central (*avadhūti*) et cherche à demeurer dans la vacuité afin d'obtenir la joie suprême (*mahānanda*), alors que l'upadeśavarga laisse de côté toutes les pensées dans l'esprit et repose dans la conscience intrinsèque, notre présence naturelle.

La doctrine de l'upadeśavarga révèle le mode éveillé de la conscience primordiale (*jñānakāya*) qui se manifeste comme un arc-en-ciel et est, en cela, considérée comme supérieure à la doctrine du dhātuvarga. Dans le dhātuvarga, il n'y a que trois portes: corps, parole, et esprit (*kāya, vāk* et *citta*), alors que dans la vue de l'upadeśavarga, l'advayatattva ou dharmatā samapta dṛṣṭi, les trois portes se fondent dans le jñānakāya.

Ces trois séries, cittavarga (*Sems-sDe*), dhātuvarga (*kLongs-Sde*) et upadeśavarga (*Man-Ngag-sDe*) composent ensemble la vue et la pratique appelée grande perfection (ou grande complétude, *mahāsampanna, rDzogs-Chen*), et il y a une raison à ce nom. Tous les dharmas possibles dans les royaumes du devenir (*bhavadṛṣṭi, saṃsāra*) et dans le nirvāṇa sont contenus dans la vacuité (*śūnyatā*) et la conscience intrinsèque (*vidyājñāna*), et c'est pour cela que cette vue est complète (*sampannatā*). Les pensées pures (*śuddha*) et impures (*aśuddha*) qui se présentent avec la clarté et la vacuité de la conscience (*vidyāprakāśaśūnyatā*) sont appelées compassion omni-pénétrante (*karuṇāsarvavibhu*). Elles sont également appelées la vue de la vacuité non-duelle (*dṛṣṭiśūnyatā advaya*). Il n'y a pas d'autre voie de libération (*mukti*) en dehors des trois séries mentionnées ci-dessus, et c'est pour cela qu'on dit qu'elles sont grandes (*mahā*).

Le soi (*atma*) est l'auto-luminosité de la conscience. Il prend son origine dans la vacuité (*śūnyatā*). Il est complètement pur (*viśuddha*). C'est pourquoi conscience (*vidyā*) et vacuité (*śūnyatā*) sont dites non-duelles (*advaya*). La vacuité émerge et se parachève d'elle-même (*svayamvibhu-siddhi*). Vacuité et radiance (*prakāśa*) sont non-duelles (*advaya*).

À cause de l'ignorance (*avidyā*), différentes sortes de pensées surviennent et c'est ce qui est appelé l'esprit (*citta*). Du fait de l'absence d'ignorance, l'objet (*grāhya*) et le sujet (*grāhaka*) sont sans élaboration conceptuelle (*prapañcarahita*) et ne sont que clarté et vacuité (*prakāśūnyatarahita*).

La conscience inséparable de la connaissance intrinsèque (*vidyājñāna*) est la source aussi bien que le lieu de l'intégration de la conscience et de l'activité mentale. Tout ce qui est perçu l'est au sein de l'esprit (*citta*), et l'esprit est vacuité (*śūnyatā*). La vacuité est non-dualité, union de l'expérience et de la vacuité. En comprenant cette conscience-vacuité qui englobe tout, tous les phénomènes (*dharma*) deviennent clairs. Voilà la façon de s'éveiller à la présence de la conscience (*vidyā*).

Les objets germent au sein de l'esprit (*citta*), qui est vacuité (*śūnyatā*), qui est présence et lumière immuable. Quand on comprend cela, qui est tout, on demeure dans la connaissance de la grande perfection (*mahāsampannatā*).

Selon cette vue, il n'est pas nécessaire de suivre une méditation structurée, car l'enseignement d'un guru suffit à obtenir la sagesse. Et même si l'on échoue à obtenir la sagesse des enseignements d'un guru, on l'obtiendra dans le bardo.

La sagesse est la pureté même. Il est par conséquent nécessaire que nous demeurions en elle telle qu'elle est, sans la contaminer par une inutile dépendance à nos pensées. Le soleil, par exemple, brille toujours, même s'il peut être caché par les nuages et vapeurs créés par sa propre chaleur. De manière similaire, il y a des éléments qui obscurcissent la sagesse, mais ils sont inséparables d'elle; aussi devons-nous demeurer dans la sagesse en tous temps et en toutes situations.

Cela est montré clairement dans l'extrait suivant, tiré du quatrième chapitre de *La Prière en sept chapitres* (*gSol 'Debs Le'u bDun Ma*)[2], par Padmasambhava.

> *Pour ce qui est des objets des yeux, qui sont les apparences d'absolument toutes les entités extérieures et intérieures qui constituent l'univers et ses habitants, maintenez l'ouverture permettant à ces apparences de survenir sans toutefois les saisir comme quelque chose d'intrinsèquement réel. Voyez qu'elles sont les formes rayonnantes de la clarté et de la vacuité, pures et naturellement libres d'objets saisissables et d'esprit qui saisit.*
>
> *Pour ce qui est des objets des oreilles que sont les sons, considérés comme plaisants ou déplaisants, maintenez, pour tous les sons, l'ouverture du son et de la vacuité, dénuée de l'implication de toute pensée discriminante. C'est son et vacuité, la parole du Bouddha, non-née et non-entravée.*
>
> *Pour ce qui est des objets de notre activité mentale, le mouvement incessant des pensées des cinq poisons[3] contaminants, ne vous engagez pas dans les activités intellectuelles artificielles consistant à attendre les pensées à venir ou à suivre les pensées passées. En laissant le mouvement incessant tel qu'il est, nous sommes libérés dans le Dharmakaya.*
>
> *Extérieurement, voyez que toutes les apparences des objets saisissables sont pures. Intérieurement, expérimentez la libération de votre esprit qui saisit. Avec cette non-dualité de l'extérieur et de l'intérieur, expérimentez la clarté de voir votre propre nature.*

La vue tout entière repose sur trois points :

1. Ne pas se fier aux objets extérieurs qui constituent ce monde
2. Garder l'esprit non impliqué dans les pensées intérieures qui surviennent
3. En respectant ces deux points, lumière ou clarté, et profondeur ou vacuité, sont révélées comme étant la réalité de notre propre nature.

La grande perfection (*mahāsampanna*) a trois aspects : source (*mūla*), chemin (*mārga*), et résultat (*phala*). La source, ou racine, ou base (*mūla*), est la conscience (*vidyā*) qui est, de toute origine, libre et non affectée par les diverses pensées, bonnes ou mauvaises, qui constituent saṃsāra et nirvāṇa. Elle n'est pas souillée par des illusions mondaines. Cette pureté naturelle, qui est intrinsèquement libre dans le passé, le présent, et le futur, est la source.

Le chemin ou la voie (*mārga*), est la conscience (*vidyā*) qui est dénuée de bien et de mal, mais également d'absence de bien et de mal. Elle est vacuité (*śūnyatā*), et est semblable au centre du ciel bleu et clair. C'est ce qui est appelé le chemin.

Le résultat, ou fruit (*phala*), est la conscience (*vidyā*) qui remplit toutes les conditions du chemin et qui, sans effort, atteint la pureté naturelle, profondeur et lumière .

Il y a deux styles de pratique pour source, chemin, et résultat :

1. La vaste et profonde pureté primordiale de « couper à travers » (*Yang-Zab Ka-Dag Khregs-Chod*), aussi décrite comme « expérience indirecte ».
2. L'infinie immédiateté de la « spontanéité directe » (*rGy-Che-Ba Lhun-Grub Thod-rGal*), aussi décrite comme « expérience directe » .

Couper à travers, ou expérience indirecte

La sagesse ou la conscience naturelle n'a commis aucune erreur par laquelle de nouvelles choses auraient été créées. Aussi n'y avait-il nul besoin d'un bouddha, puisque la sagesse est la pureté même. Par conséquent la connaissance elle-même se trouve toujours déjà au sein de la sagesse et est connue sous le nom de dharmakāya Samantabhadra ou Mahāmāta Prajñāpāramitā dharmakāya. L'absence de sagesse engendre ignorance, désir et colère, qui sont les racines de toutes les afflictions. Les afflictions ont six formes principales : ignorance, torpeur mentale, désir, colère, orgueil, et jalousie. Elles nous précipitent dans les filets des douze liens de la chaîne de la coproduction conditionnée (*pratītyasamutpāda*).

Ce sont :

1. avidyā, ignorance
2. saṃskāra, associations et suppositions
3. vijñāna, conscience
4. nāma-rūpa, nom et forme
5. satāyatana, six organes des sens
6. sparśa, contact
7. vedanā, sensations
8. tṛṣṇā, envie impérieuse ou rêves
9. upadāna, fascination sensuelle
10. bhava, procréation
11. jāti, naissance
12. jara-maraṇa, vieillesse et mort.

À cause de l'erreur et du péché (*pāpa*), qui nous enchaînent et nous tirent vers le bas, un individu doit traverser les six domaines de l'existence : domaines des enfers (*naraka*), des esprits avides (*preta*), des animaux (*tiryagyoni*), des humains (*manusya*), des demi-dieux (*asūra*) et des dieux (*sūra* ou *deva*).

Toutes les étapes, connectées entre elles de l'ignorance à la mort, apparaissent à cause de l'ignorance de la sagesse. Elles sont des illusions dénuées de nature intrinsèque. La sagesse n'est pas touchée par le saṃsāra ou le nirvāṇa. Elle est profondeur et lumière et est radieuse comme le soleil, pleine d'empathie, de bonté et de clarté. Une pensée émergeant de la connaissance au sein des six royaumes ne saurait affecter la sagesse qui possède naturellement profondeur, lumière, et réponse empathique. Sans forme d'aucune sorte, la sagesse est impartiale et omni-pénétrante, comme l'huile dans une graine de sésame. La sagesse naturelle est dissimulée par la réification et l'attachement imprégnés dans la conscience de base pénétrée par l'ignorance (*ālayavijñānā avidyā*). Aussi ne devrions-nous pas agir en fonction des pensées issues de la connaissance humaine.

Il faudrait toujours garder à l'esprit que la sagesse naturelle est partout, surtout lorsque des tentations nous submergent avec force, comme l'eau déferlant du sommet d'une montagne. Ne pensez pas au sujet ou à l'objet mais demeurez neutre, alors vous connaîtrez et atteindrez la sagesse comme les trois inséparables modes de l'éveil (*dharmakāya, sambhogakāya* et *nirmāṇakāya*). Même des actes sacrés, théoriques ou pratiques, n'ont nul besoin d'être accomplis en ce qu'ils sont aussi contenus dans la sagesse. Il n'y a pas besoin d'examiner l'activité ou son résultat. En obtenant la sagesse, la félicité (*ānanda*) et la lumière (*jyoti*) vont s'accroître. Cela étant, on ne fera plus attention aux pensées qui jaillissent de la connaissance humaine. Voilà la destination finale de tout et de chaque chose.

Spontanéité directe ou expérience directe

D'après la vue de la spontanéité directe présentée dans LE TRÉSOR DES PRÉCIEUSES PERLES, MU-TIG RIN-PO-CHE PHRENG-BA :

> Lus-Kyi-gNad-Ni-rNam-gSum-sTe Seng-Ge'i-Tshul Dang gLang-Chen-Tshul Drang-Srong-lTa-Bur-Zhes-Par-Bya.

> *Ainsi faudrait-il adopter les postures de méditation des trois modes de l'éveil. Pour le dharmakāya, se tenir ou dormir comme un lion. Pour le sambhogakāya, se tenir ou dormir comme un éléphant. Pour le nirmāṇakāya, s'asseoir comme un rishi, un sage.*

En pratiquant de la sorte, il faut rester silencieux. Les dents ne doivent pas être serrées dans la bouche. Respirez calmement. En expirant, l'agitation interne est expulsée. Ainsi, l'esprit demeure stable dans sa sagesse. Corps et esprit devraient être maintenus comme exposé ci-dessus. La profondeur (*śūnyatā*), la lumière (*jyoti*), et la participation emphatique (*Thugs rJe*) ont six lampes, qui permettent de voir quatre objets.

Six Lampes, sGron-Ma Drug

1. Tsit-Ta Sha-Yi sGron-Ma

   Cette lampe représente le cœur à partir duquel apparaissent quatre qualités d'or : sagesse, profondeur, lumière, et naturel ou participation empathique. Le noyau du cœur est Bouddha. C'est en son sein que sagesse, profondeur, lumière, et naturel ou participation empathique sont logés.

2. rTsa-Dar dKar-Lam-Gyi sGron-Ma

   Les canaux sont semblables à de la soie blanche. Parmi eux, il s'en trouve deux qui sortent comme des cornes d'escargot et s'étendent jusqu'aux rétines. Ces canaux sont clairs et purs, et cette lampe est appelée « la voie du canal blanc », au travers duquel circulent profondeur, lumière, sagesse et empathie.

3. rGyang-Zhag Chu'i sGron-Ma

C'est le canal de jonction entre l'œil et le cœur, par lequel la sagesse donne la vue. Toutes choses sont alors vues et appelées Samantabhadra.

4. dByings rNam-Dag-Gi sGron-Ma

Si vous vous concentrez et regardez fixement le ciel bleu, les couleurs s'estompent et deviennent claires de par la sagesse, et c'est appelé « pure lumière naturelle ».

5. Thig-Le sTong-Pa'i sGron-Ma

C'est la vision de la sphère de vacuité. On voit des rayons de différentes couleurs à l'intérieur desquels on trouve plusieurs petites particules qui sont toutes des sphères vides.

6. Rig-Pa rDo-rJe Lug-Gu-rGyud Shes-Rab Rang-Byung-Gi sGron-Ma

Cette lampe est la lumière de sagesse existant par elle-même (*jñānapradīpa*). Elle est semblable au ciel bleu (*dhātu*), c'est une sphère vide (*bīndu*), et elle est de la couleur d'une queue de paon. De la pluie en provient, qui tombe comme des cheveux tressés, des rangs de perles, ou des guirlandes de fleurs. En elle, est vue une sagesse semblable au ciel bleu où la sphère vide (*bīnduśūnyatā*) est vue et où nous trouvons la sagesse suprême (*parāvidyā*) qui ne disparaît pas. Le ciel bleu est le signe de la source (*mūla*) ; la sphère vide (*bīndu, Thig-Le*) est le signe du chemin ; et avec la sagesse de quiescence totale (*sarva-shestajñāna*), la suprême sagesse (*parāvidyā*), il y a des rayons de lumière, signes de l'empathie, le résultat.

La sagesse et les trois modes de l'éveil (*Triparākāya, sKu-gSum*)

La sagesse n'est pas créée par la pensée ou le cerveau, ni préparée par quoi que ce soit. Elle est primordiale, elle naît d'elle-même, et il n'y a pas de raison au fait qu'elle soit. Elle est la pureté même depuis l'origine, et la vérité authentique. Elle est fiable, immuable et non trompeuse. Sa caractéristique est la profondeur (*śūnyatā*). Ce sont les caractéristiques du mode naturel (*dharmakāya*).

Cette sagesse ne peut pas être détruite par les quatre éléments. En vertu de sa luminosité qui donne de la lumière à tout, elle ne peut être recouverte ou cachée par les cinq poisons (*kleśas*) que sont la colère, le désir, la stupidité, la jalousie et l'orgueil, ni par les trois poisons principaux que sont la colère, le désir et la stupidité. Tout ce qui précède constitue les caractéristiques du mode de jouissance (*sambhogakāya*).

Après avoir obtenu la sagesse, nous devrions être satisfaits, car il n'y a pas d'illusion en elle. Pour le bien du saṃsāra, à n'importe quel moment, la sagesse peut causer une manifestation illusoire compatissante. Ce sont les caractéristiques du mode de participation (*nirmaṇakāya*).

Cinq chemins, mārgas, en relation avec la sagesse

1. Le chemin de l'accumulation (*sambhāramārga, Tshogs-Lam*) est la voie permettant d'atteindre la sagesse. Sambhāramārga signifie rassembler l'accumulation de mérites afin d'atteindre la sagesse.

2. Le chemin de l'engagement (*prayogamārga, sByor-Lam*) consiste à pratiquer, à être actif pour atteindre la sagesse

3. Le chemin de la vision (*darśanamārga, mThong-Lam*) signifie qu'après l'achèvement des deux premiers chemins, on voit, ou connaît, la sagesse.

4. Le chemin de la contemplation (*bhāvanāmārga, sGom-Lam*) débute lorsque la sagesse est vue ou connue. Il n'y a alors plus de place pour l'incertitude ou le doute, aussi toutes les incertitudes disparaissent-elles.

5. Le chemin où il n'y a plus rien à apprendre (*aśaikṣamārga, Mi-sLob-Lam*), ou chemin suprême (*anuttaramārga*), est entamé suite à l'achèvement des quatre précédents, lorsque l'on demeure dans la sagesse.

Les dix étapes de la sagesse

Ces étapes n'ont pas de connexion avec les deux premiers des cinq chemins énumérés précédemment. Les sept premières étapes sont connectées au troisième chemin, le chemin de la vision. Les huitième et neuvième étapes sont connectées au quatrième chemin, celui de la contemplation. Enfin la dixième étape est connectée avec le cinquième chemin, celui où il n'y a plus rien à apprendre.

1. L'étape de la joie suprême (*pramuditābhūmi*). Avec le chemin de la vision, darśanamārga, la vérité de la réalité, dharmatāsatya, la sagesse est vue ou connue et toutes les pensées deviennent inséparables de la vacuité, ce qui engendre un grand bonheur.

2. L'étape de la pureté (*vimalābhūmi*). En voyant, ou connaissant, la sagesse, il devient clair que la sagesse est la source et qu'elle est dépourvue de toute limitation.

3. L'étape de la lumière (*prabhākarībhūmi*). En voyant, ou connaissant, la sagesse, il y a lumière et clarté. Cela signifie que toutes les actions sont parachevées.

4. L'étape du rayonnement de la lumière (*arciṣmatībhūmi*). En voyant ou connaissant la sagesse, il y a la connaissance que profondeur, lumière, etc. sont inséparables dans la non-dualité.

5. L'étape de l'inévitable (*sudurjayābhūmi*). En voyant, ou connaissant, la sagesse, même la plus infime pensée de souffrance, ou de sujet, ou d'objet, s'évanouit.

6. L'étape de la confrontation (*abhimukhībhūmi*). Avec la sagesse, son pouvoir rend clairs tout apprentissage et tous les modes divins.

7. L'étape de la libération de la contamination (*duraṁgamābhūmi*). Après l'obtention de la sagesse, toutes les pensées issues de la connaissance humaine disparaissent.

Les sept bhūmis [étapes] listés ci-dessus sont appelés « les sept bhūmis impurs » (aśūddhasaptabhūmis).

8. L'étape de l'inébranlable (*acalābhūmi*). La sphère existant par elle-même de la conscience (*vidyājñānabīndusvabhāva*) est l'accomplissement de la non-dualité omnipénétrante (*advayavibhusiddhi*) et est, par conséquent, appelée le « stade inébranlable ».

9. L'étape de l'excellente intelligence (*sādhumatībhūmi*). En

gagnant en sagesse, on devient la lumière existant par elle-même (*swayaṁprakāśa*).

10. L'étape des nuées sacrées (*dharmameghābhūmi*). L'espace (*dhātu*), la sagesse (*vidyā*) et la conscience (*jñāna*) sont intrinsèquement purs et clairs, car ils sont inséparables de la vacuité.

Les trois étapes ci-dessus sont appelées les « trois étapes pures et claires » (viśuddhatribhūmi).

Six étapes supplémentaires spécifiques au Vajrayāna

1. L'étape de la source de tout (*sarvaprabhava bhūmi*). Cela signifie que lumière et puissance (*śakti*) sont constamment disponibles. Celui qui atteint cette étape actualise pleinement le vibhusiddhibhūmi.

2. L'étape de la liberté face aux désirs mondains (*akāmāpadmavana bhūmi*). Cette étape est libre du désir et de l'avarice et ne peut, par conséquent, être touchée par aucun mal.

3. L'étape qui est indestructible (*vajradhara bhūmi*). À ce stade, rien ne peut détruire notre clarté, aussi est-elle pareille au vajra.

4. L'étape de la sagesse de grande félicité de toute expérience (*jñānacakramahāsambara bhūmi*). Quand on atteint cette étape, on peut voir le maṇḍala divin et permettre à autrui de le voir également.

5. L'étape de l'absorption non perturbée (*mahāsamādhi bhūmi*). Après avoir atteint cette étape, on vit dans la sagesse et rien ne peut nous en séparer.

6. L'étape de la maîtrise de la sagesse (*jñānaguru bhūmi*). Après avoir atteint cette étape, la sagesse devient auto-manifeste, aussi est-elle appelée « l'état de la maîtrise sans effort ».

Les six étapes ci-dessus appartiennent à la terre de bienfait universel (sarvaprabhāva bhūmi).

Avec la réalisation de cette étape, on a achevé tous les stades de la sagesse et on devient un maître de la grande perfection, mahāsampanna, doté du pouvoir de faire le bien dans le monde

Les quatre visions, ou expériences visionnaires, leurs champs d'activité et résultats, révélant les six lampes

1. La vision de la réalité manifeste (*dharmatā abhimuktidṛṣṭi, Chos-Nyid mNgon-Sum-Gyi sNang-Ba*) : la réalité devient claire sans l'infiltration de l'interprétation. De même que les rayons dans le ciel proviennent du soleil, tout provient de la sagesse. Des sphères vides (*śūnyatābīndu, Thig Le*) et de la lumière sont visibles au niveau du chakra situé entre les sourcils sur l'arrête nasale (*ajñānacakra*). Avec la révélation de la réalité, la création des pensées dans l'esprit cesse et l'on manifeste toutes les qualités des Bouddhas.

2. La vision de l'accroissement des expériences méditatives (*rNyams Gong-'Phel-Gyi sNang-Ba*) : les expériences de la pratique se développent. Quand on trouve la sagesse directe, il y a contentement, impartialité, force et absence d'illusion. Des visions semblables à l'arc-en-ciel se produisent, s'accroissent et deviennent claires. On est libéré entre la mort et la renaissance.

3. La vision de la conscience libre de limite (*Rig-Pa Tshad-Phebs-Kyi sNang-Ba*) : la compréhension correcte arrive comme le soleil levant. La sagesse n'a pas de naissance, elle existe d'elle-même. Depuis le début, elle est pureté, vérité, et rectitude. Elle n'expérimente aucun attachement d'aucune sorte. Elle est radieuse. Elle n'a pas de naissance ou d'arrêt, et aucune illusion d'aucune sorte. Tous les corps des êtres humains vont se fondre en elle comme un arc-en-ciel.

Concernant les champs d'activité :

Champ d'activité externe. À ce moment, on oubliera toutes choses mais on verra les royaumes divins (*devakṣetra*).

Champ d'activité interne. Celui qui a gagné la sagesse deviendra pur et atteindra le niveau des déités ainsi que la lumière suprême, et sera confirmé avec la lumière suprême (*mahāsandhi abhiṣeka*).

Champ d'activité centrale. L'esprit devient pur et voit la vacuité (*śūnyatā*) en face sans aucun obscurcissement ou poison (*kleśa*).

En ce qui concerne le résultat :

Par cette vision, on est libéré dans le mode de jouissance

(*sambhogakāya*).

4. La vision de l'accomplissement de la réalité elle-même (*dhar-matā-samāptadṛṣṭi, Chos-Nyid Zad-Pa'i sNang-Ba*): toutes les limitations et les obstacles prennent fin dans la réalité se dissolvant d'elle-même (*dharmatā*). Avec cela, les objets extérieurs et les pensées intérieures s'éteignent, habitudes et afflictions cessent. À la source, le pouvoir de générer de telles expériences prend également fin. La sagesse directe qui est visible prend fin elle aussi. Quand cela arrive, on se fond dans le joyau de la complétude se produisant d'elle-même (*svāyamsiddhiratna*). Cette étape a quatre qualités :

i. Notre connaissance emplit le ciel

ii. Les éléments n'ont plus d'impact, car on est devenu immortel

iii. Notre sagesse demeure dans l'inséparabilité de l'éveil et de l'espace (*dhātubuddha*).

iv. On demeure dans notre position légitime, qui est immuable. Avec cette étape, tous les obscurcissements de, ou causés par, la connaissance (*jñeyāvaraṇa*) sont purifiés, et l'on fonctionne partout dans l'espace qui englobe tout (*dharmadhātu*), pour le bien de tous.

La sagesse est partout dans le saṃsāra, mais si l'on meurt sans éveiller les quatre visions, cela ne sera pas reconnu.

Quatre pouvoirs résultent de ces quatre visions

1. Lorsque l'on obtient la compétence externe, on ne voit que les royaumes divins.

2. Lorsque l'on obtient la compétence interne, notre corps est empli d'arcs-en-ciel et de sphères (*bīndu*).

3. Lorsque l'on obtient la compétence centrale, on a la clair-voyance.

4. Avec le résultat, on triomphe de la naissance et de la mort, et on peut réaliser tout ce que l'on désire.

Cela se manifeste dans les quatre courages

1. On ne craint pas de souffrir.
2. Souffrance et bonheur sont égaux (*sukhaduḥkhasamatā*).
3. On ne tire pas de fierté à être un Bouddha.
4. On n'est pas inquiet même si on n'atteint pas l'éveil.

La sagesse ne survient ni ne cesse. Elle ne requiert aucun labeur pour quoi que ce soit. Elle agit toujours pour le bien de l'univers.

NOTES

[1] Le tantra est la vue et la pratique qui révèle l'intégration non-duelle et la continuité de toute expérience. Il dissout l'illusion consistant à percevoir des identités distinctes et réelles.

[2]   Lama, C. R. et Low, J. (trad. Nathalie Koralnik et Patrice Sammut) LA PRIÈRE EN SEPT CHAPITRES, ÉCRITE PAR PADMASAMBHAVA. Belmont, Editions Khordong-France, 2009.

[3] Colère, désir, stupidité, orgueil, jalousie.

2

La Tradition Nyingma

Pour obtenir le bonheur des royaumes supérieurs des hommes et des dieux, les êtres ordinaires à l'esprit étroit doivent pratiquer la contemplation des quatre pensées qui changent le comportement (*bLo-lDog rNam-Pa bZhi*) , (*bLo-lDog rNam-Pa bZhi*)[1],et prendre refuge dans les Trois Joyaux, Bouddha, Dharma et Sangha.

Le Hinayana

Avec les voies des Auditeurs (*śrāvaka, Nyan-Thos*) et des Bouddhas-par-soi (*Pratyekabuddha, Rang-rGyal*) du Hinayana, les êtres de capacité moyenne développent une attitude de répulsion à l'égard du saṃsāra et atteignent, sur cette base, les stades de śrāvaka ou Vainqueur des Limitations (*Arhat*), ou d'Arhat Pratyekabouddha. Afin d'y parvenir, ils suivent la voie des Quatre Nobles Vérités (*'Phags-Pa'i bDen-Pa bZhi*)[2] et la voie des trois entraînements suprêmes ((*Lhag-Pa'i bsLab-Pa gSum*)[3] et atteignent ainsi le niveau des saints arhats (*'Phags dGra-bCom-Pa).*

Le Mahayana

1. Sutra

Par la voie des sutras, on comprend les caractéristiques générales (*mTshan-Nyid*) de tous les phénomènes (*Chos Thams-Cad*) ainsi que nos propres caractéristiques. Sur cette base, en recourant aux six paramitas⁴ , aux quatre facteurs de coopération *(bsDu-Ba'i-dNgos-Po bZhi)*⁵ et aux autres aspects de la conduite, de la vue et de la méditation du Bodhisattva, après une longue période de temps, à la fin d'innombrables éons (*kalpas*), on atteindra la bouddhéité (*Byang-Chub*). La méthode permettant d'y parvenir consiste à parfaitement développer une aspiration altruiste vers l'éveil.

2. Tantra

Par la voie tantrique, qui convient aux êtres éminents, on n'examine pas les caractéristiques générales de tous les phénomènes ou nos propres caractéristiques, mais on comprend plutôt la vraie nature de notre situation intérieure originelle (*Don-Dam*, absolue) et, ainsi, on atteint la bouddhéité (*'Tshang-rGya-Ba*), notre propre vraie nature.

Sutra et Tantra

LE ROI TOUT-ACCOMPLISSANT (SARVAKRUTA RAJASUTRA, KUN-BYED RGYAL-PO) qui appartient à la première période de traduction (*sNga-'Gyur*, c'est-à-dire *rNying-Ma*), dit : « Il y a deux véhicules (*Theg-Pa*), le véhicule causal, qui s'appuie sur les caractéristiques extérieures (*sutralakshanahetuyana, mTshan-Nyid rGyu-Yi Theg-Pa*), et le véhicule orienté vers le résultat (*phalavajrayana, 'Bras-Bu sNgags-Kyi Theg-Pa*). » Tous les systèmes du Dharma sont ainsi contenus dans ces deux catégories, les sutras et les tantras. En raison de ses nombreuses particularités spéciales, le Vidyadharayana tantrique qui utilise le résultat (*'Bras-Bu*)⁶ est supérieur à la voie des sutras qui se concentre sur les causes de l'obtention de l'éveil.

Les différences entre Sutra et Tantra

Selon le système des sutras, le véhicule causal s'appuyant sur les caractéristiques extérieures (*rGyu'i mTshan-Nyid-Kyi Theg-Pa*), tous les êtres sensibles ont toujours possédé, sous la forme d'une graine, la nature de base (*Khams*, élément racine) du cœur primordial de la bouddhéité (*sugatasara, Ye-gZhi bDe-gShegs sNying-Po*). Puis, du fait du facteur causal (*rKyen*) du développement graduel, aussi bien de l'accumulation de mérites basée sur la perception des objets (*dMigs-bCas bSod-Nams-Kyi Tshogs*), que de l'accumulation de connaissance intrinsèque basée sur la non-perception d'objets substantiels (*dMigs-Med*

Ye-Shes-Kyi Tshogs), à un certain moment dans l'avenir, après très long-temps, à la fin de trois, sept, ou trente-deux éons incommensurables (*bsKal-Pa Grangs-Med*), les êtres atteindront le stade du résultat de la bouddhéité. Aussi est-il dit que, dans ce cas, la cause est première et que le résultat la suit plus tard.

Selon le système tantrique, le véhicule indestructible des mantras secrets (*guhyamantravajrayana, gSang-sNgags rDo-rJe Theg-Pa*), l'essence de base de la clarté naturelle[7] possède toutes les bonnes qualités (*Yon-Tan*) qui se manifestent sans effort (*Lhun-Grub*), et elle est présente dans notre propre esprit. Semblable au ciel, c'est la base sur laquelle la purification est faite[8]. Là-dessus se trouve ce qui doit être purifié (*sByang-Bya*), les afflictions (*Nyon-Mongs*) des huit consciences (*Tshogs-brGyad*)[9] et leurs objets, qui sont comme des nuages apparaissant dans le ciel. Les agents de purification (*sByong-Bar-Byed-Pa*) sont les profondes méthodes des initiations qui mûrissent, et les systèmes de développement (*bsKyed-Rim*) et de perfectionnement (*rDzogs-Rim*) qui libèrent, grâce auxquels les obscurcissements sont rapidement effacés, tout comme le vent chasse les nuages dans le ciel. Le résultat de cette purification (*sByang-'Bras*) est que l'on atteint le niveau de bouddha de la claire compréhension de la nature originelle de la base de tout (*alayavijñāna, Kun-gZhi*), le cœur primordial de la bouddhéité (*bDe-gSheg-sNying-Po*). Cela est obtenu rapidement, soit dans cette vie, soit dans le stade intermédiaire du bardo après la mort, ou au plus tard après sept vies. Comme cette doctrine a le pouvoir d'accomplir cela, on dit qu'elle a la nature de la non-différence de la cause et de l'effet (*rGyu-'Bras dByer-Med*). C'est pourquoi, bien que sutra et tantra partagent la même intention, à savoir la réalisation du résultat de la bouddhéité, leurs méthodes de pratique sont différentes.

Ceux qui pratiquent la voie des sutras sont ignorants de leur nature originelle qui est la grande ouverture équanime de la non-dualité naturelle des apparences du saṃsāra et du pur mandala naturellement parfait des déités de méditation[10]. À cause de cela, leur vue consiste à adopter [la vertu] et à abandonner [les péchés], alors que les tantrikas, eux, détiennent la connaissance inséparable de la vérité de la pure égalité de toutes choses et, ainsi, étant capables de pratiquer la non-dualité de la cause et de l'effet, de même que de l'adoption et de l'abandon, ils ne sont pas dans l'ignorance de la vue correcte.

Dans le système des sutras se trouve le concept (*dMigs*) d'adopter et d'abandonner, qui a pour effet que l'on n'est pas capable de tout utiliser comme une aide le long du chemin. Dans le système tantrique, en revanche, il y a de nombreuses méthodes de pratique en fonction du résultat, ce dernier étant, par conséquent, rapidement obtenu ; aussi le système tantrique est-il plus profond. Pour cette raison, le tantra a la méthode de pratique qui est sans difficultés (*dKa'-Tshegs-Med*), alors que la voie des sutras est dépourvue de cette qualité. Cette voie profonde convient uniquement à ceux dont l'intelligence est très vive, car eux seuls peuvent l'accomplir pleinement ; aussi ce chemin tantrique est-il très particulier.

De plus, cette non-différenciation de la cause et du résultat est claire dans le système de l'Anuttarayoga et suprêmement présente dans la grande perfection (*rDogs-Pa Chen-Po*) libre de toute activité ou effort mondains. Par ailleurs, en comparaison avec le système des sutras, le kriyayoga et ainsi de suite sont également plus libres d'ignorance[11] et sont, par conséquent, spéciaux. Et pour ce qui est des six classes de tantras[12], si l'on compare les premiers avec les derniers, alors les derniers sont considérés comme plus élevés (*Ma-rMongs*, moins émoussé) et, donc, spéciaux.

Par conséquent, la voie des sutras est appelée véhicule causal (*rGyu'i-Theg-Pa*). Par la pratique de son chemin qui est la cause de la bouddhéité, le résultat est obtenu plus tard. Dans les tantras, cependant, au moyen de la méthode suprême, en suivant le chemin du résultat des trois modes de l'illumination (*kāya, sKu*), le résultat est obtenu très rapidement, c'est pourquoi on les appelle le véhicule du résultat ('*Bras-Bu'i-Theg-Pa*).

Le système nyingma des Tantras

Bien qu'il y ait d'innombrables tantras dans le système tibétain, on peut les distinguer selon qu'ils appartiennent à la première ou à la seconde période de traduction; nous avons donc deux classes : les nouvelles traductions (*Phyi-'Gyur*) et les anciennes traductions (*sNga-'Gyur, ou rNying-Ma*).

Pour ce qui est des doctrines de l'école de l'ancienne traduction, LE TANTRA EXPLICATIF : ASSEMBLÉE DE CLARTÉ (*bShad-rGyud dGongs-Pa 'Dus-Pa*), qui est considéré comme authentique par tous les bouddhistes tibétains, dit : « Kun-'Byung-'Dren Dang dKa'-Thub Rigs dBang-bsGyur Thabs-Kyi Theg-Pao. » Ce qui signifie, « Il y a trois véhicules du Dharma, qui sont *Kun-'Byung-'Dren, dKa'-Thub Rigs,* et *dBang-bsGyur-Thabs*» [13]. Entre les voies des sutras et des tantras, ce sont les voies tantriques qui sont les plus puissantes. Le *dBang-bsGyur Thabs-Kyi Theg-Pa* (*shaktiupayayana,* véhicule des moyens puissants), en particulier, est spécial, parce que les tantras des trois classes inférieures[14] emploient l'encouragement (*bLang*) des vertus et l'inhibition (*Dor*) des obscurcissements (*Dri-Ma*) de l'esprit (*Khams*), et que ceci est très difficile et fatigant.

La vue du Mahayoga

En réalité, un tel effort n'est pas nécessaire puisque l'*uttpanna mahayoga* enseigne que depuis, sur, ou dans (*Las*) l'espace qui englobe tout (*dharmadhātu, dByings*) inséparable de la conscience primordiale[15] (*Rig-Pa*) libre de tout changement, tous les phénomènes[16] sont le flot de l'énergie de la conscience[17] et, par conséquent, depuis le tout début, il n'y a eu qu'exactement et uniquement la bouddhéité (*mNgon-Par Byang-Chub-Pa*).

La vue de l'Anuyoga

C'est la vue selon laquelle tous les souvenirs et toutes les pensées, tout ce qui apparaît dans l'esprit (*Dran-Rig*), est bouddha (*Sang-rGyas,* c'est-à-dire pur et parfait) depuis le tout début au sein de la grande immensité de clarté (*dharmadhātu, 'Od-gSal Yangs-Pa Chen-Po*).

La vue de l'Atiyoga

La pratique laborieuse des causes et des conditions[18] n'est pas nécessaire puisque simplement dans cette conscience présente (*vidya, Rig-Pa*), les trois modes - ou kāyas[19] sont naturellement complets et que, par la connaissance de ce point crucial, on détient la pureté totalement libérée du saṃsāra. C'est la vue de Mahasampanna ou Mahasandi, *rDzogs-Pa-Chen-Po,* Atiyoga.

Le Mahasampanna Atiyoga a les trois aspects de *Sems-sDe* (*cittavarga*), *kLong-sDe* (*khavarga*) et *Man-Ngag-sDe* (*upadeshvarga*).

Dans la vue de *Sems-sDe,* la série de l'esprit, tout ce qui apparaît[20] est vu comme étant au sein de la nature de l'esprit[21] et cet esprit lui-même[22] émerge comme auto-existant ou connaissance intrinsèque apparaissant naturellement (*Rang-Byung-Gi Ye-Shes*). C'est pourquoi il n'y a rien d'autre que cette connaissance intrinsèque existant d'elle-même, et l'on doit pénétrer la clarté (*gTan-La 'Bebs-Pa*) de ce sujet (*Yul-Can*[23], celui qui « a » l'objet) dans l'état de pureté primordiale (*Ka-Dag*) de la conscience ouverte, vidya et śūnyatā (*Rig-sTong*).

Le système d'enseignement propre à cette voie possède certains points en commun avec le Mahamudra (*Phyag-Chen*). Toutefois, la pratique du Mahamudra consiste à comprendre la nature de l'objet (*Yul-La Phar-rGyas 'Debs-Pa*), alors que le système de *Sems-sDe* se concentre sur la compréhension de la nature du sujet (*Yul-Can*), ce qui fait qu'ils ne sont pas identiques.

En ce qui concerne la vue de la série de l'espace, *kLong-sDe*, tous les phénomènes possibles (*dharmas, Chos*) n'ont aucune origine ou destination qui ne soit ailleurs que dans la nature de dharmatā samantabhadra (*Chos-Nyid Kun-Tu-bZang-Po*, qui est la réalité de la perfection au sein du dharmadhātu). Par conséquent, puisqu'il n'y a pas d'autre source (*gZhan-'Byung 'Gog-Pa*) que la nature (*kLong-Las*, de l'intérieur) de dharmatā [la réalité de l'existence], il s'agit de nous détendre afin de nous trouver dans un état libre d'efforts (*Bya-rTsol-Med-Pa*), point vraiment important et essentiel qui est celui de la liberté face aux efforts à faire du sujet un objet[24]. Sur cette base, on a la connaissance intrinsèque de l'inséparabilité (*Zung-'Jug*) de la profondeur et de la clarté (*śūnyatā prakash, Zab-gSal*). C'est la profonde méthode permettant de pratiquer le « corps d'arc-en-ciel » (*indradhanurupa, 'Ja'-Lus*) et le mode indestructible (*vajrakāya, rDo-rJe'i-sKu*). Tous les Vidyadharas (*Rig-'Dzin*) qui sont entrés sur ce chemin tantrique par le passé ont réalisé le corps d'arc-en-ciel (*jñānakāya, Ye-Shes-Kyi sKu*).

Cette voie du *kLong-sDe* de l'émergence de la clarté vitale (*'Od-gSal rTsis-Po Cir-Byad-Pa*) semble ressembler aux cinq stades (*pancakrama, Rim-lNgaI*) des enseignements du Guhyasamaja des Ecoles des Nouvelles Traductions. Cependant avec le *pancakrama*, les activités des cinq souffles (*vayu, rLung*) sont liées et, par cette mesure importante, le corps illusoire, l'image reflétée de la forme, est fermement maintenu. Ensuite, découlant de cela, on obtient la brillance de la clarté [i.e. on obtient un corps de lumière]. Mais cette méthode réclame des efforts.

Le *kLong-sDe*, en revanche, est libre de toute action forcée du sujet sur l'objet (*dMigs-gTad Bral-Ba*), et maintient l'esprit dans une situation où il est sans effort ni lutte; c'est pourquoi ces deux méthodes ne sont pas les mêmes.

Dans la vue du *Man-Ngag-Gi-sDe* (*upadeshvarga*), grâce à la connaissance intrinsèque non-duelle de l'union (*yuganadha*, *Zung-'Jug*, plein accouplement des apparences et de śūnyatā, etc.), sans adopter ou rejeter (*sPabg-bLang*), on pratique ou expérimente (*sKyel-Ba*) tous les phénomènes du saṃsāra et du nirvāṇa dans la situation de la réalité, dharmatā, qui n'est pas saisie comme une simple vacuité[25]. Par ce point clé (*gNad*, idée ou compréhension capitale), saṃsāra et nirvāṇa sont vus comme n'étant aucunement différents de la conscience (*Rig-Pa*) elle-même. L'objet dharmatā émerge clairement dans l'esprit, et notre propre conscience (*vidya*, *Rig-Pa*) mûrit dans cette relation continue de l'émergence du champ[26]. Tout examen et toute discrimination (*Yid-dPyod*) cessent et l'on en vient à expérimenter précisément la clarté naturelle du mode originel (*gNas-Lugs*)[27].

Avec cette vue de *gMan-Ngag sDe*, la vision (*sNang-Ba*) de la voie directe (*Thod-rGal*) est cruciale. Elle peut sembler identique à la doctrine des *sByor-Drug*, appartenant à la Nouvelle Traduction, mais dans les *sByor-Drug*, les cinq souffles (*rLung-lNga*) sont introduits de force dans le canal central, avadhuti, et, en raison de ce point important, grâce à nos efforts, les apparences de la forme de śūnyatā sont générées et, ainsi, on avance lentement sur le chemin de la grande félicité (*mahasukka*, *bDe-Ba Chen-Po*). En revanche, ici, avec *Men-Ngag-sDe*, examens mentaux et discrimination sont abandonnés, et l'on est clairement présent avec la clarté naturelle du mode originel - c'est pourquoi ces deux méthodes ne sont pas semblables.

Cette voie du *Man-Ngag-sDe* est supérieure à la pratique de libération du jñānakāya indradhanurupa (*Ye-Shes-Kyi-sKu-'Ja'-Lus*) du *kLong-sDe* et autres, car il n'y a ici pas même les infimes traces du corps subtil et pur qui est développé à partir des formes grossières du corps, de la parole, et de l'esprit[28]. Au contraire, ici, avec le plein développement de l'émergence non-duelle (*sNang-Ba*, vision, expérience) de la libération complète de l'objet et du sujet (*Chos-Nyid Zad-Pa*), tous les aspects, grossiers comme subtils, du corps, de la parole et de l'esprit sont intégrés dans le domaine des modes de l'éveil (*kāyas*) et de la connaissance intrinsèque (*jñāna*) (*sKu-Dans Ye-Shes*) et, sans aucune base erronée (*gZhi-Med*, c'est-à-dire sans ignorance, *avidya*, ou la conscience-base-de-tout, *alayavijñāna*), la conscience, vidya, devient complètement libre et pure.

À présent, considérons pourquoi *Sems-sDe*, *kLong-sDe* et *Man-Ngag-sDe* sont appelés *rDzog-Pa-Chen-Po* (*Mahasampanna*, « Grande Perfection »). C'est parce que tous les phénomènes, les entités (*Chos*) qui composent toutes les existences et apparences possibles (*sNang-Srid*) du saṃsāra et du nirvāṇa[29],demeurent complètement, ou pleinement (*rDzog-Pa*)[30] au sein de cette conscience vacuité (*vidya śūnyatā, Rig-sTong*); aussi est-ce *rDzog-Pa, sampanna*, ou parfait. Et comme il n'existe pas de méthode qui lui soit supérieure pour amener à la libération du saṃsāra, elle est grande, *Chen-Po*, ou *maha*.

L'état originel (*Thog-Ma'i gNas-Lugs*, l'ainsité naturelle non fabriquée), la base (*gZhi*) de śūnyatā non-née, a la véritable nature (*Ngo-Bo*, semblable au ciel) de la pureté primordiale de l'inséparabilité de la conscience et de śūnyatā (*Ka-Dag-Gi Rig-sTong dByer-Med*). La luminosité de śūnyatā [31] est incessante. Depuis śūnyatā, la qualité naturelle (*Rang-bZhin*, notre propre visage) émerge sans effort sous la forme de tout ce qui peut apparaître (*Thams-Cad*, ici cela signifie *Ci-Shar*), et c'est l'inséparabilité de la clarté et de śūnyatā (*gSal-sTong dByer-Med*). Le flot ou le courant d'énergie(*rTsal*)[32] de cette conscience radieuse et vide se manifeste comme tout ce qui peut émerger, pur et impur (*Dag Ma-Dag*)[33]et cela est compassion omni-pénétrante (*Thug-rJe Kun-Khyab*) ou inséparabilité de l'apparence et de la vacuité (*sNang-sTong dByer-Med*).

La différence entre l'esprit ordinaire (*citta, Sems*) et la conscience naturelle (*vidya, Rig-Pa*) va à présent être exposée. À cause du pouvoir de l'ignorance[34] apparaissent les pensées survenant soudainement (*gLo-Bur-Gyi rNam-rTog*) liées à différents souvenirs et appréhensions[35] et on appelle cela l'« esprit ordinaire »[36]. Par le pouvoir de ne pas s'engager dans cette duperie de l'ignorance, l'esprit est libéré des notions relatives[37] d'objet saisissable et d'esprit qui saisit (*gZung-'Dzin*) et il est également libre de la position relative de la non-saisie de la clarté et de śūnyatā[38] d'objet saisissable et d'esprit qui saisit (*gZung-'Dzin*) et il est également libre de la position relative de la non-saisie de la clarté et de śūnyatā , ainsi reconnaît-il que la nature vide, śūnyatā, de cette absence de saisie est clarté et vacuité. Voilà ce qu'on appelle conscience (*vidya, Rig-Pa*).

L'aspect de l'apparence (*sNang-Ba'i Cha*) des formes du karma[39] dans l'esprit est le saṃsāra ('*Khor-Ba*). La vraie nature de l'esprit est śūnyatā et ça, c'est le nirvāṇa (*Myang-'Das*). Dans la situation naturelle de la vraie nature vide de l'esprit lui-même (*Sems-Nyid*, c'est-à-dire *Rig-Pa*), il n'y a pas de fondement pour faire des différences (*dBye-rGyu-Med*) entre saṃsāra et nirvāṇa, aussi saṃsāra et nirvāṇa sont-ils sans différence (*dByer-Med*).

Voyez clairement (*Thag-bCad*) que ce qui est vu (*sNang-Ba*) est l'esprit. Voyez clairement que l'esprit est śūnyatā. Voyez clairement que śūnyatā est pleinement uni à toute chose dans une totale non-dualité. Alors, vous reconnaîtrez clairement que tous les phénomènes (*Chos*) sont conscience et śūnyatā (*Rig-sTong*). En pratiquant de cette façon, on en vient à reconnaître graduellement la conscience et à méditer sur elle par étapes progressives.

Se voir révéler la nature de l'esprit par le guru et voir ensuite clairement tout ce qui apparaît comme étant conscience et śūnyatā est la reconnaissance immédiate de la conscience (*Rig-Pa*). S'il arrive toutefois que l'on ne comprenne pas clairement la conscience et śūnyatā déjà dans cette vie, alors, grâce au pouvoir de notre méditation, la reconnaissance se produira lorsqu'on sera dans le bardo (*Bar-Do*, l'état intermédiaire avant la prochaine naissance), on parle alors de *Thod-rGal* ou reconnaissance directe de la conscience (*Thod-rGal-Ba'i Rig-Pa Rang-Ngo 'Phrod-Pa'i Tshad*).

En résumé, notre propre esprit est, en ce moment précis, clarté sans tache et śūnyatā sans saisie; par conséquent, quelles que soient les pensées ou les idées qui demeurent ou s'en vont en raison d'un manque de contrôle approprié[40], ne réagissez pas en termes de bien et mal, en inhibant ou en encourageant (*dGag-bsGrub*) et ainsi de suite, mais maintenez clairement conscience et vacuité. La méthode de méditation de cette voie est l'enseignement essentiel suprême.

Ainsi, comme le dit Mahacharya Padmasambhava dans le quatrième chapitre de LA PRIÈRE EN SEPT CHAPITRES (*gSol-'Debs Le'u bDun-Ma*):

> *Pour ce qui est des objets des yeux, qui sont les apparences d'absolument toutes les entités extérieures et intérieures qui constituent*

l'univers et ses habitants, maintenez l'ouverture de permettre à ces apparences de survenir mais sans toutefois les saisir comme quelque chose d'intrinsèquement réel. Voyez qu'elles sont les formes rayonnantes de la clarté et de la vacuité, pures et naturellement libres d'objets saisissables et d'esprit qui saisit.

Pour ce qui est des objets des oreilles que sont les sons, que l'on tient pour plaisants ou déplaisants, maintenez, pour tous les sons, l'ouverture du son et de la vacuité libre de toute pensée discriminante impliquée. C'est son et vacuité, la parole du Bouddha, non-née et non-entravée.

Pour ce qui est des objets de notre activité mentale, le mouvement incessant des pensées des cinq poisons[41] contaminants, ne vous engagez pas dans les activités intellectuelles artificielles consistant à attendre les pensées à venir ou à suivre les pensées passées. En laissant le mouvement incessant tel qu'il est, nous sommes libérés dans le dharmakaya.

Extérieurement, voyez que toutes les apparences des objets saisissables sont pures. Intérieurement, expérimentez la libération de votre esprit qui saisit. Avec cette non-dualité de l'extérieur et de l'intérieur, expérimentez la clarté de voir votre propre nature.

Base (*gZhi*), voie (*Lam*), et résultat ('*Bras-Bu*)

La base

Le mode naturel originel [de la conscience, *Rig-Pa*] n'est pas touché par tout ce qui apparaît comme saṃsāra et nirvāṇa, et n'est pas affecté par la rouille de la confusion. Le mode naturel non-altéré [*rJenPa*, cru ou nu] n'expérimente jamais la confusion et n'expérimente jamais de pensées dualistes. Il n'est pas construit par quoi que ce soit qui pourrait survenir (*Cir Yang Ma-Grub*)[42] et ne devient jamais la cause de quoi que ce soit (*Cir-Yang Byung-Du Ma-bTub-Pa*)[43]. On appelle cela la base (*gZhi*).

La voie

Quand cet esprit présent (*Da-lTa'i Rig-Pa*) est gardé détendu, cette clarté vide et ouverte, libre de bonnes pensées, de mauvaises pensées, et de pensées neutres (*Lung Ma-bsTan*), est comme le centre d'un ciel clair et cela, c'est la voie.

Le résultat

Toutes les bonnes qualités de la voie deviennent manifestes, et l'ignorance et la confusion sont purifiées à leur place même, alors le dharmadhātu (*Chos-Kyi dByings*) devient clairement évident. Cela est
considéré comme le résultat.

Mais plus encore, c'est aussi bien la vue de la profonde pureté primordiale (*Ka-Dag*) de la voie consistant à couper à travers (*Khregs-Chod*)
que la vue de la vaste émergence sans effort (*Lhun-Grub*) de la voie
spontanée (*Thod-rGal*).

À propos de la pureté primordiale, la base originelle (*Thog-Ma'i-gZhi*),
où aucun être n'est apparu à cause de la confusion et où aucun Bouddha
n'est apparu en raison de l'absence de confusion[44], est la vraie nature
de notre propre conscience, qui est depuis le tout début dénuée de
fautes et d'obscurcissements et qui est donc primordialement pure.
C'est pourquoi cette base de tous les êtres sensibles demeure comme
bouddhéité[45] primordiale, et est appelée le « mode naturel toujours
bon », *Chos-sKu Jun-Tu bZang-Po* (*dharmakāya Samantabhadra*), ou le
« mode naturel de la sagesse transcendante de la Grande Mère »,
Yum-Chen Phar-Phyin Chos-Kyi-sKu (*Prajnaparamita Dharmakāya*).

À cause de la non-reconnaissance et de la non-compréhension de cette
base originelle, les trois ignorances[46] et les six consciences [des cinq
sens et de la conscience mentale] se développent et ainsi, à partir de la
cause que sont les douze facteurs de coproduction interdépendante[47]
(*pratityasamutpada, rTen-'Brel bCu-gNyis*) arrive la future activité
karmique impure en raison de laquelle les êtres errent parmi les apparences des six royaumes du saṃsāra.

De cette façon, toutes les émanations (*Chos-'Phrul*, formes magiques
illusoires) du rayonnement ou de la vision de la base (*gZhi-sNang*)
émergent, sans vaciller, de la nature de la base même. En outre, ces
idées, images, ou expériences (*sNang-Ba*) ne sont que de simples
apparences dénuées de quelque substance ou existence inhérente que
ce soit (*Don-La Ma-Grub-Pa*) et ne sont que des formes et des situations
de l'apparence et de la vacuité (*sNang-sTong*).

La vraie nature (*Ngo-Bo*) de la base n'est touchée par aucun aspect du
saṃsāra ou du nirvāṇa, elle est donc vide (*sTong-Pa*). Sa qualité naturelle (*Rang-bZhin*) demeure clarté parfaite alors que le flot d'énergie

(*Thug-rJe*) en provient sous les formes de tout ce qui peut apparaître, et ainsi l'esprit demeure clarté non-entravée. La base a donc la nature de ces trois aspects que sont nature véritable, qualité naturelle et flot d'énergie, et quelles que soient les pensées soudaines, bonnes ou mauvaises, qui émergent ou qui sont libérées, celles-ci ne causent pas le moindre bienfait ni le moindre dommage à la conscience (*Rig-Pa*). Aussi, sans biais ni partialité, tout comme l'huile imprègne la graine de sésame, la conscience pénètre la multitude des pensées qui émergent de l'énergie de l'esprit (*rTsal*), et elle les attrape immédiatement[48].

Pourtant, tous les aspects artificiels de la base de toute ignorance survenant subitement (*gLo-Bur Kun-gZhi Ma-Rig-Pa*) couvrent le visage du dharmakāya non-artificiel et primordialement présent (*ye-Babs*), et nous nous retrouvons en train d'errer dans le saṃsāra. Alors, quelle que soit l'affliction (*Nyon-Mongs*) ou la pensée qui se présente, ne la croyez pas et ne vous fiez pas à elle. Il ne suffit pas de rester avec la reconnaissance de l'apparition des pensées. Peu importe quelles pensées apparaissent, il faut maintenir l'immuable sagesse intrinsèque originelle (*Ye-Shes*) libre d'objets et de supports, la sagesse intrinsèque tout à fait directe (*Zang-Thal-Med*[49]) libre de toutes positions relatives (*sPros-Bral*). Si l'on demeure ainsi, ensuite, quand le mouvement et les perturbations incessantes reviennent comme l'eau qui descend d'une haute montagne, on ne partira pas à la recherche d'objets extérieurs. Intérieurement, on ne sera pas soumis au pouvoir de la saisie. Alors, sans rien faire d'artificiel, il nous faut encore et encore maintenir l'expérience très claire de la situation originelle qui n'est pas altérée ou touchée par quoi que ce soit provenant des discriminations mentales crispées et fabriquées des pensées qui se présentent (*sPro*) et qui cessent (*bsDu*). Il est nécessaire de s'en tenir sans interruption à cette pratique pendant longtemps.

Si l'on est capable de maintenir cette pratique, alors avec simplement cette conscience (*Rig-Pa*), il y a la présence primordiale des trois modes de l'illumination [naturel, de jouissance et manifeste; dharmakāya, sambhogakāya, nirmanakāya] et l'accomplissement primordial des deux accumulations [de mérite et de sagesse], qui sont ses caractéristiques, ou son lot (*Rang-Chas*, « sa propre portion »). Ainsi, par ce point essentiel consistant à ne pas être touché par les caractéristiques adventices de l'inhibition et de l'encouragement, de l'accueil et du rejet, ni par tous les phénomènes (*Chos*) de cause et d'effet, les bonnes qualités de l'étude et de la pratique qui comprennent toutes les expériences de méditation qui se produisent de par la sagesse intrinsèque, telles que félicité (*bDe*), clarté (*gSal*) et absence de pensées (*Mi-rTog*) vont se produire et croître aisément et sans effort.

C'est pourquoi quelles que soient les expériences qui se manifestent, bonnes ou mauvaises, maladie ou santé, joie ou peine, espoirs ou doutes et ainsi de suite, ne les poursuivez pas, ne vous placez pas sous leur pouvoir. Vous devez expérimenter profondément et directement votre propre nature immuable originelle (*gNyug-Ma'i Rang-Zhal*). Ensuite, en vous en tenant simplement à cela sans courir après autre chose, par le fait de connaître ce seul point, tout sera libéré. Connaître un et tout libérer est la profonde doctrine qui suffit à tout et englobe tout, extrêmement importante et merveilleuse.

Notes

[1] La réflexion sur les dix-huit facteurs des libertés et opportunités (*Dal-'Byor*) d'une précieuse naissance humaine (*Mi-Lus-Rin-Po-Che*); la mort et l'impermanence (*'Chi-Ba Mi-rTag-Pa*); les causes et les conséquences karmiques (*Las-rGyu-'Bras*); les souffrances du saṃsāra (*'Khor-Ba' Nyes-dMigs*). Voir Low, J. *La Simplicité de la Grande Perfection*, 1998, Chapitre 1.

[2] La souffrance, les causes de la souffrance, la cessation de la souffrance, et la voie vers celle-ci, qui est l'octuple sentier (*'Phags-Pa'i-Lam Yan-Lag brGyad*), consistant en la vue juste, la compréhension juste, la parole juste, l'action juste, le moyen d'existence juste, l'effort juste, l'attention juste, et la méditation juste.

[3] C'est-à-dire moralité, contemplation absorbée et sage discernement.

[4] Générosité, moralité, patience, assiduité, stabilité mentale, et sage discernement.

[5] Donner tout ce qui est nécessaire, parler avec douceur, agir correctement et sans hypocrisie, agir pour le bien des êtres.

[6] C'est-à-dire la situation naturelle.

[7] *gZhi Rang-bZhin 'Od-gSal-Ba'i sNying-Po*, qui est le *Ye-gZhi bDe-gShegs*

sNying-Po.

[8] *sByang gZhir-Byas,* c'est-à-dire le pur objet sur lequel la «poussière» semble s'accumuler.

[9] C'est-à-dire les cinq consciences des sens, la conscience mentale (*Yid-Kyi rNam-Par-Shes-Pa*), la conscience mentale des afflictions (*Nyon-Mongs-Kyi Yid-Kyi rNam-Par-Shes-Pa*), et la conscience «base de tout» (*Kun-gZhi rNam-Par-Shes-Pa*).

[10] Qui est la compréhension des pratiquants des tantras.

[11] *Ma-rMongs,* c'est-à-dire sont plus proches de la vérité.

[12] *Bya-rGyud, sPyod-rGyud, rNal-'Byor-rGyud, Pha-rGyud, Ma-rGyud, gNyis-Med-rGyud.*

[13] Sarvabhavanayakayana, ou *Kun-'Byung-'Dre*n renvoie au véhicule des Auditeurs (śrāvakayana, *Nyan-Thos Kyi Theg-Pa*), au véhicule des Éveillés isolés (pratyekabuddhayana, *Rang-rGyal-Kyi Theg-Pa*) et au véhicule des Éveillés altruistes (boddhisattvayana, *Byang-Chub Sems-dPa'i Theg-Pa*). Le tapasvinkulayana ou *dKa'-Thub Rigs* renvoie au véhicule de l'Activité (kriyayana, *Bya-rGyud*), au véhicule de la Conduite (caryayana, *sPyod-rGyud*), et au véhicule des Yogis (anuttarayana, *rNal-'Byor-rGyud*), Le shaktiupayayana ou *dBang-bsGyur Thabs-Kyi Theg-Pas* renvoie aux tantras pères (pitryogayana, *Pha-rGyud*) [Mahayoga], aux tantras mères (matrayogayana, *Ma-rGyud*) [anuyoga], et aux tantras non-duels (advayayogayana, *gNyis-Med rGyud*) [Atiyoga].

[14] *rGyud-sDe gSum,* soit *Bya-rGyud, sPyod-rGyud, rNal'Byor-rGyud.*

[15] *gZhi-rDzog,* la base naturelle dans laquelle tout est contenu; elle est pure vidya ou conscience même.

[16] *Chos,* les dharmas, les phénomènes, tout ce qui est possible partout dans le saṃsāra ou le nirvāṇa.

[17] *Rig-Pa'i-rTsal; gSal-sTong gNyis-Med.*

[18] *rGyu-rKyen,* ici, cela fait référence à *bsKyed-Rim* et *rDzog-Rim.*

[19] Dharmakaya, Sambhogakaya, Nirmanakaya, les trois composent le mode naturel de la bouddhéité.

[20] *Cir-sNang,* ce qui signifie tous les objets possibles des six sens.

[21] *Sems-Kyi Ngo-Bor-sNang-Ba-Yin,* c'est-à-dire que tout ce qu'ils sont pour vous est quelque chose que votre propre esprit identifie; tout ce que vous avez n'est jamais rien d'autre que votre propre expérience, les apparences de soi et d'autrui, de sujet et d'objet, qui apparaissent à partir de la vraie nature de votre propre esprit.

[22] Cittata, *Sems-Nyid*, l'esprit « basique » lui-même, dénué d'obscurcissements et d'artifice.

[23] Ici, *Yul-Can* indique *Sems-Nyid*, car tous deux sont inséparables de la base.

[24] *dMigs-gTad-Bral-Ba*, comme lorsque l'on reconnaît des traces de pas familières et que l'on n'a plus à s'inquiéter ou à se demander qui est là.

[25] *sTong-'Dzin Dang Bral-Ba*, c'est-à-dire ne pas croire uniquement en un sunyata vide mais voir la dimension de conscience-présence ouverte dans laquelle apparaît tout ce qui est possible .

[26] *Lug-Gu rGyud-Kyi-sKu*, comme une file de moutons passant les uns après les autres, ou comme des perles qui bougent sur le fil d'un rosaire, si bien que la conscience n'est affectée ni par le saṃsāra, ni par le nirvāṇa.

[27] Le motif immuable et non-fabriqué de la réalité.

[28] Avec *kLong-sDe*, la forme physique grossière est transformée en un corps lumineux subtil, mais il reste encore des traces de *Shes-Bya sGrib-Pa*, les empreintes subtiles qui demeurent après la suppression du pouvoir des afflictions, les kleshas, *Nyon-Mongs*.

[29] Qui sont absolument toutes les possibilités qu'il peut y avoir.

[30] De manière générale, tous les objets sont définis et tenus en place par l'esprit. L'esprit dit : « C'est une table », mais la table, elle, ne dit jamais : « Je suis une table ». L'esprit crée toutes les apparences qui peuvent être connues. Elles sont toutes au sein de l'esprit et quelles qu'elles soient, quand l'esprit ne s'en occupe pas, elles ne sont certainement pas une « chose » - car cela est déjà un concept de l'esprit.

[31] *mDangs*, l'éclat ou expression naturelle, semblable à la propagation de l'aube.

[32] Comme la chaleur et la lumière des rayons du soleil.

[33] Pur et impur sont discriminés et considérés comme existant vraiment par les êtres ordinaires.

[34] Avidya, *Ma-Rig-Pa*, nescience, être dans l'oubli de la vraie nature; être intoxiqué par ce qui se passe au point que ce qui se passe est considéré comme étant auto-existant, avec comme conséquence un état d'oubli ou d'ignorance de la réelle non-dualité de l'événement et de la base.

[35] *Dran-Pa*, c'est-à-dire que de nombreuses idées fausses surviennent, comme lorsqu'on prend une corde pour un serpent par une nuit sombre.

[36] *Sems*, ici, signifie *Yid* ou manas, la conscience mentale. Il ne semble pas y avoir de termes en anglais ou en français qui puissent montrer précisément les nuances subtiles de ces mots. En d'autres occasions, *Sems* est utilisé dans le sens de *Sems-Nyid*, l'esprit lui-même, la nature de l'esprit sans artifices.

[37] Aparapanca, *sPros-Bral*, absence d'élaboration conceptuelle, ne pas s'appuyer sur des concepts dualistes tels que début et fin, venir et aller, etc.

[38] En ne s'agrippant pas à cette clarté de l'apparence mais en voyant qu'elle est vide, il n'y a plus de base à partir de laquelle de fausses notions duelles peuvent se développer, comme croire que le nirvāṇa vaut mieux que le saṃsāra; aussi n'est-on lié ni par la chaîne en métal de la saisie, ni par la chaîne en or de la clarté.

[39] *Las-Kyi rNam-Pa*, quel que soit ce qui est vu, toutes les apparences des résultats karmiques, c'est-à-dire les six domaines.

[40] *Kha-Yan-Du kLod*, comme une mère négligente qui laisserait ses enfants faire tout ce qu'ils veulent, ou comme quelqu'un qui continuerait à se servir d'une machine alors qu'elle est cassée. Le contrôle ici ne fait pas référence à un contrôle dualiste du sujet sur l'objet, mais au 'contrôle' sans effort consistant à se détendre et à intégrer tout ce qui apparaît dans l'espace de la conscience.

[41] Colère, désir, stupidité, orgueil, jalousie.

[42] C'est-à-dire qui ne devient jamais faux et artificiel.

[43] Ce n'est pas un matériau brut comme le minerai de fer que l'on peut fondre pour en faire différentes choses.

[44] Tout comme un bloc d'argent qui n'a pas été transformé en pot ou en un autre objet, mais n'est pas non plus redevenu du métal mêlé à la terre - c'est une potentialité ouverte.

[45] *Ye-Ne Sangs-rGyas*, c'est-à-dire qu'ils ont toujours, et de manière inaliénable, la nature de bouddha. *Sangs* signifie pur et dénué de toute faute, et *rGyas* signifie ayant toutes les bonnes qualités naturellement présentes.

[46] L'ignorance co-émergente (*Lhan-Cig-sKyes-Pa'i Ma-Rig-Pa*), l'ignorance discriminante (*Kun-Tu-brTags-Pa'i Ma-Rig-Pa*), et l'ignorance consistant à ne pas voir le karma (*Las-rGu-'Bras-La-Mongs-Pa'i Ma-Rig-Pa*).

[47] Ignorance (*Ma-Rig-Pa*) ; les tendances habituelles (*'Du-Byed*) ; la conscience (*rNam-Shes*) ; le nom et la forme (*Ming Dang gZugs*) ; les six champs d'activités des yeux, des oreiles, du nez, de la langue, du corps et de l'intellect (*sKye-mChed Drug*) ; le contact (*Reg-Pa*) ; les sensations (*Tshor-Ba*) ; les désirs (*Sred-Pa*); l'attachement (*Len-Pa*) ; les naissances successives (*Srid-Pa*) ; la naissance (*sKye-Ba*) ; la vieillesse et la mort (*rGa-Shi*).

[48] De la même façon que le ciel «attrape» ou contient tous les rayons du soleil, la conscience « attrape » les pensées en montrant leur non-dualité - toute apparence est inséparable de la conscience qui est inséparable de la vacuité de la base.

[49] Ici, *Med* ne signe pas une négation.

3

Les Instructions sur le Bardo rayonnant de clarté, comme le soleil

Tirées du terma de Nuden Dorje Dropen Lingpa Drolo Tsal
intitulé
La profonde signification de l'essence indestructible,
un texte appartenant à la série du dzogchen, appelé :
La Vue de la sagesse infinie des divinités paisibles et courroucées

Salutation à notre propre conscience, le Guru Kuntu Zangpo.

À propos de ces instructions qui introduisent directement les yogis aux bardos, il faut savoir que le bardo désigne un intervalle, un entracte, un moment ou une période se produisant entre des moments, ou périodes, de natures différentes.

Ceux qui cherchent à se reconnaître et à œuvrer pour le bien des autres mais n'ont pas ces enseignements sont appauvris, de même que leurs étudiants.

Six bardos sont décrits dans ce texte : les bardos de la nature de la naissance, du rêve, de la méditation, de la mort, de la réalité et du devenir. Ce texte est la véritable essence de toutes les instructions sur le bardo.

Le Roi du Dharma Trisong Detsen (*Khri Srong lDeu bTsan*) s'adressa au grand maître Padmasambhava : « Je vous en prie, donnez-moi une explication claire sur la signification des bardos. »

Le Guru répondit avec son cœur : « Ecoutez, Roi du Dharma. Il y a six bardos.

Le **PREMIER EST LE BARDO DE LA NAISSANCE** qui débute à l'instant où vous entrez dans le ventre de votre mère, passe par la naissance, et perdure jusqu'au moment de votre mort. Au départ, tout est déroutant, puis joie et peine commencent à être différenciés. Le corps est semblable à une maison, et l'esprit à un propriétaire. Si cela est compris, l'esprit est vu très clairement. Si cela n'est pas compris, on est égaré et toutes les causes du saṃsāra sont rassemblées.

Au milieu de notre cœur se trouve notre précieux esprit (*citta*), au centre des huit points du canal du cœur. À cet endroit la conscience se lève clairement et sans attachement. Pour donner un exemple, c'est comme une lampe brillant dans un pot. On l'appelle la lampe du cœur de chair (*Tsit-Ta Sha-Yi sGron-Ma*). Se manifestant d'elle-même et non-artificielle, elle réside dans le canal du cœur.

Elle s'exprime sous la forme de sphères de lumière apparaissant dans cette étendue de sagesse où résident les quarante-deux divinités paisibles. Par ce fait, les éclatantes divinités courroucées apparaissent au sommet de la tête. Ces formes paisibles et courroucées sont les manifestations de l'énergie de la conscience. Pour donner un exemple, c'est comme une lampe dans un pot au couvercle ouvert qui laisserait briller la lumière à l'extérieur. Ah ! La façon dont apparaît cette clarté est votre propre expérience.

Sur cette base, la lumière irradie sous la forme de grandes et petites sphères (*Thig-Le*) ainsi que d'une lumière arc-en-ciel, et cela conduit à l'apparition de plusieurs mandalas divins. C'est le canal connectant l'œil au cœur qui rend ceci possible. Il est étroit à la base et large au sommet, et a la forme d'une corne de vache. Ni lymphe ni sang n'y circulent, alors il est vide et clair. Connecté aux globes oculaires, il constitue la base permettant de voir aussi bien les qualités que les défauts des apparences. On l'appelle la lampe du canal de la blanche et souple soie (*rTsa Dar-dKar Lam-Kyi sGron-Ma*).

Quand il est connecté aux globes oculaires, existe le chemin de la conscience où la sagesse sépare de manière incessante saṃsāra et nirvāṇa. On appelle cela la lampe de l'eau qui voit, ou capture à distance au lasso (*rGyang-Zhag Chu'i sGron-Ma*). Son objet extérieur est le ciel, espace infini dépourvu de toute invention. En son sein se trouve la sagesse immuable, la pureté de la conscience et de la vacuité.

Avec la non-dualité de la vacuité et de la sagesse au sein de l'infini de l'espace, la sagesse se manifeste de manière ininterrompue sous la forme de sphères de lumière. C'est la lampe des sphères de lumière de vacuité (*Thig-Le sTong-Pa'i sGron-Ma*). Elle est comme une plume de paon, un arc-en-ciel, ou la lumière d'un cristal.

La lumière couleur de l'arc-en-ciel apparaît sous une forme semblable au signe voyelle naro ✓. On parle de la pure lampe de la vacuité et de la sagesse, dans laquelle vacuité et sagesse sont non-duelles et apparaissent sans effort. Son nom est la lampe de la sagesse spontanée (*Shes-Rab Rang-Byung-Gi sGron-Ma*).

Au départ, les bouddhas et les êtres sensibles n'étaient pas différents. Kuntuzangpo obtint la bouddhéité sans avoir accompli la moindre action vertueuse. Les êtres sensibles devinrent confus à cause de leur propre nature, sans avoir accompli aucune action non vertueuse. La conscience des bouddhas voit naturellement avec la vue qui comprend la production des pensées. Les bouddhas n'utilisent pas les vents du karma et n'accumulent donc pas les causes du saṃsāra. Libres d'objets saisissables et d'esprit saisissant qui opéreraient à l'intérieur ou à l'extérieur, ils réalisent leur propre conscience. Ils voient cette conscience, cette sagesse qui est sans racine ni base. L'esprit des êtres sensibles s'égare dans la dualité des objets extérieurs saisissables et de l'esprit intérieur saisissant. Étonnés par les imprévisibles habitudes de la base de tout, ces êtres sensibles confus ne voient pas leur propre réalité.

Si une compréhension naturelle est clairement réalisée, alors la clarté est ininterrompue comme le soleil levant. La conscience, libre de pensées, se manifeste spontanément et objets saisissables ainsi qu'esprit saisissant sont purifiés. Ceci est la compréhension du bardo de la naissance.

Le SECOND BARDO EST LE BARDO DES RÊVES, qui se déroule quand cessent les apparences de la vie diurne. Alors, pendant le sommeil en pleine nuit, les traces karmiques engendrent la confusion des rêves. Si vous reconnaissez cela, alors le flot ininterrompu des apparences émergeant de la conscience qui est la base de tout se fond dans la conscience au centre du cœur et fusionne complètement avec le sommeil libre de tout souvenir et de toutes les traces possibles. C'est comme le ciel, une clarté libre de saisie. C'est appelé la clarté de la base. C'est aussi connu comme la rencontre des réalités de la mère et du fils. Grâce à cela, la sagesse s'éveille à elle-même.

Si, au début, les gens ne reconnaissent pas la nature de leurs rêves, alors dans les canaux creux, dans les quatre directions du cœur et dans leurs interstices, au-dessus et en-dessous, l'énergie du vent et l'esprit se déplacent dans les divers canaux des poumons et du cœur. A cause de cela, de nombreuses différentes formes magiques de dieux et de démons apparaissent. Si l'esprit-vent descend le long des canaux creux, on a l'impression que tout est en train de s'effondrer comme lors d'un glissement de terrain, et il fait sombre et on expérimente la souffrance des royaumes de l'enfer, des esprits avides, des animaux, et ainsi de suite.

Dans les canaux séparés des six sens, des images des objets propres à chacun de ces sens apparaissent. Des apparences troubles apparaissent dans les rêves sous l'effet de l'action des démons tsan dans le canal des poumons, des démons gyalpo dans le canal du cœur, des démons mamo dans les canaux du foie et des reins, des démons dud et the'u-rang dans le canal de l'estomac, et des démons sadag dans le canal de l'intestin. Si l'esprit vent entre dans n'importe lequel de ces canaux, alors, selon si le yogi a, ou non, compris leur nature, son corps s'emplit, ou non, d'apparences mondaines et des souffrances du saṃsāra – et c'est ce dont il ou elle rêve. Il est très important de pratiquer la conscience d'être en train de rêver, de purifier le rêve, et de se reposer dans la clarté naturelle.

TROISIÈMEMENT, comprendre le BARDO DE LA MÉDITATION. Lorsque l'on pratique une méditation concentrée sur les formes des divinités, il nous faut une clarté libre de saisie et de jugement conceptuel à l'encontre de ces apparences. Demeurez dans la situation de la conscience qui ne change ni ne demeure. Sans limites, l'expérience du mode naturel dharmakāya devient claire et, avec la non-dualité de la joie et de la vacuité dans le domaine des quatre joies, on reste impassible face aux pensées ou à ce qui s'exprime. Ceux qui se sont éveillés à cette situation ne devraient pas poursuivre des pensées passées, ni attendre des événements à venir. La conscience qui est présente maintenant, fraîche, non artificielle, naturellement sans effort, complètement libre d'encouragement ou d'inhibition, c'est la situation naturelle vide. Elle est libre de la position d'anéantissement qui est avide de vacuité. Libre de tout encouragement et de toute inhibition, c'est la situation naturelle vide. Il n'y a pas d'autre bouddha. Notre propre conscience est le Bouddha. Elle est libre des limitations de l'effort laborieux et des tentatives visant à abandonner le saṃsāra. S'enfoncer apparaît alors comme la stable méditation de l'infinie vastitude dharmadhātu. L'excitation est la clarté de la réalité, la plus haute vue. Une stupidité embrumée est l'auto-perception de la sagesse apparaissant pour elle-même. La conscience est directe, sans partialité et libre de pensées réificatrices. La sagesse libre de pensée est mahamudra, le grand donné lui-même.

QUATRIÈMEMENT, considérons la condition naturelle du **BARDO DE LA MORT**, le bardo qui dure de la maladie mortelle jusqu'au moment de la mort. Même sans attachement ou désir pour toutes les choses qui nous sont chères, les illusions de richesse, nos biens, notre pays, nos amis et ainsi de suite, il y a un chagrin face à notre propre mort, ainsi que la peur d'être seul. On se sent triste en se remémorant les fautes que l'on a commises plus tôt. On est tourmenté en pensant à tout le Dharma que l'on n'a pas accompli et au fait que l'on doit quitter ce monde les mains vides. Notre maison peut s'effondrer, ou être anéantie par le feu. On peut être emporté par les eaux, ou tomber d'un point élevé. Chagrin, peur, et angoisse illimitée sont les marques de la mort. À ce moment, les yogis qui méditent vont maintenir le rayonnement de la conscience, clarté et vacuité sans obscurcissement. Avec cette compréhension, ils vont expérimenter la signification de la réalité. Si vous ne gagnez pas cette compréhension, cela montre que vous n'avez pas été diligent et consciencieux dans votre pratique. Alors soyez consciencieux et attentif de manière inébranlable.

CINQUIÈMEMENT, pour ce qui concerne la condition naturelle du **BARDO DE LA RÉALITÉ**, l'apparence extérieure est comme le coucher du soleil, l'apparence intérieure est sombre et obscure, puis des apparences claires s'élèvent, comme les premières lueurs de l'aube le matin. À ce moment, les yogis font l'expérience de la confusion du bardo. Désormais dépourvu d'un corps charnel, on bouge sans obstruction à travers collines et roches, les divinités paisibles et courroucées apparaissent et la lumière, les rayons, les couleurs de la sagesse se manifestent sous différentes formes. Sons, lumière et rayons apparaissent avec de grandes et petites sphères (*Thig-Le*). À ce moment, vos propres divinités de méditation vont vous accueillir. Vous expérimenterez une conscience sans obstacle libre d'encouragement et d'inhibition, et serez naturellement libre de bienfaits et de maux, d'espoirs et de peurs.

SIXIÈMEMENT, pour ce qui concerne la condition naturelle du **BARDO DU DEVENIR**, si l'on ne reconnaît pas les dieux paisibles et courroucés dans le bardo de la réalité, on se retrouve perdu, sans lieu ni direction. Quand vient le moment d'expérimenter le joie des trois royaumes supérieurs [dieux, demi-dieux, et humains] ou la souffrance des trois royaumes inférieurs [animaux, esprits avides et résidents des enfers], en fonction de la vertu ou des péchés que l'on a acquis, l'esprit traverse l'univers en un instant, se mouvant rapidement ici et là, sans intention ni but. À ce moment, il est vital de se remémorer la situation naturelle de l'esprit et d'encourager fortement une connexion avec nos propres bonnes actions antérieures.

Vœux Vajra Sceau Sceau Sceau[1]

Depuis le moment de votre naissance jusqu'à ce que vous soyez tourmenté par la maladie fatale et que votre conscience bascule dans l'inconscience et erre dans les six royaumes, vous vagabondez ici et là sans servir votre guru. Vous abandonnant vous-même, vous ne prêtez pas attention aux enseignements des précieuses méthodes de l'illumination. Afin d'éviter cela, on a besoin de l'aide apportée par la visualisation des trois lieux de refuge avec la dévotion de la compréhension. Ensuite, grâce à un changement créé soit par soi-même, soit par le pouvoir d'un autre, entre l'inspiration et l'expiration, vous ne devriez pas douter de la clarté naturelle de la sagesse qui apparaît pour vous. Puis, dans le bardo de la réalité vous pourrez voir votre propre nature, la rencontre des aspects mère et fils de la vacuité et de la conscience. Aussi est-il très important de pratiquer la clarté. Si vous voyez les divinités de méditation pendant que vous vagabondez dans le bardo du devenir, elles vous accueilleront et vous guideront afin que les apparences trompeuses soient purifiées dans la vacuité.

Vœux Vajra

EN CE QUI CONCERNE LE BARDO DE LA NAISSANCE, vous avez besoin d'un enseignement qui mette fin à tous les doutes et incertitudes à l'endroit des enseignements extérieurs et intérieurs du Dharma, une instruction qui trouve son chemin comme un oiseau qui n'oublie jamais où se trouve son propre nid.

EN CE QUI CONCERNE LE BARDO DES RÊVES, vous avez besoin d'un enseignement qui vous montre comment inhiber l'apparition des habitudes mentales et de leurs vestiges et comment pratiquer la clarté et l'union de la vacuité et de la conscience, une instruction qui soit comme une lampe placée dans une pièce sombre.

EN CE QUI CONCERNE LE BARDO DE LA MÉDITATION, vous avez besoin de voir la réalité de votre situation naturelle, l'inséparabilité de la vacuité et de la conscience. Il vous faut une instruction qui soit comme une belle fille tenant un miroir, pour que vous puissiez voir votre reflet.

EN CE QUI CONCERNE LE BARDO, vous avez besoin d'être certain de votre propre nature, ne dispersant pas souvenirs et conscience, mais clarifiant tout ce qui n'est pas clair. Pour cela, il vous faut une instruction qui soit comme la lettre d'un roi.

EN CE QUI CONCERNE LE BARDO DE LA RÉALITÉ, pour toutes les apparences, de toutes formes, vous avez besoin de la foi et de la connaissance certaine de la fusion de la conscience et des apparences. Pour cela, il vous faut une instruction qui soit comme la rencontre de la mère et du fils.

EN CE QUI CONCERNE LE BARDO DU DEVENIR, quand advient le mûrissement des actions préalables, il faut être capable de convoquer puissamment les résultats de bonnes actions antérieures. Pour cela, il vous faut une instruction qui soit comme un tuyau réparant un canal endommagé.

Vœux Vajra

Voici à présent une explication sur LES DIX-HUIT FAÇONS DE CONSIDÉRER LES PROPRIÉTÉS DES SIX BARDOS. Les dix-huit sont énumérées ainsi : nature, nom, différenciation, qualités, corps [caractéristiques], durée, mode d'apparition [exemples], enseignement [signes], pratique, instructions, fautes, bénéfices et établissement des limites et des vœux.[2]

PREMIÈREMENT, LA NATURE DE TOUS LES BARDOS

La conscience présente est elle-même non artificielle et libre d'activité laborieuse. Circulant spontanément, clarté et vacuité apparaissent lumineuses et fraîches. Si vous ne réalisez pas cela, vous errerez dans les bardos. Mais si vous pratiquez cette réalisation, vous serez libéré des bardos. Par conséquent, gardez votre conscience présente détendue et non artificielle. Ne vous impliquez pas dans des artifices mais restez frais à votre propre place. Ceci est la manière de pratiquer la nature de tous les bardos.

Vœux Vajra

DEUXIÈMEMENT, LA RAISON POUR LAQUELLE NOUS EMPLOYONS LE NOM « BARDO »

Lorsque toutes les apparences qui ont émergé sous la forme de nos anciennes expériences habituelles ont cessé et que les apparences qui constitueront nos futures expériences habituelles n'ont pas encore émergé, il y a l'entre-deux, ce qui est entre le passé et le futur, et c'est ce que signifie généralement le terme « bardo ». Nous pouvons aussi indiquer la signification spécifique de chacun des six types de « bardo ».

Donc, *le bardo de la naissance* commence dès que le corps de notre vie antérieure est laissé derrière nous et s'étend du moment où l'on se trouve dans le ventre de notre mère jusqu'à la mort. Il inclut toutes les apparences et subtiles idées perturbatrices qui apparaissent durant cette période.

Le bardo des rêves a lieu lorsque les expériences de la veille ont pris fin et que les expériences du lendemain sont encore à venir. Entre le jour qui vient de se terminer et le jour qui viendra ensuite, apparaissent, pendant notre profond sommeil inconscient, les habitudes qui se manifestent sous un faux corps. C'est la confusion résultant des perceptions et des associations.

Le bardo de la méditation a lieu lorsque les idées et événements antérieurs ne nous dérangent pas et que la confusion à propos de l'avenir n'apparaît pas, si bien que l'on est pleinement présent dans notre situation naturelle et que l'on demeure stable dans la clarté naturelle libre d'artifice.

Le bardo de la mort a lieu lorsque les expériences de cette vie ont cessé et qu'arrive la peur propre au seuil de la mort. On doit aller à l'endroit de notre prochaine vie et on se trouve à la fin de ce qui est à présent notre vie antérieure. Là, entre ces deux, on n'est pas capable de se débarrasser de la souffrance.

Le bardo de la réalité apparaît, et les apparences du son, de la lumière et des rayons arrivent ; alors, grâce aux fruits de notre pratique, on expérimente la joie de la réalité.

Le bardo du devenir a lieu quand les expériences de la réalité ont cessé et que le corps de notre prochaine vie n'a pas encore apparu. Cet endroit entre-deux est appelé « devenir » parce qu'il est alors possible d'entrer dans les royaumes supérieurs de la joie ou dans les royaumes inférieurs du malheur. L'éventail complet des joies et des souffrances est possible, aussi cette étape est-elle appelée le bardo du devenir.

Ainsi, nous avons les noms des six bardos.

Vœux Vajra

Troisièmement, la différenciation des bardos en six

Premièrement, *le bardo de la naissance* commence à la naissance et dure tant que l'on n'est pas mort.

Deuxièmement, *le bardo des rêves* se trouve entre la fin des expériences d'un jour et le début des expériences du jour suivant.

Troisièmement, *le bardo de la méditation* se produit entre le moment où l'on se débarrasse de la confusion antérieure et celui où en apparait une nouvelle.

Quatrièmement, la souffrance du *bardo de la mort* débute avec la maladie fatale et cesse avec la fin de notre dernière expiration.

Cinquièmement, *le bardo de la réalité* avec les divinités paisibles et courroucées se produit tant qu'apparaissent les formes, avec leurs sons et lumières, des divinités paisibles courroucées.

Sixièmement, *le bardo du devenir* se produit pendant la confusion liée au mûrissement des effets des actions que l'on a accomplies.

Vœux Vajra

Quatrièmement, les qualités des six bardos

Parler des bardos comme s'ils existaient vraiment peut nous induire en erreur, parce que leur qualité est la vacuité. Néanmoins, leur mode d'apparition peut être appelé « bardo » selon les conventions de la réalité relative. Mais dans la véritable nature, selon la vérité absolue, ce qui est appelé «bardo» n'existe pas. Les apparences extérieures que sont les formes, les sons, les odeurs, les goûts, les sensations et les phénomènes ne perdurent pas, car ils cessent et disparaissent. Selon la vérité absolue, ils ne possèdent pas même un cheveu d'existence véritable. On se réfère au fait de s'éveiller à leur absence de véritable existence en parlant de « vacuité externe ».

Intérieurement, les yeux, les oreilles, le nez, la langue, le corps et l'activité mentale se trouvent tous dans la vérité relative ; ils ne perdurent pas, car ils cessent et disparaissent. Selon la vérité absolue, ils ne possèdent pas même un grain de poussière d'existence véritable. On se réfère au fait de s'éveiller à leur absence de véritable existence en parlant de 'vacuité interne'.

Les dix-huit dhātus[3], les douze partenaires[4] et toutes nos différentes idées intérieures sont vides dans leur nature véritable. Toute la dualité des objets extérieurs et des sujets qui les connaissent n'est que la forme illusoire de la vérité relative. Dans la vérité absolue, ils n'ont aucune existence réelle. En connaissant la vacuité des expériences externes et internes, on sait que, en bref, tous les phénomènes du saṃsāra et du nirvāṇa sont vides. La qualité du bardo est la vacuité.

Vœux Vajra

Cinquièmement, les caractéristiques des bardos vont être montrées en indiquant leurs particularités

La caractéristique du bardo de la naissance est que notre corps est formé par les interactions particulières entre les cinq skandhas[5], les dix-huit dhātus, les six organes des sens et les consciences, les cinq organes des sens, sujet et objet, les afflictions et ainsi de suite. Le yogi qui réalise la nature illusoire de ces phénomènes de la réalité relative obtient le pouvoir sur tout ce qui se manifeste.

La caractéristique du bardo des rêves est que pendant le sommeil profond, l'aspect de la stupidité et l'aspect de la qualité évanescente du déploiement de la clarté de la sagesse sont tous les deux présents. Pendant que nous rêvons, les apparences vont et viennent et rien n'est permanent. Cette nature illusoire est la caractéristique du bardo des rêves.

La caractéristique du bardo de la méditation est que tous les phénomènes externes et internes ont la nature de clarté et vacuité. Ceci est la base permettant l'apparition de l'unification de la présence calme et de la vision pénétrante, ainsi que de la phase de développement de la visualisation des déités, et de la phase de perfection de la pureté primordiale de la condition naturelle. Ceci est la caractéristique du bardo de la méditation.

La caractéristique du bardo de la mort est l'arrivée d'une maladie mortelle causée par un déséquilibre dans les éléments. Corps et esprit se séparent et la mort commence. On n'a pas le pouvoir de ne pas s'en aller, aussi nous faut-il partir. On n'a pas le pouvoir de rester avec nos amis, nos parents, nos possessions et nos compatriotes, aussi nous faut-il partir seul. Mais l'attachement, le désir et l'envie perdurent et nous sommes absorbés dans nos activités mondaines. À cause du pouvoir de nos engagements passés, nous n'avons pas cru les enseignements du Dharma sur la mort, l'impermanence et ainsi de suite, et nous sommes très impliqués et pleins de désirs. Nous souffrons à cause de notre attachement à nos parents, à nos enfants, à notre famille et à nos amis. Notre compréhension s'obscurcit, souvenirs et connaissances ne sont plus fiables. Voici les caractéristiques du bardo de la mort.

La caractéristique du bardo de la réalité est que la forme illusoire des cinq skandhas se dissout et que la chair, le sang, la force vitale, le souffle, le corps et l'esprit, tout se sépare. On ne manifeste plus que le corps pur de l'expérience mentale. Les divinités paisibles, les divinités courroucées, les lumières, les couleurs, les sphères de lumière, de petites sphères, des chaînes de sphères, des sons, des lumières, des rayons – tout ce qui apparaît est la manifestation de notre propre expérience. L'aspect de clarté de la sagesse est ininterrompu et toutes les manifestations ont la qualité de l'immense joie. Dans cette pure infinité d'immense joie, tout ce qu'on expérimente est l'apparition du domaine de la réalité. Voici la caractéristique du bardo de la réalité.

La caractéristique du bardo du devenir est que nous sommes séparés de notre précédent corps de chair et de sang et que nous avons désormais la forme illusoire créée par notre activité mentale. Quand les divinités paisibles et courroucées émergent de la réalité, on ne reconnaît pas la vérité de cette réalité. Les divinités, les rayons et les lumières à cinq couleurs engendrent peur et tremblements et nous les percevons comme des ennemis. Incapables de saisir la nature de cette révélation de la réalité, nous nous retrouvons à voyager en tous sens comme une plume dans le vent. Incapables de nous établir où que ce soit, notre activité est sans but ni direction. Comme avec les images d'un rêve, le corps est incapable de se stabiliser pour un moment et la colère monte. Les couleurs des six royaumes, blanc, bleu, et ainsi de suite, se présentent successivement. Ces expériences sont les caractéristiques du bardo du devenir.

Vœux Vajra

Sixièmement, la durée des bardos

Le bardo de la naissance dure du moment où l'on entre dans le ventre de notre mère jusqu'au début d'une maladie mortelle.

Le bardo des rêves s'étend du moment où l'on entre dans un sommeil profond au moment du réveil.

Le bardo de la méditation dure aussi longtemps que l'on maintient la conscience dans une ouverture équanime, entre la fin de la pensée précédente et l'arrivée de la suivante.

Le bardo de la mort dure du moment où l'on est emporté par une maladie mortelle jusqu'à celui où l'on rend notre dernier souffle.

Le bardo de la réalité dure du dernier souffle au déploiement des apparences spontanées.

Le bardo du devenir dure du début des manifestations des divinités paisibles et courroucées jusqu'au moment où l'on entre dans le ventre de notre mère.

Voilà les durées des six bardos.

Vœux Vajra

Septièmement, illustrer les bardos au moyen d'exemples

Dans le bardo de la naissance, le corps et l'esprit sont comme un cairn et un oiseau. Le corps est construit graduellement, comme un cairn. Nul ne sait combien de temps il résistera avant d'être détruit mais il a, c'est certain, la nature de quelque chose qui le sera. L'esprit est comme un oiseau sur un cairn. Il ne reste là que pour un moment avant de s'envoler, et on ne sait où il ira après son départ. De la même manière, l'esprit ne demeure pas dans le cadavre. Le corps mort est placé quelque part, mais l'esprit vagabonde sans destination claire. La voix, comme le grondement d'un dragon, ne dure pas longtemps. Les proches viennent et prennent possession du nid de l'oiseau, se sentant un peu comme chez eux. Mais ils ne restent pas longtemps ensemble, ils se séparent et se dispersent. Puis ils meurent un à un, s'en allant. Les proches sont impermanents comme le nid de l'oiseau, et les compagnons illustrent très certainement l'impermanence. Tout comme le laboureur attelle ses bêtes les unes aux autres, les amis ne restent ensemble que pour un temps avant de suivre leur propre voie. La vie est comme une pierre dégringolant d'une montagne, incapable de s'arrêter d'elle-même. De façon similaire, jour après jour, nuit après nuit, nous avançons en direction de la mort. Nos biens sont comme le miel des abeilles, c'est nous qui les amassons mais ils se retrouvent employés par d'autres.

Le bardo des rêves est comme une forme illusoire créée par un magicien. Rien n'est vraiment là mais nous voyons de nombreuses choses. Les rêves semblent réels bien qu'ils ne soient rien de plus que des apparitions dénuées de substance.

Le bardo de la méditation c'est comme contempler un vaste pâturage. Grâce à la détente et à l'aisance, toutes les difficultés et les peines sont apaisées. En respirant avec douceur, le corps et l'esprit deviennent heureux. À cause des vagues de la confusion samsarique, nos corps, voix, et esprit ont été plongés dans la peine, sans chance de bonheur. Grâce aux instructions de notre maître, nos corps, voix, et esprit se détendent et circulent aisément. Dans l'ouverture équanime de la méditation, toutes les activités de notre corps, comme le mouvement facile d'une roue, coulent paisiblement sans perturbation, contraction, ou irritation. Notre voix devient semblable aux cordes d'un luth. Le luth est apte à créer de nombreux sons différents, mais si une corde est coupée, le flot du son s'interrompt. De la même manière, avec la méditation, on dit peu de choses qui ne riment à rien. En reposant à sa propre place, notre voix est à l'aise. L'esprit est semblable à une roue à eau ; quand l'eau s'arrête, la roue arrête de tourner. De la même façon, avec la méditation, les pensées et souvenirs s'arrêtent car, sans artifice, l'esprit est à l'aise avec tout ce qui advient. Voici une explication sur le fait d'être à l'aise dans le corps, la voix, et l'esprit.

Le bardo de la mort c'est la situation des gens qui ont commis un crime et savent qu'ils vont être emprisonnés. Bien que sachant cela, ils n'ont aucun moyen de s'enfuir. Ils aimeraient que les choses restent comme elles sont mais ne parviennent pas à maintenir leur situation et vont être emmenés. De la même manière, quand arrive la maladie mortelle, bien que l'on sache que l'on va mourir, on n'a aucun pouvoir nous permettant de faire face. On se remémore toutes les fautes que l'on a accumulées plus tôt au fil de notre vie et l'on ressent peur et frayeur, sans aucune méthode qui nous permette d'y changer quoi que ce soit. Notre maison, nos terres, notre richesse et nos biens demeurent où ils se trouvent et, nous séparant de nos amis, nous devons aller seul et errer sur une terre où tout est inconnu. Aussi l'esprit doit-il endurer de grandes souffrances dans le bardo de la mort.

Le bardo de la réalité c'est comme être une personne seule, entourée d'une armée de mille soldats. Où que l'on regarde, il y a des divinités paisibles et courroucées, des lumières, des sons, des rayons pris dans un mouvement turbulent. Même en prenant peur et en se mettant à courir, il est impossible de s'échapper ou de s'évader. Aussi vit-on les souffrances d'une peur et d'une terreur sans limites.

Le bardo du devenir c'est comme être une plume portée par le vent qui n'a aucun pouvoir quant à l'endroit où elle est emportée. Nous venons bien de quelque part, mais nous n'avons aucune idée de ce qui va venir ensuite. Nous ne connaissons pas notre destination finale. Nous ne pouvons pas demeurer là où ce bardo a commencé mais devons aller, en pleurant, où que nous soyons emmenés. Le cœur triste, nous sanglotons de chagrin. Il est impossible de distinguer le jour et la nuit, et nous ne rencontrons ni lieu ni personne de familier. C'est comme si nous étions entraînés vers un monde terriblement inconnu.

Dans le bardo du devenir, l'esprit et le corps entament une nouvelle expérience puisqu'ils ne peuvent pas battre en retraite, étant donné que nous ne possédons pas le pouvoir de réintégrer les éléments et les skandhas de notre vie antérieure. Peut-être notre cadavre a-t-il été brûlé sans laisser de trace, enterré, ou encore mangé par les oiseaux… En tous cas, il est impossible à trouver. Peu importe où nous allons, nous ne pouvons pas le trouver. Nous ne pouvons pas non plus rester en un lieu. Misérables et sanglotants, nous tremblons d'une sombre terreur. Notre respiration, que nous chevauchions autrefois comme un cheval, a perdu son précédent corps et erre çà et là sans aucune direction comme si elle était harcelée par des animaux sauvages. Il y a des montagnes en secouées d'avalanches, des océans débordants, d'immenses brasiers, des moussons noires et impénétrables, et nous sommes menés par des vents féroces. Chassés par des soldats, nous entendons des hurlements et les bruits de bastonnades et de meurtres. Terrifiés par tout cela, nous fuyons où nous pouvons. Mais malgré cette fuite, nous ne trouvons nul apaisement car il n'existe pas de protection. Sans possibilité de choisir, nous devons prendre naissance dans l'un des six royaumes. Nous continuons à chercher et à courir, mais à cause du karma créé précédemment, nous devons errer dans les limbes jusqu'à notre prochaine vie.

Un exemple pour illustrer la base de tous les bardos : une personne responsable de surveiller sa maison s'est perdue. Elle veut retourner chez elle mais ignore où ça se trouve et doit voyager sans le savoir.

Voici les exemples pour les bardos.

Vœux Vajra

HUITIÈMEMENT, LES SIGNES DES BARDOS

Dans *le bardo de la naissance*, nous avons un corps illusoire. Là, la forme matérielle de la chair, du sang, des skandhas et des dhātus a une existence précise qui semble substantielle, or elle est semblable à un reflet aperçu dans l'eau ou dans un miroir. Elle ne projette pas d'ombre à la lumière du soleil ou de la lune. Cela forme la base du développement du corps de chair et de sang.

Le signe du bardo des rêves est l'émergence, sous de nombreuses formes différentes, d'apparences non-substantielles et sources de confusion.

Les signes du bardo de la mort consistent en six sortes d'indications : externes, internes, secrètes, distantes, proches, et partielles.

Premièrement, faites des offrandes de nourriture aux Guru, Deva, et Dakini et, avec une torma (*gTor-Ma*), gâteau symbolique, comme support, invitez les protecteurs pour l'offrande serkyem[6] , puis dédiez les bienfaits résultant de cela à tous les êtres.

PREMIÈRE INDICATION, *les signes externes par lesquels on peut voir si l'on est sur le point de mourir ou non*

Notre corps est alors lourd, on perd notre appétit et nos sens s'émoussent. On est en colère et l'esprit est progressivement pénétré par le chagrin. On a des rêves mouvementés et la couleur de notre corps change fréquemment. La coloration de nos ongles s'efface. Lorsque ces choses se produisent, il nous reste neuf mois ou une demi-journée à vivre. Quand du pus s'écoule de nos yeux, nous mourrons dans cinq mois. Quand les cheveux à l'arrière de notre tête pointent vers le haut, nous mourrons dans trois mois. Quand on urine sur un éternuement, ou quand urine, fèces, et semence s'échappent en même temps, quand la couleur de notre visage change selon les activités que l'on effectue, quand nos sens sont parfois clairs et parfois obscurcis, quand nos sourcils poussent plus éloignés l'un de l'autre, ou quand de la transpi-ration provient de notre tête… Ce sont des signes que nous sommes désormais sous la main de Yama, le seigneur de la mort.

Quand on ferme nos yeux avec nos index et que l'on voit une lumière tourbillonnante, mais pas dans l'œil gauche, alors nous mourrons dans six mois. S'il n'y a pas de mouvement dans l'œil droit, alors nous mourrons dans dix jours. Si, les index dans les oreilles, nous n'entendons aucun son alors nous sommes ligotés dans les liens de Yama.

Si nous étions en colère auparavant mais qu'il y a beaucoup plus de colère à présent, si nous ne tenons pas nos promesses et sommes effrayés par le lieu où nous nous trouvons, si nous n'avons que peu de foi dans notre cœur envers le Dharma, si nous sommes fâchés contre les saintes personnes et que nous ressentons du chagrin où que nous soyons… Ces indications de la mort constituent les signes externes.

SECONDE INDICATION, *les signes internes sont ceux qui concernent les rêves et la respiration*

À l'aube du premier jour du premier mois du calendrier tibétain, asseyez-vous bien droit. Si de l'air pénètre par la narine gauche pendant trois jours, puis par la droite pendant les trois jours suivants, cet équilibre signifie que ce n'est pas le moment de mourir. Si cet ordre est inversé, alors nous mourrons certainement bientôt. Si la respiration se fait par les deux narines en même temps, alors nous mourrons dans trois jours. Si les deux narines sont bloquées et que la respiration se fait par la bouche, alors nous mourrons immédiatement.

Si les rêves suivants se produisent avant ou juste après minuit, alors ils ne portent pas de signification fixe. S'ils se produisent dans les deux heures qui précèdent l'aube, en revanche, leur conséquence est certaine.

Rêver d'un chat chevauchant un singe blanc venant de l'est, ou de tigres, de renards, de cadavres, de buffles, de cochons, de grands singes, d'insectes arrivant en masse depuis le sud. Ce sont des signes de la mort et il faut alors pratiquer pour la repousser.

Troisième indication, les signes secrets de la mort

Si au matin du premier jour de l'année, une semence noire et de la sueur blanche émergent, il est dit que c'est un signe que l'on mourra dans deux mois. Si la semence est rouge, on mourra dans six mois. Si la semence est blanche et chaude, on ne déclinera pas immédiatement. Si nous respirons par nos narines, nous ne mourrons pas car notre vie est protégée. Si notre semence est fréquemment libérée, nous mourrons dans quatre mois. Si un nouveau grain de beauté se développe à proximité de l'urètre et que l'on ressent de nombreux désirs, ce sont des signes de mort et il faut pratiquer une méditation de rituel de rançon.

Quatrième indication, les signes distants de la mort

Dans un lieu isolé, regardez le ciel le premier jour du premier mois de l'année le matin ou l'après-midi, ou alors le soir du quinzième jour, ou encore au crépuscule et dans les moments qui précèdent l'aube. Dans ces moments calmes où le ciel est clair, asseyez-vous nu et priez avec ferveur. Récitez ce roi des mantras une centaine de fois : «Om Ae Ye She Pa Ra Ha Ka Ra Te Sha Re Hung Phat !» Récitez les noms des bouddhas des dix directions. Demandez-leur de retenir le soleil et la lune et écrivez une lettre A dans votre ombre à l'emplacement de votre cœur. Gardez vos yeux dirigés sur elle, très droit et immobile, et stabilisez votre esprit. Si vos yeux commencent à bouger, regarder le ciel. Votre propre reflet naîtra dans le ciel et sera un signe. S'il est brisé ou brouillé, c'est un signe d'une mort imminente certaine. Si la couleur du ciel n'est pas claire, répétez la pratique du mantra encore et encore. Si le ciel est d'une pure couleur blanche, c'est un signe de longue vie.

CINQUIÈME INDICATION, *les signes d'une mort proche*

Nos dents se retrouvent couvertes d'une épaisse saleté noire. Cela s'appelle l'arrivée de la forme démoniaque de nos propres éléments, et l'on mourra dans les neuf jours. Quand les narines fléchissent et bloquent le flux d'air, si nos bras se mettent à s'agiter d'avant en arrière, on appelle cela le démon Rila Nyagpa et cela indique une mort dans cinq jours. Si les yeux développent un regard fixe, alors la mort viendra dans les trois jours. Si l'on peut voir son nez directement, alors on sera mort dans sept jours. S'il n'y a plus de larmes dans nos yeux, on meurt dans les cinq jours. Si une semence noire apparaît sur notre langue, se développant graduellement, on mourra dans les deux jours. Si notre diaphragme et nos narines s'effondrent et fléchissent, c'est un signe de mort imminente.

Plus particulièrement, voici la méthode pour comprendre les signes de la mort. À midi, faites face au sud, asseyez-vous et placez votre coude droit sur votre genou droit surélevé. Placez votre paume sur votre front avec votre poignet en face de vos yeux. Regardez-le et il va s'amincir. S'il se réduit au point qu'il semble coupé en deux par une ombre, vous mourrez dans dix-neuf jours. Ce sont les manières d'identifier les signes de mort proches.

SIXIÈME INDICATION, LES SIGNES PARTIELS DE LA MORT

Si l'on ne peut pas voir notre nez de nos propres yeux, alors la mort viendra dans cinq mois. Si l'on ne peut pas voir le bout de notre langue alors on mourra dans trois jours. Si l'on ne peut pas voir notre côté gauche dans un miroir alors c'est un signe que l'on mourra dans sept mois. Si l'on sent de la chaleur en respirant dans la paume de la main, c'est un signe de mort. Si notre reflet dans l'eau n'apparaît qu'à demi, c'est un signe de mort. Si la sueur ne reste pas sur notre poitrine et si la sueur ne sèche pas, ou encore si une personne a des lentes – ce sont des signes de mort.

Signes que la mort est proche

Les signes externes sont que l'on vomit nourriture et boissons et que le corps n'a que très peu de chaleur. La tête s'affaisse et les sens s'émoussent. Les cinq éléments, en nous, s'enfoncent dans la chair et les os. C'est un signe que les éléments externes s'enfoncent dans la terre. Le corps devient lourd, n'a plus de chaleur et semble tomber sous terre. La terre se résorbe dans l'eau et il s'opère une perte de forme. Le corps perd sa puissance et l'esprit devient lent.

Les signes que le sang et la lymphe fusionnent avec l'eau sont que des fluides apparaissent dans la bouche et le nez, que la langue devient sèche, et que le diaphragme s'affaisse. À mesure que l'eau se résorbe dans le feu, le corps perd sa chaleur. L'esprit oscille entre clarté et perte de clarté.

Les signes que la chaleur interne s'est résorbée dans l'élément feu sont que le corps perd toute sa chaleur, que les yeux se tournent vers le haut et que l'on ne reconnaît plus quiconque.

Quand le feu se résorbe dans le vent, toute perception de lumière disparaît. La respiration du corps se fond dans l'élément air et cela s'exprime par un halètement. La conscience disparaît comme si des mirages se produisaient. Les poux avec leurs lentes quittent tous le corps.

Le sang que l'on tient de notre mère et qui demeurait sous le nombril se déplace vers le haut et l'on a des expériences d'images rouges. À ce moment cessent toutes les apparences qui prennent racine dans nos désirs et dans les quarante sortes de pensées qu'engendre le désir.

La semence blanche que l'on tient de notre père et qui demeurait au sommet de notre tête se déplace vers le bas et cela fait apparaître des images blanches et jaunes. Toutes les trente-trois sortes de pensées qui proviennent de la colère s'arrêtent.

La respiration se fait par saccades de plus en plus longues.

Tout le sang entre dans le canal vital et se rassemble ensuite dans le cœur en une boule de sang qui donne naissance à une expérience d'obscurité noire. C'est aussi sombre que si l'on se trouvait dans une maison qui s'était effondrée.

A ce moment-là, toutes les expériences qui nous traversent sont dues à la stupidité, puis les soixante-dix sortes de pensées venant de la stupidité cessent toutes.

La bouche est ouverte, les yeux regardent vers le haut et sont vides. Les apparences extérieures sont celles du soleil couchant. Les portes des sens se ferment et toutes les apparences deviennent sombres, puis ce sont les images et les souvenirs qui cessent. Le souffle ne s'étend pas plus loin que la longueur d'un coude. Intérieurement, on fait l'expérience d'une nuit noire.

Puis au centre du cœur, le sang et la semence se rejoignent. La tête s'affaisse et le souffle s'étend à présent à la longueur d'un bras entier.

Puis dans le cœur les trois boules de sang et de semence se rencontrent, rendant la respiration haletante et s'étendant à la longueur de deux bras. Il fait très sombre, il n'y a plus de souvenirs et la respiration externe cesse.

Le sang, ascendant, et la semence, descendante, se rencontrent dans le cœur. Dans la situation de joie qui en résulte, la conscience disparaît. Elle se fond dans la clarté naturelle et, de ce fait, se produit l'expérience de l'union de la félicité co-émergente et de la sagesse originelle.

Dans le cœur, la conscience fait l'expérience de la rencontre des réalités de la mère et du fils. Le souffle interne a cessé, vent et esprit pénètrent dans le canal central. Ensuite la clarté naturelle de la base apparaît pour tous les êtres sensibles.

Pour un yogi qui a de l'expérience de la méditation et pour qui la clarté naît du chemin, la mère et le fils se rencontrent instantanément. Il accède directement au dharmakāya non-né, le sambhogakāya et le nirmanakāya se manifestant sans effort pour le bien des êtres. Avec ces trois modes de l'illumination apparaissant sans effort, la bouddhéité est manifestée.

Les êtres ignorants qui n'ont pas médité font l'expérience de l'apparition de la clarté de la réalité, mais ne la reconnaissent pas. De ce fait, ils renaissent encore et encore, un nombre incalculable de fois.

Bien que la naissance de la clarté naturelle de la base soit inexprimable, sa reconnaissance nous libère des obscurcissements de la torpeur de l'ignorance co-émergente. Autrement nous errerions sans limite dans un saṃsāra infini.

Pour cette raison, maintenant que nous avons obtenu un corps humain, il est très important de pratiquer les profondes instructions de méditation. Obtenez les instructions d'un bon enseignant ou d'amis ayant pris et gardé leurs vœux et pratiquez la méditation de phowa afin de transférer votre conscience à l'extérieur de votre corps.

Les signes du bardo de la réalité sont que les apparences des sons, des lumières et des rayons vont arriver. Le signe des sons est qu'en mettant nos index dans nos oreilles, on entend un grondement[7]. Quand on se trouve dans le bardo de la réalité, on entend un son semblable au rugissement d'un millier de dragons. Le signe de la lumière est qu'en mettant nos index dans nos yeux, on voit des lumières. Quand on se trouve dans le bardo, tout est plein de couleurs et des corps des divinités paisibles et courroucées. Le signe des rayons est que lorsqu'on regarde la lumière du soleil et de la lune, leurs rayons lumineux apparaissent en une succession de sphères de lumière. C'est le signe de ce qui se manifeste réellement comme rayons de lumière dans le bardo.

Les signes du bardo du devenir sont que lorsque l'on émerge du profond sommeil inconscient[8], de nombreux rêves différents apparaissent. Dans ce bardo, le corps mental que l'on possède peut passer sans difficultés à travers des montagnes et des roches. Ce corps ne projette pas d'ombre, ne laisse aucune trace de pas, et ne lance aucun reflet. C'est le signe qu'il est dépourvu des éléments et des skandhas.»

Telle est l'explication des signes des six bardos.

Vœux Vajra

Traduit pas C. R. Lama et James Low en 1979
Révisé par James Low en 2013

NOTES

[1] Les vœux Vajra rappellent les Gardiens de ce texte, qui est scrupuleusement protégé et scellé afin que sa signification authentique ne soit pas altérée.

[2] Bien que le texte parle de « dix-huit façons », seulement treize sont énumérées et la traduction n'en couvre que huit.

[3] Les dix-huit éléments de l'expérience : les six organes des sens (avec le cœur pour l'esprit) ; les six sens (l'esprit compris) ; les six objets des sens (incluant les pensées et les sensations).

[4] Les objets des sens et les consciences.

[5] Les cinq agrégats qui constituent une personne : forme, sensation, organisation perceptrice, association, conscience.

[6] L'offrande *gSer-sKyems* de thé ou d'alcool est faite pour apaiser et encourager les protecteurs du Dharma dans leur activité.

[7] Ce son est pris comme indiquant le son auto-existant intrinsèque à l'espace ouvert de l'être.

[8] Il ne s'agit pas ici du sommeil nocturne ordinaire mais de la profonde inconscience vide et qui peut se produire à la fin du bardo de la réalité quand, pour n'avoir pas reconnu la nature des formes courroucées qui sont apparues, on tombe dans l'inconscience à cause de la terreur expérimentée.

4

ༀ༔ བར་དོའི་རྩ་ཚིག་བཞུགས་སོ༔

Les Vers racines
des bardos

རྒྱལ་བ་ཞི་ཁྲོའི་ཟླ་ལ་ཕྱག་འཚལ་ལོ༔ བར་དོ་རྣམ་པ་དྲུག་གི་རྩ་ཚིག་ནི༔

Salutations aux jinas paisibles et courroucés. Voici un abrégé des six bardos.

ཀྱེ་མ་བདག་ལ་སྐྱེ་གནས་བར་དོ་འཆར་དུས་འདིར༔

KYE MA	DAG LA	KYE NAE	BAR DO	CHAR	DU	DIR

Hélas ! (quelle tristesse moi à,pour (lieu intermédiaire apparaître temps ici*
d'être prisonnier de l'ignorance) de naissance) (i.e. la vie, du moment de la naissance
ou de la conception, jusqu'à la mort)

* i.e. quand cela m'arrive

Hélas ! À présent que le bardo de la vie apparaît pour moi,

ཚེ་ལ་ལོང་མེད་ལེ་ལོ་སྤང་བྱས་ནས༔

TSHE	LA	LONG	ME	LE LO	PANG	JAE	NE

vie dans loisir(s) sans paresse abandonner, cesser faire par conséquent
(i.e. la vie est très courte et nous ne savons pas quand elle s'achèvera)

Je dois abandonner toute paresse dans cette vie trop courte pour les loisirs

ཐོས་བསམ་སྒོམ་གསུམ་མ་ཡེངས་ལམ་དུ་འཇུག༔

THO	SAM	GOM	SUM	MA YENG	LAM	DU	JUG
entendre, étudier	réfléchir	méditer	trois	stable, sans distraction	chemin	dans, sur	entrer, garder

Demeurant sans distraction sur le chemin de l'écoute, de la réflexion et de la méditation,

སྣང་སེམས་ལམ་སྒོང་སྐུ་གསུམ་མངོན་འགྱུར་སྒྲུབས༔

NANG	SEM	LAM	LONG	KU	SUM	NGON GYUR	JANG
apparences, idées *	esprit, citta	chemin	aller bien	modes	trois #	devenir se développer clairement	,pratiquer

*les voyant tous deux dans sunyata   # Dharmakaya, Sambhogakaya, Nirmanakaya

Je dois progresser sur le chemin de la compréhension de la nature des apparences et de l'esprit, et pratiquer afin de rendre les trois modes de l'illumination manifestes.

མི་ལུས་ལན་གཅིག་ཐོབ་པའི་དུས་ཚོད་འདིར༔

MI	LU	LAN	CHIG	THOB PAI	DU TSHOD	DIR
humain	corps	fois	un-e	obtenir	temps, moment	ici

(Obtenir une naissance humaine, en particulier avec les dix-huit libertés et opportunités, emploie tant de bon karma qu'il est très difficile d'en obtenir une nouvelle.)

À présent que je tiens mon unique chance d'obtenir une naissance humaine,

ཡེངས་པ་ལམ་ལ་སྟོང་པའི་དུས་མ་ཡིན༔

YENG PA	LAM	LA	TONG PAI	DU	MA	YIN
vacillant, incertain, brumeux	chemin	sur, à	loisirs	temps	non, ne pas	avoir

Je n'ai pas de temps à perdre sur le chemin de l'indécision.

Hélas ! À présent que le bardo de la vie apparaît pour moi, je dois abandonner toute paresse dans cette vie trop courte pour les loisirs. Demeurant sans distraction sur le chemin de l'écoute, de la réflexion et de la méditation, je dois progresser sur le chemin de la compréhension de la nature des apparences et de l'esprit, et pratiquer afin de rendre les trois modes de l'illumination manifestes. À présent que je tiens mon unique chance d'obtenir une naissance humaine, je n'ai pas de temps à perdre sur le chemin de l'indécision.

(Lecture alternative)

[Note : Il existe aussi une lecture traditionnelle de ces six lignes dans l'ordre suivant : 1, 5, 6, 2, 3, 4, comme ci-dessous.]

Hélas ! À présent que le bardo de la vie apparaît pour moi, alors que je tiens mon unique chance d'obtenir une naissance humaine, je n'ai pas de temps à perdre sur le chemin de l'indécision. Je dois abandonner toute paresse dans cette vie trop courte pour les loisirs, et, demeurant sans distraction sur le chemin de l'écoute, de la réflexion et de la méditation, je dois progresser sur le chemin de la compréhension de la nature des apparences et de l'esprit, et pratiquer afin de rendre les trois modes de l'illumination manifestes.

ཀྱེ་མ་བདག་ལ་རྨི་ལམ་བར་དོ་འཆར་དུས་འདིར༔

KYE MA	DAG	LA	MI LAM	BAR DO	CHAR	DU DIR
Hélas !	*moi*	*à, pour*	*rêve*	*période intermédiaire*	*apparaître*	*temps ici*

Hélas ! À présent que le bardo des rêves apparaît pour moi,

གཏི་མུག་རོ་ཉལ་བག་མེད་སྤོངས་བྱས་ནས༔

TI MUG	RO NYAL	BAG ME	PANG	JAE	NE
stupidité, lourdeur d'esprit	*dormir comme un cadavre*	*peu scrupuleux, inattentif*	*abandonner*	*faire*	*par conséquent*

Je dois abandonner ce cadavérique et inattentif sommeil de stupidité et

དྲན་པ་ཡེངས་མེད་གནས་ལུགས་ངང་ལ་འཇོག༔

DRAN PA	YENG ME	NAE LUG	NGANG	LA	JOG
attention, concentration de conscience	*stable*	*mode naturel, condition originelle*	*ouverture*	*dans*	*entrer et garder*

Conserver l'ouverture de ma situation originelle avec une attention stable.

རྨི་ལམ་བཟུང་ལ་སྤྲུལ་བསྒྱུར་འོད་གསལ་སྦྱང༔

MI LAM	ZUNG	LA	TRUL GYUR	OD SAL	JANG
rêve (être conscient du rêve et de sa nature et ne pas l'oublier au réveil)	*tenir*	*avec, ainsi*	*le transformer par la compréhension de sa nature illusoire*	*claire illumination, clarté naturelle, qualité auto-lumineuse*	*pratiquer*

Etant conscient de mes rêves comme ils arrivent, je dois les transformer en la pratique du rayonnement naturel.

དུད་འགྲོ་བཞིན་དུ་ཉལ་བར་མི་བྱ་བར༔

DUD DRO	ZHIN DU	NYAL WAR	MI	JA WAR
animal (i.e. avec un esprit lourd)	*comme*	*dormir*	*ne pas*	*faisant*

Ne dormant pas comme un animal

གཉིད་དང་མངོན་སུམ་འདྲེས་པའི་ཉམས་ལེན་གཅེས༔

NYI	DANG	NGON	SUM	DRE PAI		NYAM LEN	CHE
sommeil	et	connaissance directe		mélanger, fusionner		pratiquer	très important, précieux

Je suivrai cette précieuse pratique où le sommeil se fond dans l'expérience directe de ma vraie nature.

*Hélas ! À présent que le bardo des rêves apparaît pour moi, je dois aban-
donner ce cadavérique et inattentif sommeil de stupidité et conserver
l'ouverture de ma situation originelle avec une attention stable. Etant
conscient de mes rêves comme ils arrivent, je dois les transformer en la
pratique du rayonnement naturel. Ne dormant pas comme un animal, je
suivrai cette précieuse pratique où le sommeil se fond dans l'expérience
directe de ma vraie nature.*

(Lecture alternative)

*Hélas ! À présent que le bardo des rêves apparaît pour moi, ne dormant
pas comme un animal, je suivrai cette précieuse pratique où le sommeil
se fond dans l'expérience directe de ma vraie nature. Je dois abandonner
ce cadavérique et inattentif sommeil de stupidité et conserver l'ouverture
de ma situation originelle avec une attention stable. Etant conscient de
mes rêves comme ils arrivent, je dois les transformer en la pratique du
rayonnement naturel.*

ཀྱེ་མ་བདག་ལ་བསམ་གཏན་བར་དོ་འཆར་དུས་འདིར༔

KYE MA	DAG LA		SAM TAN		BAR DO	CHAR	DU	DIR
Hélas! méditation	*moi à, pour*		*stabilité mentale, période intermédiaire*		*période*	*apparaître*	*temps ici, maintenant (i.e. quand cela se produit pour moi)*	

Hélas ! À présent que le bardo de la stabilité mentale apparaît pour moi,

རྣམ་ཡེངས་འཁྲུལ་བའི་ཚོགས་རྣམས་སྤངས་བྱས་ནས༔

NAM YENG	TRUL WAI	TSHOG NAM	PANG JAE	NE
très vacillant	*confusion*	*de nombreuses différentes sortes*	*abandonner*	*par conséquent*

(i.e. toutes les pensées qui apparaissent à cause de mon incertitude au sujet de la vraie nature)

Je dois abandonner toutes les diverses formes de confusion vacillante, et

ཡེངས་མེད་འཛིན་མེད་མཐའ་བྲལ་ངང་དུ་འཇུག༔

YENG ME	DZIN ME	THA DRAL	NGANG	DU	JUG
stable (toujours en mNyam-bZhag, méditation)	*sans saisir (toujours en rJe-Thob, post-méditation)*	*libre de toute limitation, pas de conceptualisation réifiante*	*ouverture*	*dans*	*garder, entrer et rester*

Demeurer dans l'ouverture libre de toutes limites, stable et sans saisie.

བསྐྱེད་རྫོགས་གཉིས་ལ་བརྟན་པ་ཐོབ་པར་བྱ༔

KYED	DZOG	NYI	LA	TAN PA	TOB PA	JA
phase de développement	*phase de perfection*	*deux*	*dans*	*stabilité*	*obtenir, garder*	*faire*

Je dois parvenir à la stabilité dans les phases de développement et de perfection.

བྱ་བ་སྤངས་ནས་རྩེ་གཅིག་སྒྲུབ་དུས་འདིར༔

JA WA	PANG	NE	TSE CHIG	DRUB	DU	DIR
activité (dualiste et mondaine)	*abandonner*	*alors*	*vers/concentré en un point*	*pratiquer*	*temps*	*ici, maintenant*

Abandonnant toutes les activités mondaines, je vais pratiquer de façon concentrée, ici et maintenant.

ཉོན་མོངས་འཁྲུལ་པའི་དབང་དུ་མ་བཏང་ཞིག༔

NYON MONG	TRUL PAI	WANG DU	MA	TANG	ZHIG
émotions perturbatrices (colère, désir, etc.)	*confusion*	*pouvoir sous*	*ne pas*	*aller, m'envoyer*	*devoir*

Je ne dois pas me placer sous le pouvoir déroutant des émotions perturbatrices.

Hélas ! À présent que le bardo de la stabilité mentale apparaît pour moi, je dois abandonner toutes les diverses formes de confusion vacillante, et demeurer dans l'ouverture libre de toutes limites, stable et sans saisie. Je dois parvenir à la stabilité dans les phases de développement et de perfection. Abandonnant toutes les activités mondaines, je vais pratiquer de façon concentrée, ici et maintenant. Je ne dois pas me placer sous le pouvoir déroutant des émotions perturbatrices.

(Lecture alternative)

Hélas ! À présent que le bardo de la stabilité mentale apparaît pour moi, je vais abandonner toutes les activités mondaines et pratiquer de façon concentrée, ici et maintenant. Je ne dois pas me placer sous le pouvoir déroutant des émotions perturbatrices. Je dois abandonner toutes les diverses formes de confusion vacillante, et demeurer dans l'ouverture libre de toutes limites, stable et sans saisie. Je dois parvenir à la stabilité dans les phases de développement et de perfection.

ཀྱེ་མ་བདག་ལ་འཆི་ཁ་བར་དོ་འཆར་དུས་འདིར༔

KYE MA	DAG	LA	CHI KHA	BAR DO	CHAR	DU	DIR
Hélas !	*moi*	*à, pour*	*moment de la mort*	*période*	*apparaître*	*temps*	*ici, maintenant (i.e. quand cela se produit pour moi)*

Hélas ! À présent que le bardo de la mort apparaît pour moi,

ཀུན་ལ་ཆགས་སེམས་ཞེན་འཛིན་སྤངས་བྱས་ལ༔

KUN	LA	CHAG SEM	ZHEN	DZIN	PANG	JAE	LA
tout (choses mondaines)	à	esprit empli de désirs	espoirs, attentes	qui saisit	abandonner	faire	donc

Je dois abandonner tous les espoirs, désirs et attachements.

གདམས་ངག་གསལ་བའི་ལམ་ལ་མ་ཡེངས་འཇུག༔

DAM NGAG	SAL WAI	LAM	LA	MA YENG	JUG
instructions, doctrines	clair, clairement (i.e. les gardant clairement à l'esprit)	chemin	sur	stable, qui ne vacille pas	entrer, garder

Demeurant sans vaciller sur le clair chemin des instructions du Dharma,

རང་རིག་སྐྱེ་མེད་ནམ་མཁའི་དབྱིངས་སུ་འཕོ༔

RANG RIG	KYE ME	NAM KHAI	YING	SU	PHO
conscience propre, esprit	non-né	du ciel (sunyata)	profondeur	dans, en	envoyer, transmigrer (comme une bulle surgissant de l'eau bouillante)

Je dois intégrer ma conscience à l'espace non-né semblable au ciel.

འདུས་བྱས་ཤ་ཁྲག་ལུས་དང་བྲལ་ལ་ཁད༔

DU JAE	SHA	TRAG	LU	DANG	DRAL	LA KHAD
composé	chair	sang	corps	et	libre de	presque, sur le point de

Maintenant, alors que je me libère de ce corps de chair et de sang,

མི་རྟག་སྒྱུ་མ་ཡིན་པར་ཤེས་པར་བྱ༔

MI TAG	GYU MA	YIN	PAR	SHE PAR	JA
impermanent	illusoire	être	comme, tel	savoir	faire

Je dois savoir qu'il est impermanent et illusoire.

Hélas ! À présent que le bardo de la mort apparaît pour moi, je dois abandonner tous les espoirs, désirs et attachements. Demeurant sans vaciller sur le clair chemin des instructions du Dharma, je dois intégrer ma conscience à l'espace non-né semblable au ciel. Maintenant, alors que je me libère de ce corps de chair et de sang, je dois savoir qu'il est impermanent et illusoire.

(Lecture alternative)

Hélas ! À présent que le bardo de la mort apparaît pour moi, alors que je me libère de ce corps de chair et de sang, je dois savoir qu'il est impermanent et illusoire. Je dois abandonner tous les espoirs, désirs et attachements et, demeurant, sans vaciller sur le clair chemin des instructions du Dharma, je dois intégrer ma conscience à l'espace non-né semblable au ciel.

ཀྱེ་མ་བདག་ལ་ཆོས་ཉིད་བར་དོ་འཆར་དུས་འདིར༔

KYE MA	DAG LA	CHO NYID	BAR DO	CHAR	DU	DIR
Hélas !	moi à	dharmata, réalité, situation originelle	période	apparaître	temps	ici, maintenant (il commence à apparaître juste après la mort)

Hélas! À présent que le bardo de la réalité apparaît pour moi,

ཀུན་ལ་དངངས་སྐྲག་འཇིགས་སྣང་སྤངས་བྱས་ནས༔

KUN	LA	NGANG	TRAG	JIG	NANG	PANG JAE	NE
tout (ce qui apparaît)	à	peur	peur	terreur	idées	abandonner	par conséquent

Je dois abandonner toutes mes idées pleines de peur et de terreur face à ce qui peut se présenter, et

གང་ཤར་རང་སྣང་རིག་པར་དོ་ཤེས་བྱ༔

GANG	SHAR	RANG NANG	RIG PAR	NGO SHE	JA
quoi que ce soit	apparaître	propres idées	conscience, comme	reconnaître	faire

Tout reconnaître, quoi qu'il apparaisse, comme le rayonnement naturel de ma propre conscience.

བར་དོའི་སྣང་ཚུལ་ཡིན་པར་ཤེས་པར་བྱ༔

BAR DOI	NANG TSHUL	YIN PAR	SHE PAR	JA
du bardo	forme d'apparition	est, comme	savoir	faire

Je dois savoir qu'il s'agit du mode de manifestation de ce bardo.

དོན་ཆེན་འགག་གས་ལ་ཐུགས་པའི་དུས་གཅིག་འོང༔

DON CHEN	GAG	LA	THUG PAI	DU	CHIG	ONG
grande signification, le point important	arrêter	à	impatient (i.e. très pressant et urgent, et qu'il faut absolument employer)	temps	un	venir

Maintenant, alors qu'arrive ce moment crucial,

རང་སྣང་ཞི་ཁྲོའི་ཚོགས་ལ་མ་འཇིགས་ཞིག༔

RANG NANG	ZHI	TROI	TSHOG	LA	MA JIG	ZHIG
mes propres idées	paisible	courroucé	convives, hôtes	à	pas effrayé	devoir être

Je ne dois pas être effrayé par les hôtes aux formes paisibles et courroucées qui sont ma propre luminosité.

Hélas ! À présent que le bardo de la réalité apparaît pour moi, je dois abandonner toutes mes idées pleines de peur et de terreur face à ce qui peut se présenter, et tout reconnaître, quoi qu'il apparaisse, comme le rayonnement naturel de ma propre conscience. Je dois savoir qu'il s'agit du mode de manifestation de ce bardo. Maintenant, alors qu'arrive ce moment crucial, je ne dois pas être effrayé par les hôtes aux formes paisibles et courroucées qui sont ma propre luminosité.

(Lecture alternative)

Hélas ! À présent que le bardo de la réalité apparaît pour moi, maintenant qu'arrive ce moment crucial, je ne dois pas être effrayé par les hôtes aux formes paisibles et courroucées qui sont ma propre luminosité. Je dois abandonner toutes mes idées pleines de peur et de terreur face à ce qui peut se présenter, et tout reconnaître, quoi qu'il apparaisse, comme le rayonnement naturel de ma propre conscience. Je dois savoir qu'il s'agit du mode de manifestation de ce bardo.

ཀྱེ་མ་བདག་ལ་སྲིད་པ་བར་དོ་འཆར་དུས་འདིར༔

KYE MA	DAG LA	SID PA	BAR DO	CHAR	DU	DIR
Hélas !	*moi à*	*possible existence mondaine, renaissance*	*période*	*apparaître*	*temps*	*ici, maintenant (i.e. quand cela se produit pour moi)*

Hélas ! À présent que le bardo de la renaissance apparaît pour moi,

འདུན་པ་རྩེ་གཅིག་སེམས་ལ་བཟུང་བྱས་ནས༔

DUN PA	TSE CHIG	SEM LA	ZUNG JAE	NE
dévotion, aspiration	*vers/dans un seul but*	*esprit dans, tel*	*tenir*	*par conséquent*

(en maintenant la concentration uniquement posée sur des pensées de pur Dharma et sur la compréhension de la non-dualité)

Je dois garder mon esprit dans une dévotion totale et

བཟང་པོ་ལས་ཀྱི་འཕྲོ་ལ་ནན་གྱིས་འཐུད༔

ZANG PO	LAE	KYI	TRO	LA	NAN GYI	THUD
bon	*karma*	*de*	*émaner*	*à*	*urgent, pressant*	*étendre, aider, encourager*

(Voici le moment de lutter pour une renaissance favorable et, pour cela, beaucoup de bon karma est nécessaire, aussi devons-nous faire en sorte que seules de bonnes pensées apparaissent.)

Encourager fortement la maturation de mon bon karma.

མངལ་སྒོ་དགགས་ནས་རུ་ལོག་དྲན་པར་བྱ༔

NGAL GO	GAG	NE	RU LOG	DRAN PAR	JA
utérus porte	*seuil, arrêt*	*ensuite*	*inverser, retourner*	*se souvenir*	*faire*

(L'entrée dans les six royaumes)   *(remonter les étapes de la co-production conditionnée, jusqu'à l'ignorance[1], puis les transcender)*

Fermant la porte de la matrice, je dois me rappeler de renverser le processus qui mène à l'existence.

སྙིང་རུས་དག་སྣང་དགོས་པའི་དུས་གཅིག་ཡིན༔

NYING RU	DAG NANG	GO PAI	DU	CHIG	YIN
fort, authentique	*foi, vue pure*	*avoir besoin*	*temps*	*un*	*est*

C'est l'unique instant où une authentique vision pure est requise, alors

ཨི་ག་སེ་སྤང་ནས་བླ་མ་ཡབ་ཡུམ་སྒོམ༔

MIG SER	PANG	NE	LA MA	YAB YUM	GOM
jalousie	*abandonner*	*ensuite*	*guru*	*avec sa parèdre*	*méditer sur cela*

(Alors que l'on est sur le point de prendre naissance dans le ventre d'une femme en train de faire l'amour, il faut méditer très fortement sur l'idée que ce couple est en fait notre propre guru avec sa ou son parèdre, et de cette façon, tous nos attachements pleins de désir sont détruits, et la pulsion nous poussant à entrer dans ce ventre sera surmontée. Si nous entrons, cela sera en fusionnant avec leur nectar.)

Abandonnant toute jalousie, je vais méditer sur mon guru avec son/sa parèdre.

Hélas ! À présent que le bardo de la renaissance apparaît pour moi, je dois garder mon esprit dans une dévotion totale et encourager fortement la maturation de mon bon karma. Fermant la porte de la matrice, je dois me rappeler de renverser le processus qui mène à l'existence. C'est l'unique instant où une authentique vision pure est requise, alors, abandonnant toute jalousie, je vais méditer sur mon guru avec son/sa parèdre.

(Lecture alternative)

Hélas ! À présent que le bardo de la renaissance apparaît pour moi, c'est l'unique instant où une authentique vision pure est requise. Alors, abandonnant toute jalousie, je vais méditer sur mon guru avec son/sa parèdre. Je dois garder mon esprit dans une dévotion totale et encourager fortement la maturation de mon bon karma. Fermant la porte de la matrice, je dois me rappeler de renverser le processus qui mène à l'existence.

འཆི་བ་འོང་སྙམ་མེད་པའི་བློ་རིང་པོ༔

CHI WA	ONG	NYAM MED PAI	LO RING PO
mort	*qui vient*	*négligeant*	*ne croyant pas*

Négligemment, ne croyant jamais que la mort viendrait,

དོན་མེད་ཚེ་འདིའི་བྱ་བ་བསྒྲུབས་བསྒྲུབས་ནས༔

DON ME		TSHE	DI	JA WA	DRUB	DRUB	NE
sans signification, sans valeur		*vie*	*cette*	*actes, activités*	*fait*	*fait*	*ensuite*
(i.e. des actions qui ne conduisent pas à l'éveil)						*(i.e. beaucoup, tout le temps)*	

J'ai passé cette vie dans une constante pratique d'activités insignifiantes,

ད་རེས་སྟོང་ལོག་བྱ་ན་འདུན་མ་འཁྲུལ༔

DA RE	TONG LOG	JA	NA	DUN MA TRUL
maintenant	*les mains vides, sans rien d'utile*	*agir ainsi*	*si*	*échec et perte*

À présent si je pars les mains vides, ce sera une immense perte et un terrible échec.

དགོས་ངེས་ཤེས་པ་དམ་པའི་ཆོས་ཡིན་པས༔

GOE	NGE	SHE PA	DAM PAI	CHO	YIN	PAE
nécessaire pourquoi	certain	compréhension	saint, excellent	Dharma	est	c'est

(car lui seul peut aider au moment de la mort)

Je dois me souvenir que la seule absolue nécessité, c'est le saint Dharma.

ད་ལྟ་ཉིད་དུ་ལྷ་ཆོས་མི་བྱེད་དམ༔

DAN TA NYID DU	LHA CHO	MI JED	DAM
maintenant, immédiatement	méditation sur les déités	ne pas faire	ou

C'est pourquoi, si maintenant, en cet instant, je ne médite pas sur les formes divines, ni ne

དྲིན་ཅན་བླ་མའི་ཞལ་ནས་འདི་སྐད་གསུངས༔

DRIN CHEN	LA MAI	ZHAL	NE	DI	KAD	SUNG
bon	du guru	bouche	de	ces	mots	prononcés

Garde à l'esprit les instructions que j'ai reçues

བླ་མའི་གདམས་ངག་སེམས་ལ་མ་བཞག་ན༔

LA MAI	DAM NGAG	SEM	LA	MA	ZHAG	NA
du guru	instructions	esprit	dans	ne pas	mettre	si

De la propre bouche de mon très bon guru,

རང་གིས་རང་ཉིད་བསླུས་པར་མི་འགྱུར་རམ༔

RANG	GI	RANG NYID	LU PAR	MI	GYUR	RAM
soi	par	soi	déçu, trompé	ne pas	devenir	ou

Ne serai-je pas mon propre traître ?

Négligemment, ne croyant jamais que la mort viendrait, j'ai passé cette vie dans une constante pratique d'activités insignifiantes. À présent si je pars les mains vides, ce sera une immense perte et un terrible échec. Je dois me souvenir que la seule absolue nécessité, c'est le saint Dharma. C'est pourquoi, si maintenant, en cet instant, je ne médite pas sur les formes divines, ni ne garde à l'esprit les instructions que j'ai reçues de la propre bouche de mon très bon guru, ne serai-je pas mon propre traître ?

བར་དོ་རྣམ་པ་དྲུག་གི་རྩ་ཚིག་རྫོགས་སོ༔

Ceci conclut LES VERS RACINES des six bardos, du terma de Karma Lingpa.

Traduit par C. R. Lama et James Low à Santiniketan, Bengale, Inde, 1978.

Révisé par James Low, juin 2013.

NOTES

[1] *Cf.* chapitre 1, p. 11, section intitulée « Couper à travers, ou Expérience indirecte ».

5

La Méditation de Vajrasattva purifiant toutes les erreurs et tous les obscurcissements

Le texte

Ce sujet comporte six aspects :

1. La *base* sur laquelle les erreurs sont purifiées.
2. Les *erreurs* qui doivent être purifiées.
3. La *méthode* par laquelle les erreurs sont purifiées.
4. Les *résultats* obtenus par la purification des erreurs.
5. Les *difficultés* expérimentées quand les erreurs ne sont pas purifiées.
6. Les *bienfaits* qui découlent de l'expiation des erreurs.

1. Le fondement ou la base sur laquelle les erreurs sont purifiées

La nature de la base originelle (*gZhi*) de l'illumination, la bouddhéité primordiale, a toujours été présente au sein de l'esprit de tous les êtres sensibles. Tout comme le ciel clair peut être couvert par des nuages qui apparaissent soudainement, la nature originelle peut sembler contaminée par de nombreuses notions dualistes erronées. Mais exactement comme la nature originelle du ciel lui-même est libre aussi bien de la moindre faute que de toute bonne qualité [les nuages ou la lumière du soleil par exemple], la présence naturelle de l'esprit est pure en elle-même car les obscurcissements, les idées fausses et les tourments sont seulement adventices.

Ainsi si l'on se questionne sur le mode d'existence de la base, sa nature est absolument pure de la même façon qu'un morceau de charbon est, par nature, noir et ne sera jamais blanc.

2. Les erreurs qui doivent être purifiées

Tous les êtres sensibles qui existent dans les six royaumes des dimensions du désir, de la forme et du sans-forme, sont pris dans le filet des pensées ou des contaminations survenant à cause de la soudaine apparition de la croyance en la dualité. Dans toutes leurs vies, depuis un temps sans commencement jusqu'à maintenant, ils ont développé les obscurcissements du karma provenant des dix actes non vertueux, des cinq erreurs illimitées, des cinq erreurs similaires, des quatre graves erreurs, des huit pratiques erronées[1], et de tout ce qui est naturellement faux.

Par exemple, comme le vert-de-gris qui peut apparaître à la surface d'un miroir de cuivre, les traces subtiles des obscurcissements de ce qui peut être connu, demeurent sur la véritable nature de la base de tout.

« TEMPS, PARTICIPATION, PENSÉE, OBJET, NATURE ET MOYENS D'APPARITION SONT LES SIX FAÇONS PAR LESQUELLES LE KARMA EST ACCUMULÉ. »

i.   TEMPS : pendant toutes nos vies dans le saṃsāra sans commencement et jusqu'à présent, de nombreuses erreurs ont été accumulées.

ii. PARTICIPATION : nous avons commis des erreurs et accompli des actions non vertueuses, avons encouragé les autres à faire de telles choses et nous sommes réjouis de ces mauvaises actions commises par d'autres.

iii. PENSÉE : les pensées variées émergeant des cinq passions toxiques que sont la supposition, l'attachement, l'aversion, l'orgueil et la jalousie développent les nombreuses erreurs qui sont accumulées .

iv. *Objet :* les erreurs sont accumulées sur la base de notre connexion avec ces excellents objets que sont le guru et les trois joyaux – Bouddha, Dharma, et Sangha – et avec nos parents.

v. *Nature :* Il y a des manquements définis par la doctrine, d'autres qui sont naturellement définis, et des manquements conventionnels.

vi. *Moyens d'apparition :* les erreurs et les obscurcissements apparaissent par l'intermédiaire de notre corps, notre parole et notre esprit.

3. La méthode par laquelle les erreurs sont purifiées

Il y a quatre aspects à cela :

a. La force du champ d'activité.

b. La force de l'application effective des antidotes.

c. La force de la totale renonciation.

d. La force de l'abandon du retour à l'erreur.

a. *La force du champ d'activité*

J'imagine qu'en face de moi se trouvent tous mes ennemis et les gens qui sont en colère contre moi. À ma droite, mon père, et à ma gauche, ma mère. Derrière moi, les démons perturbateurs. Nous sommes entourés par tous les êtres sensibles, si nombreux qu'ils rempliraient le ciel.

Dans le ciel juste devant la couronne de ma tête, assis sur des coussins de lotus, de soleil et de lune, se trouve le glorieux seigneur Vajrasattva qui englobe la nature de tous les bouddhas des trois temps. Il est de couleur blanche, brillant d'une lumière et d'une splendeur infinies, comme une montagne enneigée éclairée par un million de soleils. Il a un visage et deux mains. Sa main droite tient un vajra qui symbolise la nature immuable de la conscience et de la vacuité. Sa main gauche tient contre sa cuisse une cloche en argent qui symbolise l'union de l'apparence et de la vacuité. Il est assis avec le pied gauche tourné vers l'intérieur et la jambe droite légèrement déployée, dans la posture d'un boddhisattva. Il manifeste les neuf aspects paisibles : il est doux, souple, capable de tous les mouvements possibles, fluide, d'apparence jeune, transparent, brillant, détendu et impressionnant. Son corps est magnifiquement décoré des treize ornements du sambhogakaya: la couronne des cinq familles de bouddhas, des boucles d'oreilles, un court collier, un collier lui arrivant au niveau du cœur, un collier lui arrivant au nombril, des bracelets, des bracelets de cheville, une ceinture de joyaux, un corset de soie blanche, un dhoti de soie multicolore, une écharpe jaune, des rubans multicolores sous sa couronne et un long châle pour draper ses épaules.

Au centre de son cœur sur un disque de lune se trouve la blanche lettre racine Hung (ཧྲཱུྃ) qui est l'essence de son être. Autour d'elle, comme un collier de perles, tourne le mantra de cent syllabes. Tournant vers la droite, le mantra émet un nombre incalculable de rayons de lumière qui s'élèvent en offrandes aux purs royaumes et descendent aussi vers les six royaumes pour en retirer toute souffrance. Ainsi est-on bénéfique à soi-même et aux autres.

Les rayons de lumière se rassemblent en Vajrasattva et un flot d'élixir de libération descend et émerge du gros orteil de son pied droit. Pénétrant par la couronne de ma tête ainsi que de celles de tous les êtres sensibles, l'élixir emplit graduellement nos corps. Toutes les mauvaises actions, les obscurcissements et les subtiles traces karmiques que nous avons accumulés depuis des temps sans commencement apparaissent sous forme de poussière de charbon liquide et d'eau noire de suie, et toutes les maladies apparaissent sous forme de sang et de pus. Tous les démons et les forces impures apparaissent sous forme de serpents et d'insectes, de scorpions, de têtards et ainsi de suite.

Tous nos obscurcissements et nos impuretés apparaissent sous forme de fumée et de vapeur, sortent par notre anus et descendent sans s'arrêter dans aucun des neuf royaumes sous la surface de la terre. Puis ils entrent dans la bouche ouverte du seigneur de la mort, *Las-Kyi gShin-rJe*, qui a été nommé à cette fonction par tous les bouddhas des trois temps. Ils entrent aussi dans la bouche de tous les démons et fauteurs de troubles qui, de ce fait, sont contents et satisfaits. Toutes nos dettes exceptionnelles sont payées et tous les pénibles demandeurs sont satisfaits. Mort prématurée, difficultés et obstacles – tous sont éliminés pour moi-même et pour tous les êtres sensibles. Tous nos espoirs et nos souhaits s'accomplissent. Nous devrions croire que tout le karma et les obscurcissements des seigneurs de la mort, toutes les maladies et tous les maux, et tous les fauteurs de troubles sont purifiés.

De cette façon nous sommes nettoyés et purifiés par le courant d'élixir de libération. Demeurant dans cette situation, il nous faut éviter socialisation frivole et distractions, cesser les conversations ordinaires, et nous concentrer uniquement sur la récitation du mantra de cent syllabes :

OM VAJRASATTVA SAMAYAM ANUPALAYA VAJRASATTVA TVENOPATISTHA DRIDHO ME BHAVA SUTOSYO ME BHAVA SUPOSYO ME BHAVA ANURAKTO ME BHAVA SARVA SIDDHIM ME PRAYACCHA SARVA KARMA SUCA ME CITTAM SREYAM KURU HUM HA HA HA HA HO BHAGAVAN SARVA TATHAGATA VAJRA MA ME MUNCA VAJRI BHAVA MAHASAMAYASATTVA AA

Nous pouvons également utiliser les lettres du mantra pour exprimer brièvement comment la base émerge sur la base elle-même ; c'est-à-dire, la compréhension de la connaissance originelle de l'étendue de la base originelle :

OM désigne la situation originelle de la base, inséparabilité de la modalité (sKu) et de la connaissance originelle (Ye-Shes).

VAJRASATTVA SAMAYAM désigne le fait que l'état originel d'inséparabilité de la base est l'engagement primordial de Vajrasattva envers la nature de tout le saṃsāra et le nirvāṇa.

ANUPALAYA signifie que je vais réellement me dédier à m'éveiller dans la grande illumination de la réalité primordiale survenant naturellement qui est la vraie nature de Vajrasattva, demeurant en tant que la vraie nature originelle.

VAJRASATTVA TVENOPATISTHA indique qu'avec cette expérience authentique, il n'est nul besoin de chercher Vajrasattva loin de nous, car, depuis le tout début, nous avons toujours été avec lui, sans aucune réelle séparation.

DRIDHO ME BHAVA Ce qui est appelé « je » ou « moi » est l'auto-confusion de l'esprit, car l'esprit n'est pas un objet qui peut être examiné. Néanmoins, quand on l'observe avec une intelligence authentique, manifestation de la sagesse elle-même, alors la prime position originelle de la base élémentaire, le cœur de l'illumination, est expérimenté de manière authentique, ou clairement vu, ou devient l'état dans lequel se trouve notre esprit.

SUTOSYO ME BHAVA Cet état impur et confus de l'esprit que l'on connaît comme « je » lie ensemble [i.e réifie] tous les éléments basiques de l'existence (*skandhas, dhātus, ayutana*). Quand karma et obscurcissements sont purifiés, comme le métal se transformant peu à peu en or dans l'alchimie, Vajrasattva devient très content.

SUPOSYO ME BHAVA Avec cette pureté, progressivement, tous les nombreux objets perçus par l'esprit depuis cette situation du « je » sont scellés comme étant l'expression propre de la connaissance intrinsèque. Découlant de cela, toutes les expériences possibles sont expérimentées comme l'infinité pure des modes et dimensions des bouddhas et notre propre visage nous est joyeusement révélé.

ANURAKTO ME BHAVA Tous les êtres sensibles, ceux qui s'identifient à « je », se trouvent sous l'emprise de la confusion de la réification. Puissions-nous réellement nous connecter avec vous et recevoir votre bénédiction, le pouvoir effectif et la capacité de mettre un terme à nos fautes qui se révèlent d'elles-mêmes et, ensuite, puissions-nous vider les trois mondes du saṃsāra.

SARVA SIDDHIM ME PRAYACCHA S'il vous plaît, accordez-moi les réalisations générales liées à la pacification des huit et des seize peurs dans la situation de conscience. Accordez-moi aussi la suprême réalisation consistant à obtenir le niveau des quatre vidyadharas [*vipak, ayush, mahamudra, sahaja*, les plus hauts niveaux de réalisation tantrique].

SARVA KARMA SUCA ME CITTAM SREYAM KURU Obtenant ces réalisations ainsi que le pouvoir sur la naissance et la mort, puissé-je, par une grande vague d'activité, être à même d'amener vertu et bonheur dans les cœurs et les esprits de tous les êtres sensibles.

HUM désigne le vajra, la véritable nature immuable de l'esprit de tous les bouddhas.

HA HA HA HA HO indique que le vajra de cet esprit immuable possède la nature des cinq modes [naturel, d'exposition, manifeste, ultime, et intégré] et les cinq sagesses originelles [infinie, semblable au miroir, de l'égalité, du discernement, et toute-accomplissante].

BHAGAVAN SARVA TATHAGATA Pour ce qui est de la véritable nature immuable de l'esprit, elle est la présence de la vraie nature de tous les bouddhas des différentes familles et, par conséquent, elle est le symbole du mode naturel (*dharmakāya*) des bouddhas.

VAJRA MA ME MUNCA Ceci symbolise la qualité du mode d'apparition (*sambhogakāya*) de tous les bouddhas.

VAJRI BHAVA MAHA désigne le flot ininterrompu de bienfaits pour les autres qui est le mode de manifestation compatissante (*nirmanakāya*) de tous les bouddhas.

SAMAYASATTVA De cette manière, avec une compréhension claire de la signification ultime des points clés secrets de la voie de la perfection naturelle, à ce moment précis, je deviens un grand être (*mahasattva*), possédant la confiance adamantine de la liberté face à la peur

AA désigne la nature originelle qui est la base de tout ce qui apparaît, la nature qui est non-née, libre de venir et d'aller, de sortir ou d'entrer.

Ces cent lettres représentent les quarante-deux divinités paisibles et les cinquante-huit divinités courroucées, et sont l'essence des cent familles des paisibles et des courroucées. Dans leur essence, elles appartiennent à l'unique famille de Vajrasattva, dont le mantra du cœur est composé de ces cent lettres.

Ainsi la visualisation de la déité et la récitation du mantra forment ensemble le véritable antidote qui purifie le karma, les passions et les obscurcissements de tous les êtres sensibles. Le son du mantra émerge comme la manifestation spontanée de la compassion de tous les bouddhas des trois temps. Il lave comme de l'eau purifiante. Il brûle comme un feu flamboyant qui nettoie et purifie. Il expulse la saleté comme le vent et possède les qualités de tout ce qui est purifiant.

De plus, en imaginant que votre corps entier, à l'intérieur comme à l'extérieur, est semblable à un contenant en cristal en train d'être lavé avec de l'eau afin que toute saleté et toute poussière en soient retirées, récitez le mantra de cent syllabes et le mantra court (OM VAJRA SATTVA HUNG) aussi longtemps que vous le pouvez. Ensuite, imaginez que tout se dissout dans de la lumière et se fond en vous. Vous fondez ensuite en lumière et vous dissolvez dans Vajrasattva sur la couronne de votre tête. Il se dissout lui-même ensuite dans l'essence de son cœur HUNG (ཧྭྃ). Le ཤ se dissout dans le ར, puis le ར se dissout dans le ད, puis le ད se dissout dans le ཨ, le ◡ dans le ◦, puis le ◦ se dissout dans le ^, et finalement le ^ disparaît comme un arc-en-ciel insubstantiel. Demeurez dans l'état naturel de l'esprit, la situation de vacuité libre de conceptualisation.

Finalement, récitez la dédicace des mérites et les prières d'aspiration correspondant à votre style de pratique.

CONCERNANT LES SIGNES QUI MONTRENT QUE NOS ERREURS ET OBSCURCISSE- MENTS ONT ÉTÉ PURIFIÉS : expérimenter réellement ou avoir la sensation, en rêve, d'une manière ou d'une autre, que notre corps se fait laver ou que de la pluie tombe, purifiant les taches de notre corps. Faire l'expé- rience que des insectes, des vers, du pus, du sang pourri, sortent de notre corps, ou que de l'eau souillée, de l'huile brillante, de la vapeur, en proviennent. Expérimenter que notre chair tombe en lambeaux et est ensuite renouvelée, ou que l'on sort d'un marécage ou d'un étang. Faire l'expérience de lumière émanant de notre corps, ou d'un doux élixir parfumé provenant de notre corps ou de notre environnement. Se retrouver à voler dans le ciel ou portant des vêtements blancs. Si l'on a eu ces expériences c'est un signe que nos erreurs et obscurcisse- ments ont été purifiés. Alors il nous faut pratiquer ardemment jusqu'à l'obtention de ces signes.

b. La force de l'application effective des antidotes

Il est important d'être diligent dans la pratique de l'expiation et de la purification, que ce soit selon le TANTRA DE L'EXPIATION SANS TACHES qui figure dans le TANTRA DE L'ÉLÉPHANT DÉCHARGÉ appartenant à la tradition orale (bKa'-Ma) du Victorieux parfaitement illuminé, ou selon le MODE SUPRÊME DE LA CONNAISSANCE ORIGINELLE ou d'autres textes similaires qui se trouvent dans les profonds trésors de Guru Padmasambhava.

En général, il est important de pratiquer la vertu avec notre corps, notre parole, et notre esprit, d'encourager les autres à en faire de même, et d'être diligent dans le fait d'abandonner ce qui n'est pas vertueux.

En particulier, nous devrions nous montrer diligents dans la pratique des systèmes de développement et de perfectionnement. Aussi, en demeurant de manière égale dans l'état naturel de la grande perfection, cette pratique ultime a le pouvoir d'éradiquer complètement l'ignorance causale de la croyance en un soi réifié, ce qui constitue la racine de tout ce qui se produit dans les trois mondes du saṃsāra. C'est comme tenir une lampe dans une chambre obscure, ainsi les enseignements suprêmes devraient être pratiqués diligemment.

De plus, il faut être énergique dans ces méthodes d'expiation des erreurs qui se trouvent dans de nombreuses pratiques différentes comme faire des statues sacrées, des livres ou des stupas, témoigner du respect à la sangha et être généreux avec les pauvres.

c. La force de la totale renonciation

Si vous mangiez de la nourriture mélangée à du poison et que vous vous en rendiez compte tout à coup, vous expérimenteriez une grande peur, pensant que vous allez en mourir. D'une manière similaire, quand vous vous remémorez les actes non vertueux et causalement erronés qui ont été les vôtres, une grande peur de leurs conséquences devrait se lever dans votre esprit. Vous devriez penser comme suit :

> *Toutes mes vies durant, pendant ce samsara sans commencement, j'ai été un malfaiteur qui a accumulé beaucoup, beaucoup d'erreurs. C'est vraiment sûr et certain. Face à ces êtres vertueux qui sont sans faute, j'ai honte, et eux me voient également comme une personne honteuse. Aussi avec une grande culpabilité et plein de remords, je me confesse entièrement et expie mes erreurs. Le résultat des erreurs que j'ai commises sera la souffrance, c'est certain – et je vais devoir en faire l'expérience. Sachant cela, je dois rapidement me confesser et faire le vœu d'être pur.*

> *Sans essayer de dissimuler ces erreurs ou de les tenir secrètes dans mon esprit, je vais les confesser devant le refuge de mon guru et du Bouddha, du Dharma et de la Sangha, sans cacher ou garder secrètes aucune des erreurs que j'ai commises dans le passé, celles que je commets maintenant, et toutes celles que je serais susceptible de commettre dans le futur. Moi-même et tous les êtres sensibles sont ignorants et confus et il est certain que nous expérimenterons des difficultés à cause des actions que nous avons menées dans notre confusion. Pour les erreurs que nous avons accumulées, nous vous demandons, êtres sacrés, de nous accorder votre pardon. Toutes ces*

erreurs accumulées sont illusoires en réalité alors, s'il vous plaît, acceptez notre confession expiatoire et purifiez rapidement nos erreurs et obscurcissements.

Priez ainsi du fond du cœur de manière répétée, et faites des prières d'aspiration.

d. La force de l'abandon du retour à l'erreur

« DÈS À PRÉSENT, MÊME SI MA VIE EST EN PÉRIL, JE NE FERAI RIEN QUI SOIT ERRONÉ OU NON-VERTUEUX. » Il est de la plus haute importance de s'engager avec force à tenir fermement cette résolution.

Nous devons prier encore et encore notre guru et les trois joyaux, jusqu'à ce que nous ayons une claire aspiration à ne pas commettre les actions non-vertueuses que nous commettions, jusqu'à ce que les habitudes consistant à vouloir les commettre n'apparaissent même plus dans nos rêves.

Si l'on se confesse sincèrement en recourant au pouvoir expiatoire de ces quatre puissants antidotes, alors nos erreurs et nos manquements, grands comme petits, seront purifiés et ne se répéteront pas – tous les textes sont d'accord sur ce point. Mais si l'on ne décide pas clairement de ne pas faire ces choses dans le futur, même si l'on applique les trois premiers antidotes listés ci-dessus, nos erreurs seront difficiles à effacer. Si nous nous retrouvions maintenant à commettre une seule erreur et que, sachant que nous avons les moyens de l'expier par la confession, nous nous appuyions sur le pouvoir de cette confession pour répéter l'erreur, nous ne serions plus capable d'en effacer aucune.

C'est pourquoi les gens sages et intelligents font usage des quatre antidotes expiatoires pour effacer toutes les erreurs qu'ils ont commises, et n'en commettent plus dans le futur, évitant ainsi les ennuis. S'ils se retrouvaient à faire quelque chose de très mauvais, le pouvoir de l'expiation par les quatre puissants antidotes diminuerait en termes d'effet. Si des gens stupides commettent même de petites erreurs, parce qu'ils ne savent pas comment les expier, ces petites erreurs les accompagneront toujours et ils se retrouveront à devoir s'arranger avec une montagne d'erreurs accumulées.

4. Les résultats obtenus par la purification des erreurs

Caché dans la vase au fond de l'océan se trouve un joyau qui, s'il est retrouvé, lavé, séché puis poli, se révèle être le joyau qui exauce tous les souhaits. De manière similaire, cachée derrière les obscurcisse- ments adventices des passions[2] et des connaissables[3], se trouve la base primordiale, la réalité du cœur de l'illumination. La méthode grâce à laquelle elle est libérée[4] à sa propre place provient des quatre puis- sants antidotes. Si vous faites cette pratique essentielle avec détermi- nation, alors par son pouvoir vous comprendrez le fonctionnement de votre esprit qui est la base pour reconnaître la sagesse originelle. Ensuite, votre compréhension continuera à se développer et même les plus subtils obscurcissements seront purifiés. Vos bonnes qualités croîtront et tous les obstacles sur le chemin de la bouddhéité seront pacifiés. Traversant les dix étapes et les cinq chemins, vous atteindrez la sécurité primordiale.

5. Les difficultés expérimentées quand les erreurs ne sont pas purifiées

En général, le comportement des êtres ordinaires contient de nombreuses actions causales non-vertueuses, aussi les erreurs semblent-elles trop insignifiantes pour s'accumuler. Pourtant elles s'accumulent bel et bien, graduellement, tout comme les grands océans se sont formés par l'accumulation de minuscules gouttes d'eau. Ainsi accumule-t-on une masse d'erreurs qui nous font tourner en rond dans le saṃsāra, et descendre parfois même plus bas, au point de se mouvoir dans les trois royaumes inférieurs des animaux, des esprits avides et des enfers. De là, il est très difficile de remonter dans les trois royaumes supérieurs, sans parler d'obtenir la libération.

6. Les bienfaits qui découlent de l'expiation des erreurs

Nous vivons en ce moment sous l'emprise de notre négligence passée, à cause de laquelle nous avons accumulé fautes et erreurs. Néan- moins maintenant et à l'avenir, avec le pouvoir de l'attention, nous pouvons faire des confessions pleinement expiatoires, si bien que, même si nous avons commis les cinq graves erreurs illimitées, nous serons tout de même libérés – cela a été enseigné par le Bouddha. À ce sujet, les exemples d'Ananda, Angulimala, Sudarshana et Nanda sont souvent cités.

En accord avec cette explication, les êtres intelligents qui n'ont qu'un peu pratiqué le Dharma au préalable, ou qui ont eu peu d'espoir d'obtenir une réalisation ou une expérience de méditation significative, devraient faire de cette pratique de purification des erreurs leur premier objectif dans le Dharma. Ainsi leurs qualités apparaîtront automatiquement, comme quand la rouille est retirée d'un miroir en fer. Aussi est-il très important de vraiment garder à l'esprit ce système efficace.

Notes

[1] Des détails au sujet de ces catégories de limitations sont donnés dans le premier chapitre de *La Simplicité de la Grande Perfection*.

[2] L'obscurcissement des passions renvoie au pouvoir trompeur de l'immersion dans la stupidité, l'attraction et la répulsion, et toutes leurs passions dérivées.

[3] L'obscurcissement des connaissables renvoie au pouvoir trompeur de l'identification aux concepts, et à la confiance en ceux-ci. Cela mène à expérimenter une vie dans un monde composé des entités réelles auxquelles on a pensé.

[4] Elle est libérée d'obscurcissements qui ne l'ont jamais obscurcie. Primordialement libre et pure, elle pénètre tous les êtres. Pourtant, pour eux, dans leur ignorance, elle est comme une essence à l'intérieur d'eux-mêmes qui a besoin d'être libérée de souillures ensorcelantes.

6

Padmasambhava
se présente

Le Roi Trisong Detsen (*Khri-Srong lDeu-Tsan*) pensa :

« Je suis le roi du Tibet tout entier. Même le grand Acharya Shantarakshita s'est incliné devant moi. Alors maintenant, Acharya Padmasambhava devrait en faire de même. »

Puis, Padmasambhava se présenta :

« Salutation au Guru et au Bouddha, au Dharma, et à la Sangha. Ecoutez-moi, Roi tibétain !

Je suis Padmasambhava, le fils de tous les bouddhas du passé, du présent et du futur. J'ai accumulé des mérites pendant de nombreux kalpas, de très longues périodes. Grâce à cela, je suis devenu Bouddha Padmasambhava.

Je comprends l'ensemble de la philosophie bouddhiste. J'ai étudié tous les enseignements au complet, tous les Pitakas et Agamas. Je porte en moi tous les enseignements du Mahayana. Je suis pur Dharma Padmasambhava.

J'ai maîtrisé toutes les pratiques et enseignements de toutes les voies. Extérieurement, je me revêts de la robe d'un moine. Intérieurement, je suis un yogi de l'inégalé véhicule de l'anuttara mantra. Je suis Sangha Padmasambhava.

La vue, les pratiques et les enseignements du Dharma m'accompagnent. Ma connaissance est supérieure au nirvāṇa. Mon véhicule est plus grand que le saṃsāra. Je suis attentif aux causes et aux effets et je n'accomplis aucun péché, aucune activité qui ne soit habile. Aussi suis-je Guru Padmasambhava.

J'ai des enseignements qui produisent toujours de bons résultats pour ceux qui entrent en contact avec eux. J'explique le sens littéral et le sens spirituel de la langue et de tous les livres. C'est pourquoi je suis l'ami spirituel, Kalyanamitra Padmasambhava.

Je suis à même de donner des instructions concernant la nature de la vertu et de la non-vertu. Je porte la robe de la connaissance intrinsèque. Je tiens dans ma main le bol des cinq modes de l'état d'éveil. Je suis l'Abbé Padmasambhava.

Je prodigue des conseils à tous les êtres sensibles sur la réalisation de l'équilibre et de l'infini rayonnement du nirvāṇa. Je me maintiens dans les méditations des phases de développement et de perfection. Je suis le grand pratiquant Padmasambhava.

Je dispense les mêmes conseils pour les expériences méditatives et post-méditatives. Saṃsāra et nirvāṇa se trouvent tous deux dans le mandala du Bouddha. Pour moi, les phases de développement et de perfection sont une seule et même chose. Je suis le maître de la vue Padmasambhava.

Je maîtrise les instructions des phases de développement et de perfection et je contrôle les essences rouges et blanches. M'appuyant sur ma connaissance, je peux calculer les causes et les effets karmiques. Je vois la relation entre tous les événements. Je suis le yogi Padmasambhava.

J'ai la compréhension non-duelle exprimée dans les enseignements du Bouddha. À ceux qui souffrent des cinq poisons, je donne le remède de la connaissance afin qu'ils puissent guérir. Ceux que je ranime obtiennent de moi l'élixir d'instruction secrète. Je suis le Guru de Médecine Padmasambhava.

Sur la vue opaque des gens ordinaires, je révèle clarté et vacuité. Je suis l'artiste Padmasambhava et, sur le doux papier de l'esprit, j'exprime l'intégration de l'espace, de la conscience et de la clarté sans concept ou langage. Pour cela j'ai avec moi des instructions religieuses dépourvues de lettres[1]. Alors je suis le scribe Padmasambhava.

Aux êtres nés dans les quatre directions, je fais des prédictions concernant l'avenir. J'ai la connaissance du futur et je peux le révéler. J'ai toutes les instructions religieuses – tout ce dont quiconque pourrait avoir besoin. Puisque les cinq poisons sont devenus les cinq ennemis, je les dissous en les cinq sagesses intrinsèques. Alors je suis le magicien Padmasambhava.

Je possède les moyens de chasser les cinq poisons. Sans abandonner les plaisirs des cinq sens, je les intègre à la voie religieuse. Je les savoure avec l'aide des cinq sagesses intrinsèques. Je suis le Bon-Po Padmasambhava.

J'ai avec moi des instructions sur comment transformer des signes de mauvaise augure en bons signes. Je place les êtres des six royaumes dans le royaume de la joie. Je soumets les huit classes d'esprits, y compris les dieux locaux. C'est pourquoi je suis le Roi Padmasambhava.

J'ai des instructions qui vont discipliner les êtres des trois mondes. Je connais la nature du karma de ce monde. J'apporte la paix dans le cœur de tous les êtres. Alors je suis le ministre Padmasambhava.

J'ai avec moi des instructions pour transformer ce qui n'est pas religieux en Dharma. Je travaille jusqu'à ce que tous les êtres atteignent le nirvāṇa. Je travaille pour le nirvāṇa. Je ne vois que les Trois Joyaux et rien d'autre. Aussi suis-je Padmasambhava des Trois Joyaux.

J'ai avec moi des conseils pour atteindre le nirvāṇa au moment de la mort. Je travaille pour le bonheur du nirvāṇa. J'ai avec moi des instructions qui peuvent mettre un terme à l'illusion et à la confusion. Avec l'arme de l'amour et de la compassion, je peux tuer la perception dualiste. Je suis le héros Padmasambhava.

J'ai avec moi le moyen de faire cesser les poisons. Je donne trois sortes de présents : j'enseigne le Dharma, je fais la charité, et je soutiens ceux qui sont dans la détresse. J'établis tous les disciples fortunés dans le Dharma. Aussi suis-je le vieux Padmasambhava.

Je porte la triple armure de la tolérance : je ne considère pas l'ennemi comme un ennemi, je considère la souffrance comme une joie, et je connais la vraie nature du Dharma et parviens à la supporter. Je détruis l'illusion de la souffrance. Je suis le jeune Padmasambhava.

J'ai avec moi des enseignements qui peuvent établir les quatre Maras sources d'obstruction[2] dans l'illusion. J'habite la citadelle des trois méditations : évaluation et intention dans la méditation, évaluation mais nulle intention, nulle intention et nulle évaluation. Aussi suis-je l'adolescent Padmasambhava.

J'ai avec moi les enseignements permettant de faire cesser tous les maux et je peux voir avec les yeux des trois sagesses : sagesse du mondain, sagesse au-delà du mondain, et grande sagesse au-delà du mondain. Je bois le lait de la réalité et de la connaissance intrinsèque. Aussi suis-je l'enfant Padmasambhava.

J'ai avec moi des enseignements grâce auxquels on peut s'asseoir et dormir et méditer et, par là, obtenir la libération. Tous les êtres des trois royaumes sont impermanents. J'ai atteint le niveau du vidyadhara immortel, alors je suis l'immortel Padmasambhava.

J'ai avec moi des enseignements qui sont appelés instructions secrètes sur la pratique de l'indestructibilité. Mon corps n'a pas de connexion avec les quatre éléments. Mon corps n'est pas fait de chair et de sang, alors je suis Padmasambhava non-né.

J'ai avec moi les enseignements du Mahamudra. Mon corps est l'indestructible corps vajra, et il ne peut vieillir ou être détruit. Ma bodhicitta n'a ni commencement ni fin, aussi suis-je Padmasambhava éternellement jeune.

J'ai avec moi les enseignements pour faire cesser la souffrance. Les corps des jeunes hommes peuvent être abîmés par la maladie. Même une santé resplendissante peut être détruite par la maladie, mais je suis Padmasambhava sans aucune maladie.

J'ai avec moi les enseignements de la grande perfection, le Dzogchen.

Vous, Roi du Tibet, vous vivez dans un pays barbare sans

aucune religion. Votre corps est rouge et votre pays peuplé de démons rakshasa. Vous êtes le roi de ce pays. Vous pensez que vous êtes devenu très grand en ce monde. Vous êtes plein d'attachement et d'amour-propre. La saisie de vous-même comme étant réellement existant et important est la cause de votre naissance en ce monde. Votre corps a les cinq poisons comme ornements. Vous êtes le seigneur du Tibet mais vous résidez sur une terre non vertueuse. Vos serviteurs et les gens ordinaires mangent tous de la viande. Vous possédez tous les trésors de la non-vertu. Vous voyant, je ne me sens pas heureux ou joyeux.

Votre femme a l'apparence d'un être humain, mais en fait c'est une démone. Toutes celles qui lui tiennent compagnie sont des démons féminins au teint noir et rouge. Elles ont de l'or, de la soie et d'autres ornements sur leur corps, mais elles ne transmettent aucune impression de joie et de beauté.

Ô, Roi ! Vous ne vous sentez heureux que parce que vous êtes roi. Quiconque deviendra votre sujet souhaitera mourir. Vous êtes tyrannique et voulez du respect, même de ma part. Je ne m'incline pas devant vous.

Et pourtant, en résultat de vos actions passées, je suis venu ici au Tibet central sur votre invitation. Ô, Roi ! Venez ici. Je ne m'incline pas devant vous mais je m'incline devant l'une de vos robes. »

Et disant cela, Padmasambhava leva un doigt de sa main droite. Le pouvoir magique irradiant de son doigt brûla toutes les robes du roi. Voyant cela, toutes les personnes présentes se prosternèrent devant lui en signe de respect.

Padmasambhava dit au roi qu'afin de nettoyer tous les péchés commis par son corps, il devrait construire cinq stupas. Le roi les construisit selon les instructions reçues.

Puis, le premier jour du premier mois de l'automne, le Roi Trisong Detsen invita Padmasambhava au monastère de Samye. Là-bas, Mahacharya Padmasambhava reçut un trône d'or à la droite du roi. A sa gauche, un trône d'argent fut donné à Acharya Shantarakshita. Mahacharya Padmasambhava revêtit une robe de couleur brune. On lui donna de la nourriture et des boissons et on lui fit de nombreuses autres offrandes. Il reçut également de l'or, des joyaux, des objets précieux. Puis le roi expliqua qu'il était incapable d'achever la construction du monastère de Samye :

« Guru, manifestation divine, je souffre de nombreuses difficultés. Les gens du Tibet souffrent, eux aussi. Aussi, afin de chasser la souffrance, un monastère doit être construit. Pour enseigner le bouddhisme, un temple doit être bâti. Je vous en prie, posez les fondations pour que nous puissions construire sur cette terre. »

Padmasambhava accepta. Il dit que la terre du Tibet ressemblait à un démon rakshasa allongé sur le sol. Et que, pour cette raison, un monastère de neuf étages devait être construit. Qu'il fallait, sur les mains et les jambes du démon rakshasa, ériger un total de cent-huit stupas. Et que, sur le nombril du démon rakshasa, il fallait construire un stupa. Il leur dit aussi que dans le village de Magro se trouvait un roi Naga, Magrochen, à qui il faudrait vouer un culte à l'endroit où, dans le village, se rencontraient les cours d'eau.

C'est par ces instructions que le Dharma fut établi au Tibet.

NOTES

[1] C'est-à-dire des instructions qui ne peuvent être ni prononcées ni écrites.

[2] Les poisons, la mort, le désir, et l'inflation de l'ego.

7

Padmasambhava : Du sens de le contempler

La princesse Mandarava arriva au Tibet alors qu'avait lieu une réception en l'honneur de Padmasambhava. Elle fit son éloge en ces termes:

> « Oh, Grand Maître ! Quand vous enseignez pour le bien du monde, vous portez un chapeau à cinq pointes. Cela indique que l'initiation des cinq kāyas[1], les cinq modes de l'illumination, a été atteinte et que les cinq branches de la connaissance[2] sont pleinement maîtrisées.
>
> La pointe au centre de votre chapeau est bleue, ce qui est le signe de la connaissance intrinsèque de l'hospitalité infinie (*dharmadhātujñāna*). Sur le devant se trouve une pointe blanche, le signe de la connaissance intrinsèque semblable au miroir (*adarshajñāna*). Sur la gauche[3] se trouve la pointe jaune, le signe de la connaissance intrinsèque de l'équanimité ouverte (*samantajñāna*). Sur l'arrière se trouve la pointe rouge, signe de la connaissance intrinsèque du discernement (*ratyaveksanajñāna*). Sur la droite se trouve la pointe verte, le signe de la connaissance intrinsèque accomplissante (*krtyanusthanajñāna*).

Pour le bien du monde, vous rendez visibles les signes des quatre activités : pacification, de développement, de suppression et de destruction. Sur votre chapeau, il y a les images de trois têtes: un crâne, une tête desséchée et une tête fraîche, signes que vous dispensez vos enseignements sans limites. Votre chapeau est orné de joyaux ce qui signifie que vous êtes honoré dans les trois royaumes[4]. Signe de votre méditation indestructible, un vajra en or y est accroché. Il y a un diadème avec des symboles des cinq couleurs et des glands qui lui sont attachés, signe du bien accompli dans le monde à travers les cinq connaissances intrinsèques. Votre chapeau est décoré avec des plumes de la gorge d'un vautour, signe de l'union de la sagesse (*prajna*) et des moyens habiles (*upaya*). Dressée au sommet du chapeau, une plume de paon est le signe de l'inséparabilité de la clarté, de l'espace (*dhātu*) et de la conscience (*vidya*). Des symboles en or du soleil et de la lune sont les signes que vous repoussez l'obscurité et l'ignorance (*avidya*) du monde. Des pièces de peau de daim ont été pliées sur les côtés, signes que vous employez les tantras et les sutras pour le bien du monde. Les extrémités du chapeau descendent vers le bas, signe que vous voyez la nature de la réalité.

Padmasambhava, quand on voit votre corps, on dirait le Tathagata. Vous demeurez en profonde méditation ininterrompue (*samadhi*). Votre corps est blanc avec une teinte rouge, ce qui montre que vous êtes empli de bonheur parfait. Vos yeux fixent droit devant eux, signe que vous vous fondez dans l'espace infini (*dharmadhātu*). Votre visage est souriant et vous avez de magnifiques dents, signe de l'accomplissement de l'action tantrique. Votre voix enseigne avec les soixante intonations de Brahma[5], signe que vous apportez la joie à tous les êtres des six mondes[6].

Cinq souffles[7] sortent de votre nez, signe que vous êtes complètement libre de toute élaboration conceptuelle. Vous portez à vos oreilles des anneaux dorés avec des cloches, signes de votre communication directe avec tous les bouddhas. Vos cheveux sont noirs et sont noués, signifiant ainsi que vous êtes libre de toute perturbation. Vous êtes assis dans la posture du lotus, signe de l'accomplissement des cinq chemins (*marga*) et des dix étapes (*bhumi*). Votre main gauche tient une coupe faite dans une calotte crânienne (*kapala*) en signe de jouissance des plaisirs du monde. Dans votre main droite, vous tenez un vajra, signe de votre pratique de la vacuité-béatitude (*ananda śūnyatā*). Dans le creux de votre coude gauche se trouve un bâton en bois d'arbre d'eau[8] signe que vous unissez et parachevez tous les dharmas en un véhicule (*yana*). Au milieu de ce bâton il y a un nœud en forme de Léviathan (*makara*)[9] signe de la préservation du Dharma par les quatre assemblées[10]. Sur le haut de ce bâton se trouve un vajra à cinq pointes, signe de la libération des quatre sortes de naissance[11]. Il y a neuf têtes, signes de méditation dans les huit grands charniers. Le bâton est couvert d'un tissu de cinq couleurs, signe de l'intégration de la vacuité et des cinq connaissances intrinsèques[12]. De petites bandes en or, en argent, en fer et en cuivre sont enroulées autour de lui, signe de l'usage des mantras comme moyen d'être bénéfique au monde. Un trident lui est attaché, signe de la stabilité de votre corps, de votre parole et de votre esprit. Au sommet de ce trident, il y a les dessins de trois yeux, signe du fait de voir l'ouverture de la réalité. Huit anneaux de fer y sont suspendus, signes de la purification des huit consciences[13].

Sur votre corps, vous portez une robe, signe de la prospérité provenant de votre pratique. Elle est ornée de fils rouges, jaunes, blancs et verts, signes de la clarté qui émerge du mode naturel de l'illumination (*dharmakāya*). La couleur de votre robe est bleue et elle est tissée avec du fil d'or, signe de l'infini espace immuable (*dharmadāhtu*).

Padmasambhava, vous êtes né sur une fleur de lotus dans un lac, ce qui est un signe que vous êtes libre de toute limitation mondaine. Des arcs-en-ciel vous entourent dans les quatre directions, signe de la dissolution des agrégats (*skandhas*)[14] et de la réalisation de la bouddhéité. Dans votre entourage vous avez de nombreux grands maîtres, signe de votre don à faire mûrir vos disciples fortunés. Votre corps a été loué comme possédant les trente-deux signes majeurs et les huit signes mineurs du corps d'un bouddha. »

Mandarava demanda ensuite à Padmasambhava :

« Comment les gens de l'avenir, que vous n'avez pas encore vus, pourront-ils se défaire de leur obscurité mentale ? Comment gagneront-ils du mérite par la générosité ? À qui devraient-ils offrir leurs services ? Qui éliminera la peine du monde? Qui amènera du bonheur à ce monde ? Qui vous succédera ? Je vous prie, dites-nous qui viendra après vous dans le futur pour nous venir en aide ? »

Padmasambhava répondit :

« Ecoutez, déesse qui avez pris forme humaine. Dans l'avenir, les gens adoreront mon image et cela éliminera la peine du monde.

S'ils réalisent des images de moi, le Dharma du vajrayana qui révèle les trois modes de l'illumination triomphera.

S'ils rendent hommage à ces images, les désirs des êtres s'accompliront comme avec le joyau qui exauce tous les vœux.

S'ils m'adressent des prières face à mon image, une vraie valeur sera atteinte.

S'ils l'adorent à travers l'activité des cinq sens, leur bien-être sera assuré.

S'ils offrent de l'eau médicinale à mon image, les maladies de leur corps et tous les désagréments physiques disparaîtront.

S'il y a des personnes officiant comme des prêtres envers mon image, elles seront libérées des fantômes et des enfers et tout le mérite nécessaire sera accumulé.

Si des temples sont construits pour des images de moi, des êtres sages naîtront.

Si une aide est apportée à la réalisation de ces images, le Dharma sera enseigné.

Si un lieu est créé pour la réalisation de ces images, les gens deviendront habiles dans les cinq sortes de connaissances.

Si de la terre glaise est offerte pour la réalisation de ces images, le mérite augmentera.

Si des tissus sont offerts à mon image, les gens obtiendront la connaissance en guise d'ornement pour eux-mêmes.

Si des gens offrent un siège de lotus à mon image, ils obtiendront de doux et magnifiques coussins.

S'ils nettoient la poussière de mon temple, ils obtiendront une magnifique apparence.

S'ils adorent mon image avec de l'eau, leur corps sera propre et beau.

S'ils offrent leurs services ou adorent mon image, des miracles auront lieu.

S'ils l'adorent avec des lampes, ils seront intelligents et l'obscurité de l'ignorance disparaîtra.

S'ils adorent mon image avec des joyaux, la pauvreté disparaîtra et ils seront riches.

S'ils l'adorent avec de l'encens, ils seront parfumés.

S'ils l'adorent avec des remèdes, les maladies disparaîtront et ils seront immortels.

S'ils offrent les cinq substances précieuses[15] à mon image, leur tristesse disparaîtra.

S'ils offrent de l'eau pour la nettoyer, des lieux purs seront établis.

S'ils font des offrandes de nourriture, la faim disparaîtra et le plaisir viendra.

S'ils offrent des légumes, ils seront nettoyés et la pureté sera atteinte.

S'ils offrent du lait et du ghee, ils entreront dans les royaumes du désir.

S'ils offrent du miel et du sucre, ils obtiendront tout ce qu'ils désirent.

S'ils offrent des objets visuels, leur mérite augmentera.

S'ils offrent des richesses, ils obtiendront vêtements et ornements.

S'ils offrent un gong, ils auront une voix douce.

S'ils offrent de petits gongs, ils seront puissants.

S'ils offrent des prosternations, ils obtiendront la libération dans cette vie.

S'ils appliquent des couleurs dorées sur mon image, ils deviendront des princes.

S'ils appliquent des couleurs argentées sur mon image, ils deviendront des reines.

S'ils appliquent des couleurs ambrées sur mon image, le plus beau des chevaux prendra vie pour eux.

S'ils appliquent des couleurs cuivrées sur mon image, ils deviendront ministres.

S'ils appliquent du rouge sur mon image, ils obtiendront des joyaux.

S'ils offrent de la sève, ils obtiendront la roue de l'empereur universel.

S'ils offrent les sept joyaux, ils seront capables de voir le mode de jouissance de l'illumination, sambhogakāya.

S'ils écrivent et lisent l'histoire de ma vie, ils comprendront pleinement la signification de l'espace infini et de la conscience.

S'ils installent des images, la guerre, les maladies, les calamités et ainsi de suite disparaîtront. Les images de Padmasambhava enverront de la lumière au loin.

Pour le bien des générations futures, ces images sont semblables au joyau qui exauce tous les souhaits.

Ceux qui sont comme mes enfants devraient m'adresser leurs prières. Vous devriez effectuer des circumambulations autour de mon image avec un cœur pur. Si vous me priez, vous serez libres des peines causées par les fantômes, et vous vivrez avec plaisir.

Ceux qui sont pauvres devraient m'adresser leurs prières. Ils deviendront riches.

Ceux dont les vœux n'ont pas été comblés devraient m'adresser leurs prières, car leurs vœux seront accomplis. »

NOTES

[1] Les cinq kayas (*sKu-lNga*) sont le dharmakaya, le sambhogakaya, le nirmanakaya, le vajrakaya et l'abhisambodhikaya.

[2] Les arts, la grammaire, la médecine, la logique et le Dharma.

[3] La gauche et la droite telles qu'elles apparaissent aux yeux d'un observateur placé en face de lui

[4] Les royaumes du désir, de la forme, et du sans-forme.

[5] Il est dit de Brahma qu'il a une voix dont les intonations amènent à l'existence de multiples mondes.

[6] Les mondes des dieux, des dieux jaloux (les *asura*), des humains, des animaux, des esprits avides et des êtres de l'enfer.

[7] Les souffles qui contrôlent la déglutition, la respiration, la digestion, l'excrétion et l'énergie.

[8] Le bois d'arbre d'eau est un bois sans cœur qui peut renvoyer au bambou ou au plantain mais qui désigne ici le palmier noir [*Borassus flabellifer*], dont le bois est très dur et non-absorbant, malgré son cœur tendre.

[9] Ce monstre marin peut avaler n'importe quoi et est un symbole de la vacuité.

[10] Moines, arhats, nonnes et hommes et femmes laïques.

[11] D'une matrice, d'un œuf, de la chaleur et de la moisissure, et miraculeuse.

[12] Voir la description au paragraphe 3 de ce chapitre.

[13] De la vue, de l'ouïe, de l'odorat, du toucher, du goût, du mental, du mental souillé, de la base-de-tout.

[14] Forme, sensations, perceptions, suppositions et tendances, et consciences.

[15] Or, argent, turquoise, corail et perle.

8

Les prédictions
de Padmasambhava

Padmasambhava fit en sorte que les Doctrines Trésor (*gTer*) soient cachées afin d'être révélées plus tard, au moment où les signes défavorables et les calamités du Kali Yuga, l'actuel âge sombre et dégénéré, augmenteraient.

> « Pour ce qui est des occasions durant lesquelles les trésors seront révélés par les découvreurs de trésor désignés, les tertöns (*gTer-sTon*), il s'agira d'un temps de calamités où les rois seront renversés par leurs sujets mécontents et où le pays déclinera.
>
> À cause de la colère, la guerre a lieu. À cause du désir, le pays affronte des temps mauvais. À cause de la stupidité extrême, la maladie apparaît. Tout le monde est malheureux. À ce moment, un maître arrivera et enseignera les mantras, les rituels, l'astrologie et la médecine. Ces enseignements seront tirés de trésors cachés dont il sera fait usage quand et comme il sera nécessaire. »

Par exemple,

« À Lato, dans le Tibet occidental, un tertön naîtra quand il y aura calamités et maladie.

À la frontière entre le Tibet et le Népal, un tertön naîtra quand des hommes seront brûlés dans des forêts.

À Khenke, à Lendo, un tertön naîtra quand il y aura des querelles dans le temple durant les années du chien et de l'oiseau.

À Manyul, un tertön naîtra quand le ciel deviendra rouge et que des gouttes de pluie rouges tomberont dix-huit mois durant, causant la sécheresse.

À Shot Shun, un tertön naîtra quand beaucoup de gens mourront et qu'il n'y aura pas d'endroit où les enterrer. »

Padmasambhava fit les prédictions suivantes au sujet des mauvais signes qui se manifesteraient :

« Au Tibet, en raison d'une guerre menée par les Mongols, des régions du Tibet passeront sous occupation mongole. Les gens commenceront à porter des armures métalliques.

Il y aura des querelles entre deux sectes et la religion connaîtra un schisme.

Le toit du temple construit par Tri Tatna sera emporté par le vent et les rayons du soleil pénétreront dans le temple.

La capitale de la Chine sera prise par les Tai Ching. Le bouddhisme du Tibet prospérera et le prestige du gouvernement tibétain grandira.

À cette époque, les Tibétains feront l'acquisition d'armes et le trône passera aux mains du peuple.

Dans le nord du Tibet, des tentes s'envoleront avec le vent. À ce moment, au Tibet, il y aura trois sectes [Nyingma, Kagyu, Sakya]. Le bouddhisme se répandra au travers des enseignements du Bouddha et grâce aux enseignements des trésors révélés.

Des personnes religieuses incarneront les poisons [stupidité, colère, désir, jalousie, orgueil]. À travers la propagation d'un faux Dharma, le bouddhisme sera détruit.

Dans tous les lieux de pèlerinage, des forts seront construits. À Lhassa, au sommet de la colline rouge, il y aura un temple [le Potala]. Le lac près de la colline rouge s'asséchera et se remplira de sable.

En disant « *Je suis l'incarnation de Padmasambhava*», des gens pratiqueront un faux Dharma.

Des gens du sud du Tibet devront quitter leur pays. Les laïcs auront recours à la magie. Ceux qui pratiquent des sadhanas tantriques pratiqueront aussi la magie. Lorsque des humains mourront, des offrandes de livres auront lieu. Quand les gens iront de village en village, ils devront se déplacer en groupes.

Le Tibet sera réduit en morceaux et les lieux de pèlerinage deviendront la propriété de nombreux groupes. Le Roi de Purang demandera de l'or au Tibet[1].

Les Tibétains commenceront à traduire des textes indiens sans même aller en Inde. Les meilleurs lettrés du Tibet seront emmenés en Mongolie. Au Tibet régnera l'obscurité et dans les autres pays, la lumière. Le Dharma et la fortune du Tibet déclineront.

La secte Sakyapa arrivera au Tibet avec les soldats mongols.

Quand les tambours de guerre résonneront, les gens jetteront leurs trésors, y compris leur or.

Dans le temple, les offrandes pour les dieux seront données aux chevaux. Le village de Zho-Long sera détruit par les flammes. Au village de Pal-Trog, des fusils seront utilisés.

Au village de Silne, un arbre à forme humaine apparaîtra. Au village de Manda, une pierre pour fabriquer des miroirs apparaîtra.

Les rois commenceront à nourrir les Mongols. Les Mongols feront d'un moine supérieur un général.

Les Sakya et les Ting finiront par gâcher leur pouvoir avec leurs luttes prolongées.

Jour après jour, les temps seront toujours plus instables. Des yogis deviendront des abbés et, se rendant dans les villages, donneront des initiations et cacheront des filles. En conséquence des querelles, des morts seront indirectement causées.

Un faux bouddhisme fera son apparition. Le mal deviendra religion. Une fausse médecine sera pratiquée et elle raccourcira la vie. La nouvelle astrologie sera pleine d'erreurs.

La religion du Tibet deviendra une sorte de divertissement. Les laïcs prêcheront également. Ils diront qu'il n'y a pas de différence entre un yogi et un laïc. Des gens sans connexion avec la religion se mettront à prêcher.

Les cinq non-confiances[2] vont apparaître. Tout deviendra indigne de confiance. De nombreuses maladies feront leur apparition et les gens renonceront à leurs costumes locaux.

Au Tibet, les gens porteront de nouvelles sortes de vêtements. Ils pratiqueront différentes formes de religion. Dans les monastères, toutes les images seront endommagées.

Au village de Sakya, un daim verra le jour et, par malchance, il tuera des êtres humains.

Suite à des querelles, des yogis mourront et le stupa de pierre près du monastère de Samye, construit du temps de Padmasambhava, sera détruit.

Même sans pratiquer de rituels de méditation, des gens se proclameront pratiquants tantriques. Ils seront nombreux à prétendre avoir des accomplissements. Sans avoir reçu eux-mêmes les initiations, ils les offriront à d'autres.

Dans le Tibet central, les gens s'uniront et cela effrayera les Sakya et les Mongols. Le mal et les démons règneront avec suprématie.

Un roi immoral naîtra. Phag-Mo, en tant que roi, fera la conquête du Tibet central et du Tibet oriental, et construira cent-huit forts.

Les Mongols et les Sakya se battront et leurs morts seront enterrés dans les villages de Bi et de Tsang. Des étrangers viendront, Phagmo et Drigung lutteront à leurs côtés et les villages de Bi et de Tsang seront divisés. Des crânes humains seront extraits du stupa par des chiens[3].

Ken et Tong du village de Tsang combattront parmi eux. Après cela, Relong et Tsulong seront occupés par des soldats.

Un homme naîtra. Il amènera des soldats étrangers au Tibet. Il introduira le combat entre des amis.

Une fausse religion dominera. Le prestige des hommes et des dieux déclinera au Tibet.

Sur la colline du village de Kharak, les gens seront strictement surveillés.

Dans le village de Ngagmat, un fort sera construit. Cent seize officiers militaires se rassembleront à Tsalong.

À Yanlong se trouvera un cantonnement militaire. A Tangtok, deux sortes de militaires mourront.

À Genphu, les soldats de Phagmo Drupa (*Phag-Mo Gru-Pa*) arriveront. Dans la province de Toklong, le même personnel militaire arrivera et tous les endroits seront occupés.

À Phagningshe, un fort sera construit. Au Ladakh une fête du poison aura lieu. Au Tibet, les Indiens Kamaripa et Vimala iront à Lhassa et y adoreront des images de Bouddha.

Des villageois s'abriteront dans les collines, et des calamités se produiront.

Dans le Tibet central se tiendra une fête et le temple de Hepun prendra feu.

Le monde sera plein de troubles. On ne trouvera de paix nulle part.

Comme le soleil brille après la pluie, un grand homme apparaîtra sous la forme d'un tertön et, découvrant des *ter* [trésors], il fera le bien du monde. Un seul tertön apparaîtra par décennie. Parfois, de grands tertöns apparaîtront, parfois seulement des mineurs. »

Padmasambhava donna les indications sur la manière appropriée de révéler de trésors.

« Des personnes justes accompliront des péchés.

Les gens portent des couvertures noires faites en queue de yak.

L'extérieur des monastères est clôturé par des soldats.

Les lieux de retraites sont brûlés.

Les gens font du commerce avec des livres et les paroles du Bouddha.

Les gens utilisent des livres du Dharma pour se racheter après avoir battu d'autres personnes.

Les yogis travaillent pour les soldats et enfilent des armures métalliques, pendant que des grands saints deviennent des généraux.

Les Bhikshus se font tuer.

Des champs de bataille sont préparés sur des lieux de pèlerinage.

Tous les lieux de retraites sont transformés en villes.

Les tantrikas se querellent entre eux.

Du poison est introduit dans la nourriture pour tuer.

Le chef ne tient pas parole.

Le héros ressemble à un athlète.

Le Tibet tout entier sera divisé comme les fragments d'une armure de métal.

Père et fils se querelleront entre eux.

Des parents se frappent les uns les autres.

Fantômes et esprits sont adorés.

Les brigands hantent les chemins et détroussent les gens.

Les esprits malins entrent dans le corps des personnes de sexe masculin.

Les rakshasa [démons cannibales], entrent dans le corps des personnes de sexe féminin.

Les dieux invités entreront dans le corps des enfants.

Tous les êtres passeront sous le pouvoir des démons [mara].

Les huit groupes d'esprits, comme les deva [dieux mondains] et les rakshasa [démons cannibales], se battront entre eux. À cause de cela, les gens souffriront de maladies.

À ce moment trois choses se produiront :

Il deviendra impossible de garder les minéraux à l'intérieur de la terre.

Les trésors des Tri Ratna [Bouddha, Dharma et Sangha] ne pourront être gardés. Le Dharma sera corrompu et ses adeptes ne pourront rien faire.

Sans effectuer leur propre pratique, des gens donneront des instructions aux autres. »

Après la mort de la fille de la Reine, Padmasambhava parla au Roi Trisong Detsen de ces événements futurs.

« Ce grand monastère bâti par le Roi sera détruit. Le Roi mourra dans la soixantième année de la vache. À la fin, les Mongols viendront au Tibet. Le bouddhisme connaîtra des vicissitudes et le Tibet souffrira par périodes. »

Le Roi demanda,

« Qui reprendra ce trône ? »

Padmasambhava lui dit :

« Quand cent vingt ans se seront écoulés, les règles du Roi Chinkun seront suivies au Tibet. Finalement, les Chinkun se querelleront entre eux et les Chinois arriveront. Du pays mandchou, l'incarnation de Manjushri règnera quelques temps. Comme à Sadia, les Chinois viendront pour creuser la terre. Dans la région du Yarlong, il y aura une incarnation de Vajrapani. Dans l'année de la vache, les Mongols reviendront au Tibet. Tout le Tibet oriental sera conquis par eux.

Si j'en dis plus, vous serez triste. Si les seize villes sont détruites, il y aura un peu de paix. Le palais chinois sera détruit par quatre démons bhuta. La vie du peuple ne sera pas sûre. La propriété sera dispersée. Les Mongols viendront à l'intérieur du Tibet.

Dix-huit générations survivront.

Le roi mourra dans la cinquantième année du tigre et souffrira beaucoup.

Puis le roi demanda à ce qu'il lui en soit dit davantage.

« Après deux générations, les vertus du peuple tibétain seront épuisées. Langdarma (*gLang-Dar-Ma*) apparaîtra tel un animal. Un autre viendra avec une tête de singe. Ils tueront des gens importants, chasseront de petites gens et détruiront le bouddhisme.

Les personnes vertueuses seront tuées et le monastère entier profané. La vertu des gens sera souillée. Les gens se laisseront aller au vice. Les lois du Roi[4] disparaîtront et seront suivies par le chaos. Des parents seront tués par leurs propres enfants. Ceci est appelé le Kali Yuga, l'âge sombre.

Langdarma sera battu par Lhalung Palgyi Dorje. Langdarma régnera une année et un mois. A ce moment, le Bodhisattva Lhalung Palgyi Dorje tirera une flèche pour préserver le bouddhisme.

La dynastie de Srongtsen Gampo (*Srong-bTsan sGam-Po*) se rendra au Ladakh et restera pendant huit générations à Nari [au Ladakh]. Dans le village de Purang, il y aura trois fils de famille royale.

Des monastères seront détruits. Les monastères construits par Srongtsen Gampo et d'autres seront profanés par des pigeons.

En Mongolie, Srikunta deviendra le Roi. Pendant l'année du chien de fer, il y aura une pluie d'armes et des émanations de lamas tulkus devront quitter le Tibet. Le Tibet central sera occupé par les Mongols qui promulgueront des ordres.

La loi mongole sera détruite. Après cent vingt ans, les lois chinkun prévaudront. Mais pendant la dynastie des Tsang, les Chinois s'épuiseront.

Pendant l'année du chien de fer, les Mongols viendront au Tibet et pendant l'année du cheval d'eau, ils fuiront. Pendant l'année de la vache de feu, les gens souffriront. Et pendant l'année du mouton, les Mongols partiront mais il y aura de terribles destructions. La vie des gens sera brève comme une météorite. Les gens ne connaîtront aucune prospérité et ne feront que de mauvaises récoltes.

La guerre abîmera tout et il y aura une mer de sang. »

Les causes de la souffrance sont ensuite décrites comme suit :

« Mara a fait un vœu au moment de la victoire du Bouddha, vœu selon lequel tout passerait entre ses mains après le temps du Bouddha. Ce vœu a été fait en la présence du Bouddha. À cause de cela, à la fin du temps du Bouddha, les bhuta [démons] pénétreront les esprits des êtres vertueux et le Dharma du Bouddha arrivera à sa fin.

Le Tibet est dans l'Himalaya. Il y avait un esprit appelé Megan Dempo. Sa famille survécut au Tibet. Son père était appelé Rinchen. Il avait rassemblé ses biens dans un sac de cuir. Dans l'année du tigre de fer, un fils naîtra dans cette famille. Il trichera et accroîtra la souffrance dans le pays.

Dans les années du rat, du dragon et du singe, les soldats chinois viendront au Tibet. Dans l'année du singe d'eau, dans le village de Yanlong, il y aura un rassemblement et des boulets de canon seront tirés. Dans l'année du lapin, la région toute entière sera ravagée. Dans le sud se trouveront des camps chinois. Tous les Tibétains en Mongolie souffriront beaucoup. Le monastère de Lungche Go sera détruit et les mauvais personnages viendront en nombre. »

Sélectionné et traduit par C. R. Lama

NOTES

[1] Il s'agissait de l'or récolté afin d'inviter Atisha à venir depuis l'Inde.

[2] Une femme ne faisant pas confiance à son mari ; un yogi ne tenant pas ses promesses ; des gens perdant confiance ; père et fils ne se faisant pas confiance mutuellement ; maître et disciple ne se faisant pas confiance mutuellement.

[3] L'un de ces crânes appartenait à Acharaya Shantarakshita. Il avait été enterré sous un stupa qui, plus tard, s'effondra et des décombres duquel des chiens sortirent son crâne.

[4] Les lois du Roi Srongtsen Gampo (*Srong-bTsan sGam-Po*).

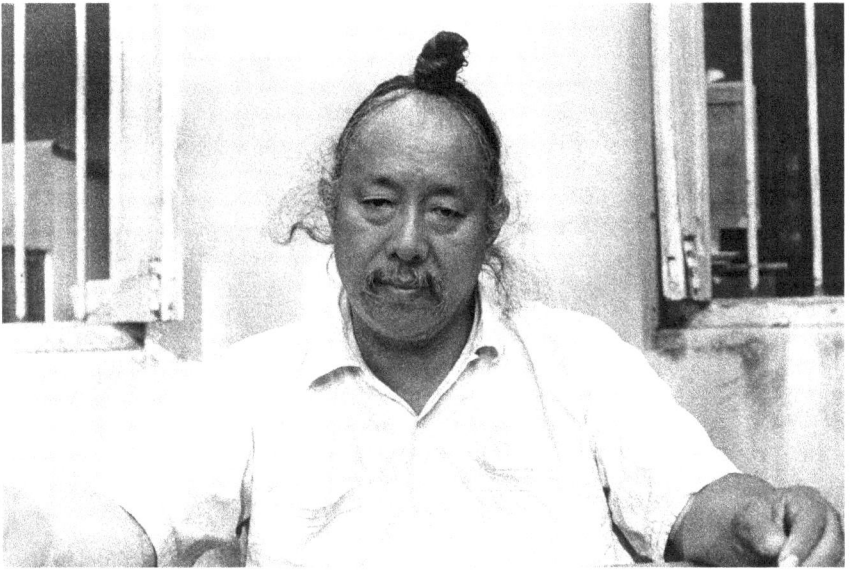

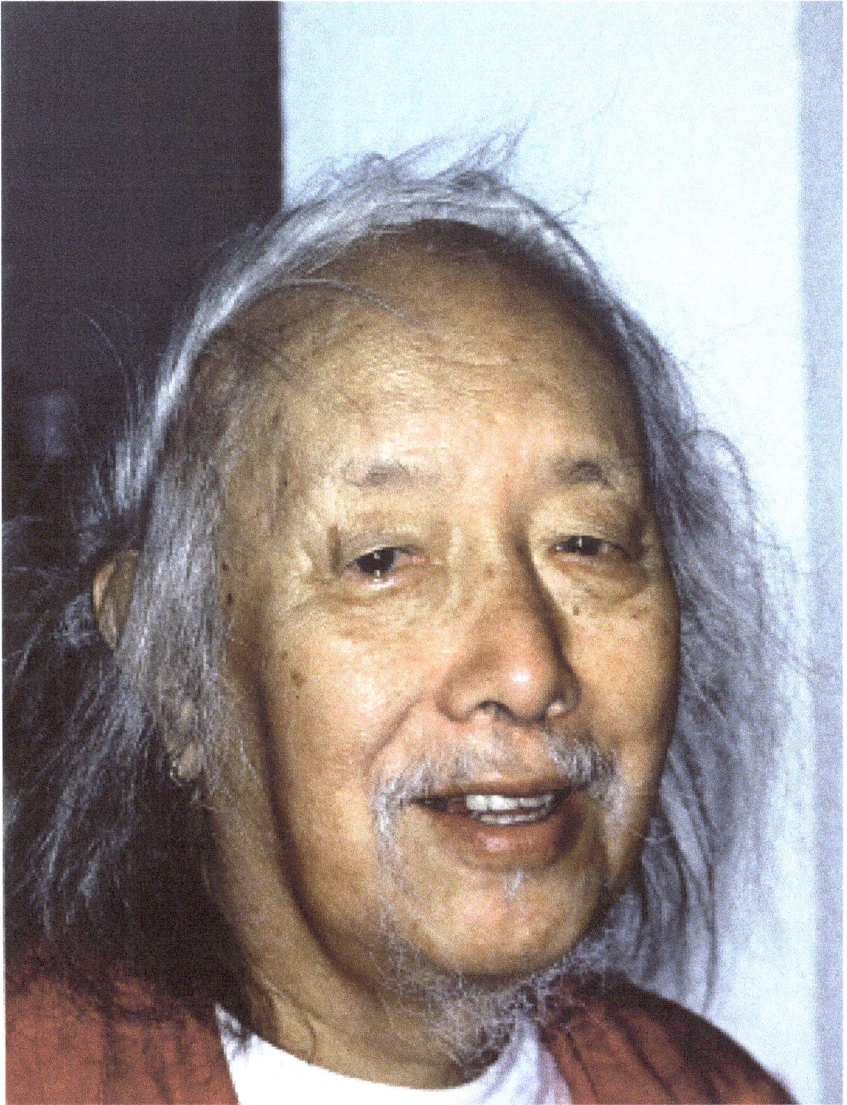

9

Extraits de préfaces

Lhadrub Guruyoga, 1981

Les gens disent qu'ils ont un guru racine, un lama particulier qui est comme ceci et comme cela, avec telles et telles qualités. Certains disent que leur guru racine est un guru célèbre, alors que d'autres disent que leur guru racine est un jeune lama qui présente bien. Un vieux guru est aussi un guru, et un jeune guru est aussi un guru – s'ils sont des gurus.

En sanskrit, le mot « guru » a deux significations : enseignant religieux qualifié, et bœuf. Dans les deux cas, il y a une idée de lourdeur. Le bœuf est de la nourriture lourde avec beaucoup de vitamines et, après en avoir mangé, on est somnolent. Un guru qui est qualifié est lourd aussi, du poids de ses nombreuses bonnes qualités. En toute situation, le guru est important, mais il revient au disciple lui-même de développer une foi très forte et de réellement croire en son guru. Si l'on pratique comme cela, on obtiendra des résultats.

Il y a trois jours, j'ai rencontré quelqu'un qui m'a dit qu'il avait reçu une initiation particulière d'un lama. Mais je sais que c'est impossible parce que cette pratique appartient à une secte et le guru à une autre, et que je le connais personnellement comme quelqu'un qui ne pratique que les enseignements de sa propre secte. Donc, c'est de cette façon que ceux qui n'ont pas de vrai guru se mentent à eux-mêmes et trompent autrui.

En ces temps-ci, les gurus doivent pratiquer leurs propres textes religieux et suivre les ordres de leur propre guru pour se consacrer au
travail qu'on leur dit de faire. Je ne dis pas cela pour les grands gurus
mais pour ceux qui sont semblables à moi. Je ne m'appelle pas un
guru, mais certaines personnes croient que j'en suis un.

Les cinq sectes du Tibet recourent à une puja du guru ; les Gelug se
concentrent sur Tsongkhapa, les Sakya sur Sakya Pandita, les Kagyu
sur Naropa ou Marpa, les Bonpo sur Tonpa Shenrab et les Nyingma
sur Padmasambhava. Pourtant, j'ai l'impression que, bien que les mots
soient différents, les pratiques et les idées sont les mêmes. Certains de
ces systèmes représentent le guru sous la forme dans laquelle il est
apparu au Tibet quand une image ou une peinture de lui a été faite
de son vivant. Nous n'avons pas d'image précise du Bouddha Shakyamuni. Mais plus encore, dans certains systèmes de pratique, le guru
est représenté sous la forme de Lama Chemchog Heruka, ou de Tara,
ou de Naljorma.

Dans d'autres systèmes, le guru est sous la forme de Kuntuzangpo ou
Dorje Chang ou Dorje Cho. Ce sont trois noms pour l'intégration du
dharmakāya, du sambhogakāya et du nirmanakāya. Kuntuzangpo ou
Samantabhadra est la forme dharmakāya. Dorje Chang ou Vajradhara
est la forme sambhogakāya. Dorje Cho ou Vajradharma est la forme
nirmanakāya. Ces formes sont des moyens pour exprimer les qualités
du Bouddha, ce sont des synonymes de ses qualités. Kuntuzangpo
signifie « toujours bon », Dorje Chang signifie « détenant toujours le
pouvoir tantrique » et Dorje Cho signifie que le Dharma naturel est
indestructible.

Parfois on dit guru, ou lopon (*sLob-dPon*), qui signifie enseignant,
celui qui explique ce qui nous est inconnu. D'autres fois on dit pachig
(*Pa-gCig*), qui signifie père, car, tout comme un père donne ses biens
à son fils, le guru donne les initiations et les profonds enseignements
secrets à ses disciples. Le guru appelle parfois son disciple thukse
(*Thugs-Sras*), fils du cœur, ou lobu (*sLob-Bu*), fils disciple. Le guru et
le disciple travaillent ensemble : d'un côté il y a la compassion et de
l'autre, une foi ferme. La compassion est comme un crochet et la foi du
disciple lui donne quelque chose à quoi s'accrocher – mais ils doivent
être là tous les deux pour être efficaces.

Si on pratique le guruyoga avec un esprit concentré, avec foi, et que l'on chante avec une bonne mélodie, alors notre voix touchera l'esprit d'autres personnes et les conduira à entrer dans le Bouddhadharma. Je vous dis que vous devriez tous pratiquer le guruyoga une fois par jour. Si chaque jour il est nécessaire de manger, pourquoi ne serait-ce pas nécessaire aussi de dire des prières ?

Ces yogis à l'esprit immuable, ceux qui ont une vraie foi et croient de manière authentique, peuvent faire la pratique de la puja du guru avec leur guru sous n'importe quelle forme, moine, tantrika, saint, ou sous une forme parfaitement ordinaire. Ils peuvent méditer sur leur guru tel qu'il est dans son corps charnel ordinaire. Mais maintenant, dans cette période noire, tous les êtres sensibles ont un esprit changeant, qui n'est pas pur. Peut-être ont-ils la foi aujourd'hui, mais demain elle aura disparu, ou alors ils auront des doutes. Pour cette raison, nous devrions méditer sur nos gurus sous la forme de bouddhas, de bodhisattvas, de dieux tutélaires, de Padmasambhava et ainsi de suite. Pratiquer en utilisant les formes des gurus d'autrefois est peut-être nécessaire de nos jours, puisque, comme ils sont décédés, ils ne peuvent rien dire qui soit difficile à comprendre pour le disciple.

Finalement, j'ajouterai que parler du guru racine n'est pas suffisant – la prière et la foi, c'est important.

Khandro Thugtig, 1978

Dans l'actuelle période noire, nous qui croyons en le Bouddha et en Padmasambhava, nous sommes si peu nombreux. Nous avons une grande foi dans les prédictions que Padmasambhava a faites quand il était au Tibet et que Yeshe Tsogyal a transcrites à cette époque. Elles furent révélées plus tard et mises par écrit par les grands tertöns découvreurs de trésors, sans qu'aucune erreur n'y soit mêlée [seuls d'authentiques tertöns incarnés pouvaient les trouver].

En ce moment, au Tibet, le Pays des Neiges où Padmasambhava enseigna le Dharma et donna des initiations en tibétain, les formes extérieures des pratiques religieuses artificielles ont été détruites. Nous sommes très tristes que le bouddhisme au Tibet ait décliné à ce point. Le vrai Dharma est indestructible et n'est pas affecté par les actions de ceux qui, en cette actuelle période noire, se donnent l'air d'être gentils mais sont vides à l'intérieur, comme les bananiers et les bambous. Ils ne font que débattre, ils ne méditent pas.

Quand nous recevons des initiations, nous disons que nous garderons toujours nos vœux mais nous savons que garder tous nos vœux n'est pas une chose facile.

Brève explication sur le Refuge et la Bodhicitta, 1979

Moi-même et d'autres enseignants tibétains devons être prudents lorsque nous donnons les vœux de refuge et de bodhicitta, ou des initiations et des vœux tantriques. Ceux qui les donnent doivent posséder toute la pratique des enseignements et les qualités nécessaires, et garder entièrement leurs vœux. Il est indispensable qu'ils expliquent clairement à ceux qui les reçoivent ce qui leur est donné, très exactement, et quels engagements et responsabilités ils prennent. Par exemple, si un homme est malade et a besoin d'un traitement mais n'est pas conscient de son état, le docteur doit lui expliquer soigneusement quelle est sa maladie ainsi que les bénéfices du traitement, afin que l'homme malade soit libre de tout soupçon quant au fait que la médecine puisse être un poison.

Compilation de textes de Chod, 1978

Tout vient de la nature de śūnyatā et retourne à cette nature. Le symbole de śūnyatā est le zéro. À l'extérieur il n'y pas d'angle et à l'intérieur il y a un trou sans angle. Ce dharmadhātu śūnyatā est égal en tous lieux, clair en tous lieux, compréhension précise en tous lieux, et accomplit sans obstacles toutes les activités en tous lieux.

Cette nature est śūnyatā. Parfois nous disons dharmadhātu, dharmatā, dharmakāya et dharmadhātujñāna, mais quoi qu'il en soit, si vous voulez un mot symbole alors c'est A (ཨ). C'est le symbole de la Grande Mère de tous les Jinas, Gyalwa'i Yum Chenmo. Sa nature est śūnyatā et tous les êtres féminins ont aussi cette nature de śūnyatā. [Mais on ne dit pas que śūnyatā signifie vide et sans idées, comme dans la vision courante des femmes aux époques anciennes. Pour chaque centaine de mères, au moins nonante d'entre elles auront la même attitude envers leurs enfants, qu'ils soient des fils ou des filles, aînés ou benjamins. Et pour ceux qui sont faibles, elles auront encore plus de compassion.]

Du point de vue des sutras, la Mère est śūnyatā ou tongpa nyid (*sTong-Pa-Nyid*). Śūnyatā a deux aspects : extérieur et intérieur, *Phyi sTong-Pa-Nyid* et *Nang sTong-Pa-Nyid*. Sinon, on peut aussi considérer dix-huit ou vingt-et-un śūnyatās.

Ce qui est discuté ici, c'est seulement śūnyatā. Pour cela nous ne pouvons que dire śūnyatā ou zéro, et c'est peut-être difficile pour ceux qui ne sont pas si intelligents.

Maintenant parlons de Chod (*gCod*), qui signifie « couper ». Afin de comprendre cela, il nous faut penser clairement comme suit. Qu'y a-t-il à couper ? Couper « toi » ou couper « je » ? Si je te coupe toi c'est un péché et si je coupe mon propre corps c'est aussi un péché. Mais en réalité, ce qu'il y a à couper c'est mon ego. Pourquoi ? Parce que depuis la nuit des temps l'ego me cause des ennuis sans fin. Ce mauvais ego m'a parfois jeté dans les enfers, parfois parmi les fantômes avides, et ainsi de suite. D'où vient l'ego ? Il vient de l'ignorance. L'ignorance me rend et me maintient stupide et à cause d'elle je dis sujet et objet, moi et toi, je suis bon et tu es mauvais, je m'aime et je te hais. C'est mon ego qui tient mon corps pour substantiellement réel et s'en va ensuite saisir tout ce qu'il peut à travers mes yeux de chair. Et puis, si je vois quelque chose de bon il y a du désir, si c'est quelque chose de mauvais, de la colère, si c'est quelque chose de mieux que ce que j'ai, de l'envie, et ainsi de suite. C'est la même chose pour l'oreille, la langue, le nez et les sensations corporelles. Pour cette raison, je dois couper mon ego. Il est très mauvais et pénible, pourtant il ne peut pas être vu avec les yeux physiques. Il doit être coupé et achevé.

Cet enseignement traite aussi des grandes difficultés liées à l'obtention d'une précieuse naissance humaine. Elle est très difficile à obtenir, mais avec elle on peut se mouvoir aisément, soit vers le haut grâce à de bonnes actions, soit vers le bas à cause de péchés. En haut et en bas, tournant en rond, comme une roue de la fortune – pourtant il y a une chance de se libérer.

Viennent ensuite le refuge, la bodhicitta et les offrandes extérieures et intérieures, puis l'offrande la plus secrète, celle de notre propre corps. Après cela, on visualise Machig Labdron avec tout son cercle, tous les gurus, tous les devas et toutes les dakinis, et tous les gurus de la lignée autour d'elle. Nous leur adressons nos prières afin qu'ils nous bénissent en coupant la racine de l'égoïsme. Suite à cela a lieu le transfert de conscience (*Pho-Ba*) par lequel notre esprit se rend dans un très bon endroit, se fondant dans l'esprit de Machig.

Ensuite on transforme notre corps en amrita pour les quatre classes d'invités : 1) les bouddhas et bodhisattvas, 2) ceux qui ont de bonnes qualités, les Seigneurs avec du pouvoir placés en-dessous du premier groupe, 3) tous les êtres des six royaumes, 4) tous nos créanciers. En présentant des offrandes au premier groupe, les bouddhas sont satisfaits. En présentant des offrandes au second groupe, on gagne davantage de qualités. En présentant des offrandes au troisième groupe, tous les péchés prennent fin. En présentant des offrandes au quatrième groupe, toutes nos dettes sont remboursées.

Puis notre corps se transforme en joyaux et ainsi de suite et ceci est offert aux dieux des cieux du saṃsāra. Ensuite notre corps est lui aussi coupé et offert en une grande masse de viande, de sang et d'os, et offert à tous les dieux et démons locaux qui aiment ce genre de choses. Les restes sont donnés à tous les êtres faibles et infirmes et, grâce à cela, tous leurs ennuis disparaissent. Ensuite la pratique s'achève sur la dédicace des mérites.

Machig Labdron était une grande méditante et elle peut être appelée la Nagarjuna tibétaine. Nagarjuna enseigna śūnyatā mais *elle*, elle enseigna comment séparer notre esprit de notre ego. Elle résidait à Zangri Karmar, une montagne rouge proche du fleuve Brahmapoutre à environ 800 kilomètres à l'est du monastère de Samye. Quand j'y suis allé et que j'ai vu le stupa contenant ses reliques, un fort sentiment a traversé mon esprit. Je me suis aussi rappelé comment ma première incarnation, Drophan Lingpa, fut autrefois le fils de Machig, Gyalwa Dondrub.

Par la vertu de faire cette traduction nous souhaitons que tous les êtres voient leur esprit libéré de l'égoïsme et qu'ils deviennent égaux. Nous aimerions que tous les êtres obtiennent la pleine illumination et que le saṃsāra tout entier soit complètement vidé.

Quand cette traduction était en cours, nous avons dit de nombreuses prières aussi est-elle peut-être dénuée d'erreurs mais s'il en reste, à cause de la stupidité et de l'ignorance, et qu'alors nos vœux ont été perdus, nous demandons aux Protecteurs de Chod, les Zangri Punyi, de nous excuser.

Mais si ces Protecteurs de Chod ne nous excusent pas alors je ris aussi d'eux. Correct et faux – tout est en śūnyatā. Je fais cette traduction afin de répandre le Dharma dans le monde. Si vous, Protecteurs du Dharma, dites que ce Dharma ne doit pas être répandu dans le monde, et bien je vous dis que vous êtes jaloux et avares. Les enseignements du Dharma et des termas sont pour tous les êtres, pas seulement pour une région particulière. S'il n'y pas de vertu ici alors nous le dissolvons en śūnyatā.

10

Brefs enseignements

1 Restez sur le seul point de la présence

Le point principal de tous les enseignements Dzogchen est que tout est vide. La vacuité, ou śūnyatā, est la base de toute expérience. De nombreux mots différents sont employés pour la décrire mais c'est toujours la même chose. Quoi que nous entendions, que nous voyions, touchions, goûtions, respirions, ressentions ou pensions, c'est simplement la vacuité qui est à la fois vide et radieuse. En reconnaissant que tout cela, ce sont des manifestations de cette base vide, notre saisie nous portant à les considérer comme étant vraiment réelles s'arrête.

Si vous avez un corps, alors vous avez des yeux et des oreilles. Quand vous mourez, vos yeux et vos oreilles ne fonctionnent plus, mais l'esprit est toujours présent. De mon vivant, je suis Monsieur A., mais quand je meurs, le cadavre est Monsieur A. L'esprit a toujours la même nature, il est vide et ouvert quoi qu'il arrive.

Ce qui arrive dans l'esprit n'apparaît pas sans raisons. Par exemple, ce que je vois est déjà filtré. Je dis, « c'est mon ami, ou mon ennemi », « c'est bon ou mauvais ». De façon similaire, à travers mon oreille, je dis si un son est agréable ou non. Ce que nous entendons évoque de nombreuses idées différentes, peut-être avec du désir, peut-être avec de la colère.

À ce moment, ne guettez pas les pensées futures et ne suivez pas les pensées passées, restez simplement au milieu. Par exemple, si vous pensez soudain, « je veux que mon ennemi meure », n'essayez pas d'appliquer un antidote sur cette « mauvaise » pensée en recourant à une « bonne » pensée. Laissez-la simplement là. Ne vous accrochez à aucun mouvement qui surgisse dans l'esprit, restez seulement sur ce seul point de la présence et laissez le mouvement faire ce qu'il voudra. C'est *Rig-Pa Rang-Grol*, la conscience qui se libère elle-même. La conscience est naturellement libre par elle-même dans le dharmakāya. Elle n'est jamais captive, jamais prise au piège.

> *Première pensée, ne pas s'arrêter*
>
> *Pensée suivante, ne pas attendre*
>
> *Tenir le point du milieu*
>
> *Garder toujours la nature originelle*
>
> *Tous les Jinas vont ainsi.*

[Trois mois avant de mourir, le fils de Dudjom Lingpa écrivit ceci pour C. R. Lama.]

2   Nature vide

Si vous voyez toutes choses clairement tout en sachant que leur nature est vide, vous serez toujours heureux. En revanche, si vous connaissez les bonnes qualités de quelque chose, votre maison par exemple, mais ne savez pas qu'elle est vide de nature propre inhérente, vous serez très triste si elle brûle. Si le ou la partenaire que vous aimez meurt, il y aura du chagrin, mais si vous connaissez la nature de tous les phénomènes, alors vous serez heureux. Apparence et vacuité sont naturellement liées et il y a énormément de joie dans leur union.

L'espace infini qui offre une hospitalité englobant tout, le dharmadhātu, est comme une balle, sans division ni fin. Il n'a été créé par personne, ni par les bouddhas ni par nous-mêmes. Il n'a ni commencement ni fin et est sans différenciation. Rien n'est séparé de lui et il est la profondeur et le déploiement de la sagesse. Il est libre de donner et de prendre, permis ou interdit, et en lui tout apparaît en étant libre de saisie. Il est immense depuis le tout début, pur et complet. Notre propre esprit, notre conscience, est inséparable de cette grande étendue vide semblable au ciel. Nous ne sommes pas une chose qui peut être saisie et nous n'avons nul besoin de saisir quoi que ce soit.

Notre conscience est pure depuis le tout début, inséparable du dhar-madhātu, dépourvue de centre et de frontières. Non-artificielle et sans commencement ni fin, elle est la profondeur de la connaissance intrinsèque, libre d'acceptation et de rejet, elle est la grande nature libre de saisie apparaissant d'elle-même. Primordialement complète et pure, elle est le royaume de la pureté naturelle. Nous offrons cela continuellement dans la situation de clarté apparaissant sans effort.

3   Votre propre conscience est royale

Votre propre conscience (*Rang-Rig*) est semblable à un roi. Pourquoi? Si vous reconnaissez la nature de votre esprit, elle est la source et la base, le stade (ou la situation) originel, et alors tout arrive libre en soi, aussi bien ce que nous prenons pour objet que ce que nous prenons pour sujet. Aussi l'esprit est-il la chose principale. Il est le roi.

L'ouverture ou la vacuité (*śūnyatā, sTong-Pa-Nyid*) est, comme le ciel, partout. C'est notre nature fondamentale. Elle est libre de concepts interprétatifs (*sPros-Bral*), simple et directe. Elle n'a ni préjugés, ni manières, ni points de vue limités (*Phyogs-Ris-Med*). La vacuité est la nature de l'espace englobant tout (*dharmadhātu*) et cette profondeur et étendue est sans limites dans toutes les directions. Elle ne peut pas être trouvée où que ce soit ; elle n'a pas d'origine et ne disparaît jamais (*'Ong-gNas-'Gro-Med*) – conscience ouverte et immuable, sans impli-cation quoi qu'il survienne.

Afin d'obtenir un résultat, il y a des efforts à faire mais cela dépend de notre karma et de nos capacités. Nous avons besoin d'un crochet qui nous permette de nous accrocher à l'objet de notre pratique jusqu'à ce qu'elle devienne stable et que la situation naturelle soit révélée.

Des résultats karmiques ordinaires donnent une intention qui est comme un crochet de plomb – elle se courbe facilement.

Si on y ajoute quelques efforts, alors elle devient semblable à un crochet de cuivre.

Si vous pratiquez le Dharma selon votre propre idée mais n'avez pas de guru, vous avez un crochet d'argent.

Si vous avez la foi, faites des efforts, et avez un bon guru qui détient puissance et compassion, alors vous avez un crochet en acier.

Le véritable Dharma est précisément vacuité, notre nature originelle. Prendre refuge en ceci ne nous amènera jamais d'ennuis, mais
ne pas comprendre la vacuité peut, en revanche, nous apporter de la
confusion dans la pratique du Dharma.

4   Espace

La bouddhéité, la Bodhi, ou l'illumination, c'est s'éveiller à notre
pureté naturelle. La bodhicitta est le développement de cette expérience, le fait de développer notre conscience de la bouddhéité primordiale de tous les êtres. Elle offre aussi aux autres l'espace qui permet à
leur propre illumination naturelle de fleurir et de briller.

L'océan connaît grandes profondeurs et immobilité mais est aussi
mouvement très vaste – aucun de ces aspects ne nuit à l'autre. Le ciel
est vaste et vide et de nombreuses choses y bougent. L'esprit est vaste
et vide et de nombreuses pensées y bougent. Ces mouvements ne
causent ni maux ni ennuis à moins qu'ils ne soient pris comme réels
et séparés en eux-mêmes.

5   Bodhi

Le sambhogakāya est le reflet de Bodhi – il est glorieux et beau. Ce
n'est pas Bodhi en soi puisque Bodhi n'a pas de forme. Le sambhogakāya est le brillant reflet vide du dharmakāya qui est la vacuité
elle-même, inséparable de la conscience. Le dharmadhātu est la base
du dharmakāya. Dhātu, l'espace, est comme de l'or brut – potentiel
infini. Le dharmakāya, notre mode illuminé naturel, est semblable à
une statue faite en or – de l'ouverture immobile il apparaît comme un
point unique. Ceci met un terme à toute la confusion de la dualité.

6   Produire le résultat

Trois facteurs causaux sont à l'œuvre pour produire un résultat. Il
s'agit de la cause racine, du support, et de la cause secondaire ou des
circonstances. C'est d'eux que provient le résultat. Par exemple : thé,
sucre et lait sont la cause. La théière est le support. Le feu est la cause
secondaire. Le thé est le résultat. Ou, pour le tissage : le fil est la cause
principale, le métier à tisser le support, l'habileté du tisserand la cause
secondaire, et le tissu est le résultat. Ou, pour un meurtre : la stupidité
et la colère sont la cause, un ennemi est le support, un couteau est la
cause secondaire, et l'assassinat est le résultat.

L'objet de vos désirs est ce que vous voulez, ce qui est important pour vous, ce sur quoi vous concentrez votre attention. Voir nécessite un objet, des choses qui soient visibles. Entendre nécessite un objet, des choses qui soient audibles. Toucher nécessite un objet, des choses qui soient tangibles. Goûter nécessite un objet, des choses qui soient goûtables. Sentir nécessite un objet, des choses qui soient reniflables. L'activité mentale nécessite un objet, des choses qui soient appréhendables par l'esprit.

Il y a un objet dont on se préoccupe (*Yul*) et un sujet pour s'en préoccuper (*Yul-Can*). La relation entre les deux est une relation d'attention. Quand nous travaillons, il doit y avoir un terrain sur lequel nous travaillons et d'où nous partons. Le terrain est ce dont on s'occupe. S'il n'y a pas de terrain, il n'y a pas de croissance, pas de fruit. L'objet (*Bya-Yul*) est ce sur quoi vous, l'agent (*Byed-Pa-Po*), travaillez (*Bya-Ba*). Dans le saṃsāra, le sujet se trouve toujours dans une relation dualiste à l'objet. Le sujet vient à être en se reliant à l'objet. Ils sont inséparables. Dans la pratique de la vérité relative, nous travaillons à modifier la relation entre sujet et objet. Dans la vérité absolue, il n'y a pas d'objet, pas de sujet, et pas de relation entre eux.

7   Descriptions

Décrire est aussi créer. *Kun-Tu brTag-Pa* signifie « identifier un objet », dire « c'est ceci », « c'est cela ». Nous voyons et pensons « c'est ceci », « c'est cela ». Quand nous sommes pleinement convaincus (*Yongs-Grub*) de cela, alors ce que nous voyons en nous appuyant sur nos yeux physiques semble être des choses qui sont complètes en elles-mêmes, des entités existant d'elles-mêmes. Par exemple, nous pourrions dire d'un motif qu'il est triangulaire, bleu et beau. Nous semblons voir ses qualités comme existant d'elles-mêmes, là dehors. Nous pouvons aussi dire cela à propos des images dans les rêves. Cette aptitude à la description peut être exploitée aussi bien par la conscience (*Rig-Pa*) que par l'ignorance (*Ma-Rig-Pa*). Quand nous expérimentons notre description comme inséparable de la vacuité, c'est l'énergie ou la créativité de la conscience (*Rig-Pa'i-rTsal*). Quand nous saisissons ce que nous décrivons et le prenons pour existant en soi, c'est l'ignorance de l'identification (*Kun-Tu-brTag-Pa'i Ma-Rig-Pa*).

8   Signes

Nous nous appuyons sur des signes pour donner du sens à notre expérience. La base du signe (*mTshan-gZhi*) est la base pour construire de la signification ; c'est l'objet ou la base sur laquelle nous construisons. Elle est saisie avec le signe (*mTshan-Ma*) qui est comme la force d'un terrain, sa forme et ses qualités. Sur cette base, nous avons l'identification (*mTshan-Nyid*). Tout cela est semblable aux matériaux avec lesquels les murs, la porte et le toit d'une maison sont fabriqués. C'est ce qui en fait une maison. Si elle était faite de tissu elle serait une tente, ainsi, l'identification définit la particularité de ce qui est là. Quand une pratique est effectuée, physiquement, la personne qui pratique gagne des qualités (*mTshan-bCas*), par exemple par la pratique du contrôle du souffle (*rTsa-rLung*). Par l'expérience directe, ne se basant pas sur le corps, il y a la conscience au-delà de l'identification de qualités (*mTshan-Med*) comme dans le Dzogchen. Avec *mTshan-bCas*, il y a un modèle qui peut être suivi et vous savez, en comparant et contrastant, si c'est correct. Avec *mTshan-Med* il n'y a pas de modèle. L'expérience est unique. C'est comme si quelqu'un faisait quelque chose qui semblait totalement étrange et inconnu ; ça ne peut pas être compris par des comparaisons et des contrastes, mais seulement directement avec la clarté de la situation naturelle.

9   Saisie

La saisie (*bDag-'Dzin*) est un ennemi car elle nous cause des ennuis. La saisie saisit des entités qu'elle crée et alimente elle-même. C'est une activité illusionnée et illusionnante provenant de la réification qui se trompe sur la nature illusoire des phénomènes. La saisie n'est ni une pensée, ni un objet, pourtant elle peut gâter et embrouiller aussi bien les pensées que les objets. Cet ego saisissant, l'idée de je, d'un moi, moi-même, cela doit être tué par l'esprit lui-même, car la nature de l'esprit est libre de saisie. Il est « tué » par le fait de se détendre, de s'ouvrir à la spacieuse source de l'esprit, de relâcher l'énergie investie dans la saisie afin que celle-ci se dissolve dans l'espace, comme une brume matinale dans le ciel. Une fois brisé le pouvoir de la saisie, des pensées apparaissent encore, mais comme le pouvoir des pensées a été stoppé par le fait de voir notre vraie nature sous-jacente, la saisie est terminée.

10   Comportement guru-disciple

Tout comme un vieil homme doit faire de nombreuses choses et offrir beaucoup de présents à la belle jeune fille aux multiples caractéristiques attirantes qu'il veut conquérir, traditionnellement, le disciple doit faire de nombreuses choses afin de satisfaire le guru en qui résident toutes les bonnes qualités. Et le guru agira toujours comme s'il n'était ni content ni satisfait. Avec les plus stupides des disciples, il agira comme s'il n'était jamais satisfait et les opprimera toujours à la manière d'un berger avec son bétail.

11   Guru et foi

L'objet « extérieur » est pur et dénué de nature propre inhérente. Le sujet « intérieur » est également pur. En demeurant sur le point du milieu, votre conscience deviendra pure par le fait de ne plus s'appuyer sur des interprétations artificielles. Ceci est l'enseignement central de Padmasambhava dans le LE'U DUN MA. Néanmoins, vous devez avoir foi en votre guru, faute de quoi vous pourriez réciter ces vers pendant 100'000 ans et n'obtenir aucun résultat. Les doutes sont très dangereux. Le guru peut être pauvre ou stupide alors que d'autres personnes sont très riches mais le guru détient le grand trésor du dharmadhātu et du sambhogakāya. L'homme riche ne peut pas vous sauver, le guru le peut et vous pouvez obtenir l'illumination. Même si vous devenez riche vous-même, cela ne peut pas vous sauver. Il vous faut penser : « Ce monde est un endroit très difficile alors je dois m'en libérer et seul le guru peut me sauver. »

Certains Tibétains disent que Padmasambhava sait plus de choses que les gurus actuels et que, par conséquent, il est plus important, mais il n'en va pas ainsi parce que nous pouvons aisément voir le guru, mais pas Padmasambhava. Si nous avons foi dans le fait que le guru n'est pas différent de Padmasambhava, et qu'il viendra pour nous sauver, alors nous obtenons un résultat. Et puis, Padmasambhava, sans la foi, est un homme très ordinaire avec de nombreuses femmes. La foi est ce qu'il y a de plus important. Dudjom Rimpoche est un très haut représentant de Padmasambhava. Celui en qui vous croyez beaucoup est votre guru racine.

Si quelqu'un est connu pour être un tertön découvreur de trésors, alors nous lui demanderions : « Avez-vous des La-Grub ? », « Avez-vous du *Dzogchen* ? », « Avez-vous des *Thugs-Grub* ? ». Si ces trois sortes de textes sont présents dans son trésor, alors ce tertön est un terchen (*gTer-Chen*), un grand découvreur de trésors. S'il n'y en a que de deux sortes, alors c'est un tertring (*gTer-'Bring*), un tertön ordinaire.

Gya-Shang-Trom, un gardien de vaches, trouva un terma (*gTer-Ma*) sous un rocher. Il le montra à son oncle, Shang-Bo, qui devint son sponsor (*Chos-bDag*). Shang-Bo le jeta dans l'eau mais il refit surface. Ensuite il le lança dans le feu mais il ne fut pas endommagé. Enfin, il le plaça dans un pot en terre mais le terma brillait à travers et brisa le pot ouvert. Un jour que Gya-Shang-Trom dormait, il rêva que des gardiennes de troupeaux de vaches dansaient autour de lui et qu'un homme avec un grand chapeau venait jusqu'à lui et le battait. Quand il se réveilla, il savait lire et écrire et il écrivit par la suite trois épais volumes. Puis, quand il fut vieux, il eut des disciples gardiens de vaches. Ils ne savaient ni lire ni étudier alors pendant six jours, Gya-Shang-Trom fit la pratique de phowa (*'Pho-Ba*) et les envoya tous dans le nirvāṇa, puis il mourut. Trois ans plus tard, son oncle mourut à son tour.

12   Histoires sur la dévotion

Il était une fois un grand et célèbre guru qui avait de nombreux disciples. Des élèves venaient du monde entier pour étudier avec lui et restaient des mois ou des années avant de partir pratiquer dans des grottes ou de devenir des enseignants eux-mêmes. Toutefois, cet enseignant avait un étudiant qui semblait ne jamais faire de progrès. Il s'asseyait toujours au premier rang et fixait l'enseignant attentivement et avec dévotion. Il avait entendu chaque enseignement ; il les avait entendus encore et encore, mais il semblait ne rien comprendre.

Après plusieurs années, l'enseignant décida qu'il ne pouvait pas l'aider et il lui demanda de partir. Or, le disciple manifesta tant de désarroi et de désespoir à l'idée de partir que le guru décida d'essayer une dernière pratique.

Il donna à son élève un mala de récitation fait de grosses perles de rudraksha et lui dit qu'il devait entrer en stricte retraite solitaire. Il ne devait faire qu'une pratique simple – qui consistait à réciter le mantra suivant : « Hung. Rendez hommage à la corne sur ma tête ! »

Les années passaient, de nombreux nouveaux étudiants arrivaient et les gens arrêtèrent de parler de celui qui était en retraite. Le guru se faisait vieux et tomba soudain très malade. Des docteurs furent appelés ; ils tentèrent de nombreuses médecines, mais rien n'aida. Ses proches étudiants essayèrent de nombreuses pratiques, mais elles ne firent aucune différence. Il était évident que le guru allait mourir. Un message fut alors envoyé à tous ses disciples leur disant qu'ils devaient se réunir pour voir le maître une dernière fois.

Quelqu'un se rappela de l'étudiant dans sa grotte isolée et lui envoya un message. Quand il apprit la nouvelle de l'état de son maître, il courut aussi vite qu'il put par les hauts cols de montagnes. Il semblait fou quand il arriva, ses vêtements en haillons pendaient autour de lui. Il avait des yeux sauvages, une longue barbe et une montagne de chevaux attachés sur le sommet de sa tête. Quand il arriva en face de son maître, il fit plusieurs rapides prosternations complètes et, ce faisant, ses cheveux se détachèrent, révélant une énorme corne qui avait poussé au sommet de sa tête. Quand il s'inclina devant son maître, ce dernier toucha la corne et, immédiatement, il commença à retrouver la santé.

La dévotion est le cœur de la pratique.

13   Comment obtenir des bénédictions

Vous devez chercher à obtenir des bénédictions de la même manière qu'un enfant supplie : « Maman, donne-moi une glace ! » puis pleure et harcèle sa mère, la tiraillant jusqu'à ce qu'elle accepte. Si nous croyons vraiment, la bénédiction viendra. Nous devons penser : « Je vous fais réellement confiance alors pourquoi ne me donnez-vous pas de bénédiction ? Pourquoi ne me montrez-vous pas ! »

Premièrement, nous devons gagner la connaissance intrinsèque de l'espace englobant tout, dharmadhātujñāna, sinon les quatre autres ne sont que des noms. Quiconque obtient cette sagesse de l'espace englobant tout, dharmadhātujñāna, obtient automatiquement les quatre autres. La sagesse semblable au miroir qui montre toutes choses clairement apparaît avec la purification de la colère. La sagesse de l'équanimité qui, étant sans préjugés ni préférences, montre toutes les choses comme étant égales, apparaît avec la purification de l'orgueil. La sagesse du discernement qui montre tous les détails de tout ce qui peut se présenter, péchés comme vertus, apparaît avec la puri-fication du désir. La sagesse du plein accomplissement qui révèle toutes les méthodes ainsi que le plein pouvoir d'agir, apparaît avec la purification de la jalousie.

La sagesse de l'espace englobant tout a tout pouvoir ; comme le soleil brillant au-dessus d'une montagne, sa lumière va dans toutes les directions. Mais si le soleil ne brille que d'un côté de la montagne, son pouvoir est limité. De manière similaire, chacune des quatre autres sagesses ne peut que remplir des fonctions particulières.

Avec l'apparition de ces sagesses, les poisons disparaissent. Ces sagesses ne sont pas retirées de la vie, elles ne bloquent pas la

réactivité mais procurent, sans effort, de nombreuses façons efficaces d'être en relation. Par exemple, si vous buvez de l'eau froide quand vous avez chaud, vous aurez très rapidement chaud à nouveau, mais si vous buvez du thé chaud, celui-ci a un effet rafraîchissant et vous refroidira pour beaucoup plus longtemps. Dans la sphère du dhar-madhātu, il n'y a pas de positions relatives. Qu'y trouvons-nous ? Son habitant naturel est dharmatā, la réalité qui ne change ou ne fait jamais rien. Elle est semblable au ciel, qui est toujours le même. Du dharmadhātu vient le dharmakāya. Le dharmadhātu est comme un endroit. Dharmatā est sa nature. Le dharmakāya est sa forme ou sa présence, là.

Il est vital d'expérimenter le dharmadhātu afin que, lorsque vous mourrez et deviendrez inconscient, vous reconnaissiez le dhar-makāya et ne partiez pas du mauvais côté. Ensuite vous obtiendrez le sambhogakāya et le nirmanakāya. Sans le sambhogakāya, le nirma-nakāya ne peut pas se manifester. Il ne peut pas apparaître tout droit du dharmakāya.

14   Vœux

Pourquoi prenons-nous des vœux ? Dans le système du Hinayana, les vœux sont comme un objet fait en terre : s'ils se cassent, ils ne peuvent pas être réparés. Les vœux du Mahayana sont comme le cuivre : s'ils se cassent ils peuvent être réparés un peu. Les vœux du Vajrayana sont comme l'or : s'ils se cassent, l'or n'est pas endommagé.

Des *Dam-Tshig*, ou *samaya*, ou promesses solennelles, sont faites afin d'obtenir l'illumination, ce qui signifie reconnaître notre propre nature originelle. Dans le Dzogchen, le vœu est la nature originelle puisque la pratique est non-duelle. Le vœu est *Ngo-Bo*, notre situation naturelle, ou *Rang-bZhin*, notre qualité naturelle. Demeurer dans notre propre situation est l'accomplissement de tous les vœux. Une femme fait, lors de son mariage, les vœux de rester toujours avec son mari et de le servir – cela couvre toutes ses futures activités de cuisine, d'éducation des enfants et ainsi de suite. De façon similaire, toutes les offrandes et pratiques font partie de ce vœu, car le vœu est de voir et demeurer dans notre situation originelle.

15   Foi totale

Par le fait de se détendre et de s'ouvrir *à* et *dans* la clarté naturelle de notre esprit, l'objet disparaît et le sujet disparaît. La première pensée est notre pensée présente, c'est la seule pensée. Par exemple, si une pensée apparaît, telle que : « Je dois faire ça », ne la poursuivez pas. Laissez-la telle qu'elle est. Elle n'a pas besoin d'achèvement. N'essayez ni de l'arrêter, ni de la développer. Ne l'examinez pas et ne vous engagez pas. Si elle est laissée telle quelle, elle se libérera en son lieu propre.

L'océan a toujours des vagues. Dans l'esprit il y a toujours des pensées. C'est la vacuité de l'océan qui permet aux vagues de bouger. Elles s'arrêtent de bouger lorsqu'elles atteignent la plage. De la même façon, la nature de l'esprit est ouverte comme le ciel. Ne mettez pas de limite, ne bloquez pas le mouvement. Il n'est pas possible de garder l'esprit immobile, de le garder en un endroit, car il est toujours en mouvement. Si vous essayez de tenir votre esprit, vous saisissez un souvenir, car la pensée, la sensation, ou l'expérience est déjà partie. Ce souvenir est une pensée différente de celle qu'elle rappelle et qui doit être placée là encore et encore. Chaque répétition est différente ; aucun moment n'est exactement le même qu'un autre. Il n'est pas possible de tenir le ciel, car le ciel lui-même est infini et insaisissable et ce qu'il contient, les nuages, le vent et ainsi de suite, est toujours changeant. De manière identique, l'esprit est ouvert et vide. Il n'est pas possible de le fixer dans son propre lieu. Laissez-le seulement dans son propre lieu qui est là où il est toujours et ensuite les pensées se libèrent. En suivant les pensées, plus de pensées sont stimulées et alors cela ne cesse jamais.

Pour vous éveiller à cela, vous avez besoin d'une foi totale en votre guru et en Padmasambhava. Nous prions ainsi : « Vous devez faire tout ce qui est nécessaire pour moi. Je m'ouvre totalement à vous. Je veux être comme vous. Vous devez me donner la connaissance de ma propre nature. » Priez lentement en comprenant les mots et avec le souhait d'obtenir la sagesse et d'être libre de la contrainte des pensées. Padmasambhava est le vrai Bouddha. Il n'est pas différent du Bouddha et a les mêmes pouvoir, qualités, et ainsi de suite. Aussi est-il appelé Orgyen Sangye Nyipa (*O-rGyan Sangs-rGyas gNyis-Pa*), le second Bouddha, celui qui vient d'Orgyan. Certains vieux textes se réfèrent à lui en tant que Sangye Mi Nyipa (*Sangs-rGyas Mi-gNyis-Pa*), qui signifie non différent (*gNyis-Su-Med*), celui qui n'est pas différent du Bouddha.

16   Les pierres noires et blanches

Geshe Potowa (*dGe-Shes Po-To-Ba*) pratiquait la méditation avec un tas de pierres blanches et un tas de pierres noires en face de lui. Il prenait une pierre blanche s'il avait une bonne pensée, et une pierre noire s'il en avait une mauvaise. D'abord, il n'eut devant lui qu'une seule pierre blanche et de nombreuses pierres noires. Six mois plus tard, les deux tas étaient de quantités égales. Après deux ans, il n'eut plus de pierres noires du tout.

Il demanda à Atisha si c'était suffisant. Atisha lui répondit qu'il devrait continuer à pratiquer jusqu'à ce qu'il n'y ait plus de pierre du tout ; il devait se libérer de la perception de la dualité, du fait de distinguer entre bon et mauvais. Atisha dit : « Maintenant vous avez cessé de faire des péchés mais pas interrompu le karma du passé. Vous devez pratiquer śūnyatā, vacuité. » Et il lui enseigna cela. Premièrement il lui montra que tous les objets sont vides et Geshe Potowa obtint le résultat. Ensuite Atisha lui montra que le sujet est vide et, avec cela, Geshe Potowa mit fin à tous ses péchés et obscurcissements. Atisha lui dit alors : « Maintenant même si nous t'attachions avec des chaînes et des poids, et te jetions en enfer, tu n'y resterais pas. »

Arrêter les péchés est une partie de la pratique mais vous devez obtenir śūnyatā pour réellement les arrêter et gagner l'illumination. Vous ne comprendrez réellement le karma que lorsque vous obtiendrez śūnyatā. Quand nous commettons des péchés, nous créons du mauvais karma. Ceci arrive à cause des poisons, dont la racine est l'ignorance. L'ignorance est l'obscurité de laquelle viennent le désir, l'orgueil et ainsi de suite. Quand vous connaissez śūnyatā, la sagesse brille au loin et tous les péchés prennent fin. Avec śūnyatā vous voyez que le sujet est impermanent et, ainsi, coupez l'égoïsme.

17   Purifier nos mauvaises actions

La racine de tous les ennuis est l'ignorance. C'est la source de l'égoïsme et à cause d'elle, le désir, la colère et ainsi de suite apparaissent. C'est la seule racine et c'est l'opposé de la conscience, de la connaissance intrinsèque, du sage discernement. Que je devienne un bouddha ou que j'aille en enfer, la conscience ne change jamais. Elle est toujours claire, toujours bonne, jamais mélangée à autre chose. L'ignorance stupide couvre pour nous la sagesse comme un pot placé sur une lampe. Il est nécessaire de briser le pot pour que la lumière, permanente, brille au loin.

Aux premières étapes de la pratique, il nous faut dire, « pardonnez-moi. » Nous avons besoin de quelqu'un pour nous nettoyer ; c'est le premier facteur de purification. Il nous faut dire, « excusez-moi » à l'homme qui a le pouvoir de purifier nos fautes. C'est Vajrasattva. Tous les bouddhas ont le pouvoir de nous aider, alors pourquoi Vajrasattva est-il employé spécialement pour purifier nos péchés ? Tous les étudiants, pendant leurs études, ont une idée principale, comme la médecine ou l'ingénierie. De la même façon, pendant qu'ils se formaient, les grands bodhisattvas ont pensé à différentes manières d'aider les êtres. À cette époque, Vajrasattva a eu la ferme intention de libérer tous les êtres de leurs péchés.

Pourquoi disons-nous « excusez-moi » ? C'est comme cela que nous reconnaissons que nous avons fait de mauvaises choses ; c'est le second facteur de purification. Nous savons que ces actions étaient des péchés, voler par exemple. Cela cause des ennuis aux autres et signifie que je vais aussi en avoir. Vous devez penser que vous mourrez d'un péché comme si vous aviez pris du poison. Avec cette compréhension, vous développez une grande peur ; c'est le troisième facteur de purification.

Ensuite, vous devez promettre et décider fermement que dans le futur vous ne le referez plus jamais. Ce vœu, ou cette promesse, est le quatrième facteur de purification.

Avec ces quatre facteurs, nous séparons notre esprit de nos habitudes égocentriques, égoïstes. Maintenant nous pouvons apprécier comment ces habitudes semblent être « moi » et nous pouvons aussi voir qu'elles ne sont pas réellement « moi ». Lorsque nous nous identifions avec nos suppositions et habitudes, elles semblent être « nous ». Pourtant quand nous nous tenons à part d'elles, nous voyons qu'elles ne sont pas « nous ». Ce mélange ou cette confusion est ce que nous demandons à Vajrasattva de laver.

Un étudiant de la première incarnation de Dudjom Rimpoche était boucher et, pendant qu'il lavait l'estomac d'animaux morts, il croyait que tous les péchés étaient nettoyés. Après avoir pratiqué cela, il resta dans une grotte en retraite et vola ensuite dans le ciel.

On raconte aussi, qu'à un enseignement, on lui apprit que tout était illusion, gyuma (*sGyu-Ma*), mais qu'il comprit que tout était saucisses à base d'intestins, gyuma (*rGyu-Ma*). Ainsi, avec une attention concentrée en un point sur sa pratique quotidienne de préparation de saucisses, il s'éveilla !

18   La base

De la base (*gZhi*), les apparences trompeuses (*'Khrul-sNang*) du sujet et l'objet apparaissent. Elles sèment la confusion parce que, sous leur pouvoir, nous croyons qu'il advient quelque chose alors que ce n'est pas le cas. Ensuite, comme nous nous sentons comme à la maison dans cette confusion, cela nous semble être simplement comme sont les choses et nous trouvons ça clarifiant plutôt que déroutant. Avec l'interaction du sujet et de l'objet, la base elle-même n'est pas reconnue. Quand la base est reconnue, leur pouvoir cesse. Ils ne sont pas différents de la base.

Par exemple, si notre nature de base est la chambre 8 d'un bâtiment, la confusion (*'Khrul-Pa*) est de ne pas aimer la chambre 8. À cause de cela, nous ne pouvons pas réellement voir la chambre 8 telle qu'elle est, mais seulement dans les termes de notre préjugé. En voyant réellement la chambre 8 telle qu'elle est, nous nous éveillons de l'égarement et dans cette libération nous voyons que la confusion, notre croyance à propos de la chambre 8, n'était pas différente de la base, le potentiel ouvert et spacieux qui est la réalité de la chambre 8. Résider dans la chambre 8 c'est la base, ne pas aimer la chambre 8 - et donc rêvasser que vous êtes ailleurs, c'est la confusion. Mais, en réalité, la chambre 8 va très bien en elle-même, alors nous devons nous éveiller à la chambre 8 elle-même, telle qu'elle est. Donc la confusion est non-duelle avec la base. Elle est naturellement émergente, une forme naturelle, vide de nature propre inhérente. Ce qui donne à la confusion son pouvoir, c'est notre propre croyance en elle.

En considérant la confusion comme un obstacle, comme étant quelque chose d'autre que la base et qui doit être enlevé, nous n'avons pas réellement bougé d'une position consistant à croire que la confusion existe vraiment en elle-même. En reconnaissant l'activité de la confusion semblable au sommeil, nous nous réveillons sur la base de la base même. Ensuite la confusion se libère elle-même ; il n'y a ni à y adhérer ni à l'éviter.

Par exemple, si une enfant chinoise était adoptée par des parents européens et élevée en Europe, elle s'éveillerait un jour au fait que ces gens ne sont pas ses parents biologiques. Sur cette base, elle deviendrait ce qu'elle a toujours été, Chinoise. Ou, autre exemple, sur la base du fait de vivre dans un pays où il y a beaucoup de serpents, quand, marchant dehors pendant une nuit sombre, vous voyez une corde et pensez que c'est un serpent, de nombreuses peurs surgissent. Si vous sortez alors votre lampe de poche et la dirigez sur le serpent, alors sur la base du fait de voir que c'est en fait une corde, vous vous réveillez de ces peurs.

De la base vient l'égarement, aussi l'égarement doit-il se réveiller, ou se dissoudre, ou disparaître sur la base. Dans votre sommeil, vous pouvez vous réveiller de l'inconscience dans un rêve, mais il s'agit toujours d'une sorte d'inconscience et vous demeurez confus. Il est nécessaire de vous réveiller sur une conscience libre de toute inconscience, c'est-à-dire, sur la conscience. Un prince devient un roi sur la base de ses parents, c'est-à-dire que c'est sur la base du fait d'avoir des parents de lignée royale que le prince est autorisé à être roi. Si un voleur dérobe de l'argent il a de l'argent mais la situation est instable parce que cet argent ne lui appartient pas vraiment. Mais si un homme hérite de l'argent de son père, cet argent est vraiment le sien sur la base de son père. C'est sur la base du fait que son père soit son père qu'il a cet argent. C'est sur le fait de notre source, de notre base, que nous nous éveillons. Ce qui est réellement à nous apparaît sur, et de, et dans la base. C'est nôtre, c'est nous, mais pas comme une possession personnelle, privée, ou séparée.

Il ne s'agit pas de développer quelque chose de nouveau. Pour l'illumination fondamentale, toute la riche créativité de votre imagination n'est pas nécessaire. Imaginer de nouvelles possibilités et développer de nouvelles technologies ne nous conduira pas à l'illumination. L'illumination est l'éveil de la potentialité de la base. Ce n'est pas quelque chose de nouveau. Cela ne peut pas être acheté, ou fabriqué. C'est toujours présent comme la base de chaque expérience.

19   Dharmatā

Ce qui sait, la conscience elle-même, notre propre présence, ne fabrique ni ne fait rien mais reste fidèle à sa propre nature sans artificialité. Même les grands érudits ne sont pas capables de la construire. Lorsque nous devenons distraits, nous pouvons tomber sous le pouvoir de diverses tendances, comme la dérive ('*Bying-Ba*) et le naufrage ('*Thibs-Pa*) impuissants. Avec la dérive ('*Bying-Ba*), comme un nageur éreinté qui n'a plus d'énergie mais est emmené par la force des vagues, le méditant n'a pas l'énergie de maintenir la clarté et la direction, et est emporté çà et là par les vagues des pensées, des sensations et ainsi de suite. Avec le naufrage ('*Thibs-Pa*), les forces dominantes deviennent plus fortes, augmentant notre confusion impuissante. Pourtant l'esprit lui-même n'est jamais captif de la prison de ces expériences, aussi restez présent sur celui qui sait et tout ce qui apparaîtra se libérera de soi-même sans apporter d'aide ou causer de dégâts.

Dharmatā est infini comme le ciel. C'est la réalité de notre vraie nature. C'est notre base et, pour cette raison, elle est décrite comme la mère. Notre esprit ordinaire, qui a été mêlé à la confusion, a besoin de reconnaître la mère et de se joindre à elle à nouveau, comme un enfant retournant à la maison. Si on fait l'expérience de cela, nous n'irons pas nous placer sous le pouvoir de la distraction paresseuse, nous ne nous perdrons pas et nous resterons dans la maison du dharmadhātu. Si vous faites cela, vous aurez la pleine conscience, vous serez intégré au dharmadhātu et serez capable de travailler continuellement pour le bien des autres.

Nous devons comprendre dharmatā, ou la réalité, clairement. Elle est brute et nue (*rJen-Pa*), sans secrets, notre nature originelle directe. Elle est vacuité, śūnyatā, ainsité, Tathata, Sugatagarbha, Tathatagarbha, la base ou le fondement de tous les bouddhas. Si vous comprenez cela, alors tout ce qui peut être vu ou expérimenté est immédiatement et directement connu (*sNang-Rig*). Avec cela vient une grande clarté inséparable de la vacuité (*gSal-sTong*).

Quand on s'est éveillé à cela, votre corps et votre monde sont comme un arc-en-ciel. Si vous voyez śūnyatā directement, vous n'aurez plus aucun péché ou obscurcissement – quand le soleil se lève toute l'obscurité et le froid disparaissent immédiatement. La chair, le sang et les os prennent fin et le corps de lumière est obtenu (*'Ja-'Od Thig-Le'i-Khams*).

Ce terme indique aussi que lorsque nous comprenons dharmatā, des sphères de lumière (*Thig-Le*) apparaissent devant nos yeux. Au départ elles sont noires et blanches, puis quatre ou cinq viennent l'une après l'autre soit en colonne, soit comme un pétale de lotus, soit bougent, allant et venant devant nos yeux.

Ce terme indique aussi que tout ce qui est dans le dharmadhātu a la forme des sphères de lumière. C'est un rayonnement sans substance ; apparence, clarté et conscience inséparables de la vacuité. Avec cette sagesse de la conscience englobant tout, les quatre autres sont automatiquement présentes car elles sont ses qualités – tout comme quand on marche dans la lumière du soleil, et que notre ombre est automatiquement là, sur-le-champ.

De cette lumière arc-en-ciel, les symboles des déités de méditation se manifestent ; par exemple un vajra et une cloche pour Dorje Dragpo Tsal et un vajra pour Dorje Zhonu, et on manifeste le plein éveil avec les modes des cinq kāyas de l'être illuminé, et les cinq sagesses jñāna. De cette façon, on gagne, ou on s'éveille à la pleine et primordialement pure nature originelle de śūnyatā.

20   Notre vraie nature

Notre vraie nature (*Ngo-Bo*), est profondeur non-née. C'est la conscience inséparable de l'espace et de la profondeur (*dhātu*) qui est vacuité. Il est essentiel de vous concentrer sur cela, votre propre nature. C'est l'espace infini de la conscience dans votre propre cœur, là où la conscience émerge en un point. C'est le point du cœur (*sNying-Thig*) – dans le cœur il y a un point vide qui est de la forme de la vacuité, de śūnyatā. C'est le lieu de la conscience. S'il est obstrué par du sang, on meurt.

Depuis ce point, la clarté naturelle (*Rang-bZhin*), qualité inhérente à notre vraie nature, rayonne sous la forme d'une sphère de cinq couleurs à l'intérieur du cœur. Avec cela, notre énergie ou compassion (*Thugs-rJe*) émerge comme l'expression des activités des composants ou skandhas, des potentiels ou dhātus, et ainsi de suite, une forme lumineuse dans un monde de formes lumineuses. Notre conscience (*vidya*) est simplement connaissance, connaissance pure. *Ngo-Bo*, *Rang-bZhin* et *Thugs-rJe* sont ses modes de connaissance, son « objet » non-duel (*dhātu*) et tout ce qui apparaît dans l'espace de dhātu.

La libération se trouve dans le fait de reconnaître et de garder notre vraie nature (*Ngo-Bo*), et de ne pas se laisser séduire par la magnificence de l'auto-expression (*Rang-bZhin*). Aussi longtemps qu'il y a un quelconque repos sur ou dans ce qui arrive, il n'y a pas de sécurité. Le lieu sûr de Vajradhara (*rDo-rJe 'Chang-Gi-bTsan-Sa*) est le dharmadhātu. C'est l'expérience directe ou la connaissance de l'infinie ouverture de notre être. Toutes les identités relatives, que ce soit comme être des enfers ou comme heruka, sont des manifestations de la coproduction conditionnée (*rTen-Ching Brel-Bar 'Byung-Ba*) et ne sont donc pas absolues. Elles ne sont pas la situation naturelle immuable. Si notre vraie nature (*Ngo-Bo*) est expérimentée directement, pas un atome de ce qui apparaît n'a besoin d'être rejeté, parce qu'on voit alors que tout est rayonnement non-duel.

Mais si ce n'est pas réalisé, il y a saisie des entités et alors du karma est produit et on se retrouve à errer dans les six royaumes. Notre comportement devient artificiel et plein de manigances (*bCos-bCas bZo-Byed*). Interférant avec ce qui se produit, l'esprit reste occupé et incapable de se reposer en son propre lieu (*Rang-Sar Ma-bZhag-Pa*). À cause de la réification et de la vision dualiste, on expérimente fixation et polarisation, implication du sujet et de l'objet, et activité karmique.

21   Atiyoga et Adiyoga

La grande perfection ou complétude, Dzogpachenpo (*rDzogs-Pa Chen-Po*), est aussi connue sous les noms d'Atiyoga ou Adiyoga. Ati signifie «suprême », « le plus haut ». Adi signifie « primordial», «premier», « avant que l'esprit devienne faux ». Cet enseignement apparaît dans trois sections ou groupes. Il y a la série de l'esprit (*Sems-sDe*). Elle expose que tout est dans l'esprit, que l'esprit fait tout, qu'il n'y a rien d'autre. Tout est vacuité mais c'est l'esprit qui donne naissance à tout. Même la vacuité, śūnyatā, est connue par l'esprit. La série de l'espace (*kLong-dDe*) expose que tout est śūnyatā, infinie profondeur et déploiement. *kLong* est la vastitude dans laquelle tout est vacuité. C'est l'espace infini lui-même. La série des instructions (*Man-Ngag-sDe*) offre les enseignements des séries de l'esprit et de l'espace sous une forme qui peut être pratiquée.

22   Vairocana et Sri Sinha

Vairocana avait reçu de nombreux enseignements de Sri Sinha mais il n'était toujours pas satisfait alors Sri Sinha dit,

ཆོས་ཀྱི་དབྱིངས་ལ་ཟད་མེད་ཀྱང་།
དེ་བཞིན་ཉིད་ཀྱི་གཅིག་ཤེས་ན།
མ་ལུས་དེ་ལ་ཡོངས་སུ་རྟོགས།
དེ་ལས་ཡོད་ན་ སི་ཧྃ་ཀ་ན།

> *Bien que l'infinie hospitalité ne soit jamais épuisée,*
> *si vous connaissez la vraie nature d'une chose seulement*
> *alors vous aurez la complète connaissance de toutes.*
> *Moi, Sri Sinha, je promets cela.*

Sri Sinha dit à Vairocana : vous n'êtes pas satisfait mais le dharmadhātu n'a pas de fin, alors comment voulez-vous en obtenir une connaissance totale ? Comment pouvez-vous suivre chaque enseignement ? Mais si vous connaissez la nature de seulement une chose, si vous voyez sa réalité, son ainsité, c'est Tathata directement, alors c'est suffisant. Je promets qu'il n'y a rien de plus que cela. Cela désigne le fait que le résultat arrive naturellement, qu'il est naturellement révélé intérieurement (*'Bras-Bu Rang-Chas-Su sTon-Pa*). Vous pouvez chercher sans fin si vous regardez au mauvais endroit. Ne regardez pas l'objet. Ne regardez pas le contenu actuel du sujet. Regardez l'observateur. En étant l'observateur, entrez dans la situation de présence non-duelle et alors tout est clair.

23   C. R. Lama sur son trône

La pleine conscience est la voie du milieu. Etre pleinement conscient c'est être présent, n'aller ni à droite, ni à gauche, ne pas se pencher ni en avant, ni en arrière. Par exemple, quand j'étais jeune et que je vivais dans mon monastère, je m'asseyais sur un trône comme les autres grands lamas même si je ne savais pas grand chose à cette époque. À la fin des rituels publics, des sponsors et d'autres personnes s'avançaient pour me présenter des écharpes de cérémonie et des offrandes. Quand on me tendait une écharpe, je devais me pencher et la draper autour de la nuque du sponsor. Toutefois, ce n'était pas tous les sponsors qui m'en offraient une. Il fallait que je sois prêt à me pencher si on m'en présentait une et à rester assis en équanimité si on ne m'en présentait pas. Si je me penchais alors que l'on ne m'en offrait pas, ou restais immobile alors que l'on m'en offrait une, mon enseignant, qui était assis à côté de moi, me frappait derrière la tête. Ainsi, j'ai été entraîné à la pleine conscience.

24   Le Roi tente d'aider son peuple

Il est très important pour les êtres humains de ne pas gâcher leur vie dans la paresse. Néanmoins, il est aussi important de ne pas gâcher votre vie dans des activités inutiles ou improductives. Par exemple, quand le Roi Srongtsen Gampo se convertit au bouddhisme, il fut très inspiré par la belle vision d'amour et de compassion qu'il découvrait. Il regarda son peuple autour de lui et vit combien chacun était différent des autres. Certains étaient malades, d'autres sains. Certains étaient beaux, d'autres laids. Certains étaient très riches et d'autres étaient pauvres. Il réalisa que même en tant que grand roi il ne pouvait pas influer sur la santé ou la beauté des gens par une loi, mais qu'il pouvait, en revanche, changer leur situation financière. Alors il publia un décret déclarant qu'à la fin du mois, toute la richesse du pays serait rassemblée.

Une montagne de possessions fut alors amassée, puis redistribuée de manière équitable entre tous les gens du Tibet. « Ah », pensa-t-il, «maintenant mon peuple devrait être heureux. » Pourtant, une année plus tard il remarqua qu'à nouveau, certaines personnes étaient riches et d'autres pauvres, aussi organisa-t-il une nouvelle redistribution. À la fin de cette année-là, il vit à nouveau que certains étaient riches et d'autres pauvres. Cela éveilla en lui la compréhension directe du pouvoir du karma. Ce qui apparaît manifeste l'énergie et les conséquences d'actions accomplies longtemps auparavant. Peu importe comment il essaya d'imposer la justice, les configurations individuelles du karma des gens leur faisaient expérimenter précisément leur propre part du monde.

Si nous voulons aider les gens, l'élément clé doit être le fait de les aider à couper la racine de la dualité, car c'est cette racine qui génère toutes les nombreuses tendances et impulsions karmiques. Essayer de changer ces configurations comportementales de l'extérieur est voué à l'échec. C'est pourquoi nous devons reconnaître et travailler avec les circonstances et les capacités précises des différents individus.

25   Dorje et cloche

Le mot tibétain pour « petite cloche » est *Dril-Bu* ; *Dril* signifie son. Différentes sortes de drilbu sont décrites dans les tantras comme le tantra de Hevajra, le tantra du Kalachakra, le tantra de Vajrakilaya et ainsi de suite et elles sont aussi mentionnées dans les tantras du Kriyayoga. Le manoir ou le palais du Kalachakra est en forme de cloche.

Les instructions pour construire des stupas incluent la fabrication d'une série de cloches, drilbu, autour du stupa, et la cérémonie de consécration du stupa fait également référence à ces drilbu.

Les monastères ont une cloche pour réveiller les moines et une autre grande cloche est utilisée pendant les invitations et les bénédictions durant les rituels. Il y a également des cloches utilisées comme carillons à vent afin de rappeler aux gens les trente-sept pratiques de bodhisattva. Certains sutras décrivent comment une cloche était attachée à la trompe d'un éléphant et comment la personne que l'éléphant touchait de sa trompe était reconnue comme un roi.

De telles cloches ne portaient pas de symboles comme c'est le cas des drilbu, cloches tibétaines sur lesquelles sont gravées les lettres OM A HUNG, en haut, à l'endroit appelé « matrice du drilbu ». Certains drilbu, comme le mien, n'ont pas d'images gravées à l'intérieur et ils sont appelés *Myangs-'Das Dril-Bu*, drilbu du paranirvāṇa. Ces petites cloches ont été forgées quand le Bouddha Shakyamuni mourut et furent appelées « cloches de tristesse ». Cent-huit en ont été faites et plusieurs d'entre elles, dont la mienne, sont arrivées au Tibet avec le Bodhisattva Atiśa Dīpaṃkara Śrījñāna. Elles étaient de différentes tailles. La mienne a une tête en argent, comme les cloches originales. Des copies plus tardives ont été réalisées, leurs têtes sont en métaux mélangés.

Les drilbus sont classés selon leur forme, par exemple ceux avec cinq ou neuf griffes, ou selon le pays où ils ont été fabriqués, ou encore d'après l'ornementation de leur « jupe ».

Quant à la forme, il y a celle d'Oddiyana, celle de Nalanda et celle de Bodhgaya. Le style népalais diffère de celui des autres pays. Dans le nord du Tibet et dans le Ü-Tsang, on utilise une cloche qui est parfois appelée à tort drilbu de Tashilunpo, à tort puisque cette forme est en usage dans d'autres monastères également, comme au monastère de Khordong. Les autres cloches sont les Tsa-dril, Hor-dril, Shing-dril [de la dynastie Shan], Chang-dril, Tsok-dril, Nyarong-dril, Derge-dril, Den-dril, Lhassa-dril, Shigatse-dril, Kalimpong-dril, Bir-dril, Clemen-town-dril, Nepali-dril, Rajpur-dril, Byalakuppe-dril et ainsi de suite.

Or, argent, plomb, cuivre, étain, bronze et fer sont les métaux utilisés pour fabriquer dorjes et drilbus, avec aussi des alliages comme le tung, un alliage semblable à l'étain mais qui est de couleur blanche, et est de moindre valeur que l'argent. Le jang (*lJang*) est un métal pur et s'il se brisait en devenant vieux, on verrait que l'intérieur est de la couleur du jade. Jang (*lJang*) est aussi l'une des régions[1] d'où vient le jade. De grandes cloches, des cymbales, des vases de longue vie, des bumpas et des lampes à beurre peuvent aussi être faits dans ce métal et certains des bumpas portent des empreintes digitales visibles sur le métal.

Les cloches font des sons différents selon les proportions des diffé-rents métaux utilisés. S'il y a beaucoup d'or, la cloche sonnera HUNG HUNG HUNG. S'il y a beaucoup d'argent, la cloche sonnera SHUNG SHUNG SHUNG. S'il y a beaucoup de métal blanc tung, la cloche sonnera CHAG, CHAG, CHAG. Dans le système indien, huit métaux étaient utilisés et leurs proportions variaient.

Pour ce qui concerne leur forme, le dorje et le drilbu ont le même nombre de griffes. Les termas de Padmasambhava en décrivent à neuf griffes qui ne sont utilisés que dans les pratiques Nyingma.

Le dorje est un symbole de force. On parle d'un yogi qui, lorsqu'il mourut, atteignit le corps vajra. Chacune des jointures de ses doigts était devenue un vajra et ses avant-bras étaient semblables au vajra d'Indra, qui a une forme différente du vajra tibétain. Le vajra est quelque chose de très solide qui ne peut pas être détruit. Quand les déités tiennent un vajra, c'est un symbole de victoire et d'assujettissement.

Certains tantras se réfèrent à un dorje à cent griffes (rDo-rJe rTse-br-Gya-Pa) et il y a aussi des dorjes avec quatre et avec cinq griffes. Les griffes pointant vers le haut représentent les bouddhas dhyani mâles et les griffes pointant vers le bas les bouddhas dhyani féminins. La griffe centrale représente Vairocana. À l'est se trouve Vajrasattva, au sud Ratnasambhava, à l'ouest Amitabha et au nord Amoghasiddhi.

Sur le drilbu, sous le personnage sur le manche et commençant sous le nez de la déité, c'est-à-dire, à l'est, il y a cinq lettres, ཧཱུྃ ལཾ མཾ པཾ ཏཾ MUM LAM MAM PAM TAM. Ce sont des symboles pour les cinq bouddhas dhyani féminins et ces lettres sont les équivalents des cinq griffes inférieures du dorje. Parfois il y a huit lettres, mais ce n'est pas correct. S'il y en a huit, il s'agit de ཏཾ མཾ ལཾ པཾ མཾ ཙུཾ པཾ བྷྲཱུྃ TAM MAM LAM PAM MAM TSUM PAM BHRUM. Ces huit lettres correspondraient aux huit pétales d'un lotus autour de la « taille » du dorje, ce qui renvoie aux huit bodhisattvas et à leurs huit consortes.

Concernant l'ornementation du drilbu, les têtes des huit monstres aquatiques (Chu-Srin) représentent les huit consciences. La longue guirlande de joyaux qui pend de leurs bouches est un symbole de la purification des obscurcissements, les klesas, et représente aussi les décorations se trouvant sur les mur extérieurs du mandala. Les quatre gouttes à la fin du gland signifient les « quatre incommensurables », amour, compassion, joie et équanimité.

Entre les visages des monstres aquatiques, il peut y avoir des ornements symbolisant les huit grands bodhisattvas. La séquence débute à l'est, sous le nez de la déité. Il peut s'agir des huit ornements auspicieux, qui peuvent varier et inclure une roue ou une lune, un joyau, un lotus, un couteau, des vajras entrecroisés, un simple vajra, des fleurs et d'autres choses additionnelles. Ces ornements sont un symbole du rupakāya et les huit lettres supérieures sont un symbole du dharmakāya.

Tout le long du bord à la base de la cloche, entouré de deux rangées de perles, se trouve un anneau de vajras dressés, formant une barrière de vajras ou cercle protecteur (*Srung-'Khor*).

Autour du sommet de la cloche, entre deux anneaux de perles, il y a un anneau de vajras horizontaux, un cercle protecteur représentant les frontières du saṃsāra et du nirvāṇa et les huit ou seize vacuités.

À l'intérieur de la cloche, la partie supérieure représente le dharmakāya et la partie inférieure le rupakāya, c'est-à-dire, le sambhogakāya et le nirmanakāya.

La cloche ne varie pas en fonction de la pratique du mandala, ni du tantra, ni de l'école, bien qu'en général nous, Nyingmapa, utilisions un dorje et une cloche à cinq griffes pour les pratiques paisibles et un dorje et une cloche à neuf griffes pour les pratiques courroucées.

À la base de la poignée supérieure d'un drilbu à cinq pointes, il peut y avoir un vase de longue vie (*Tshe-Bum*) avec des joyaux. Un drilbu à neuf griffes n'aura pas un tel vase de longue vie mais aura à la place un anneau ouvert à travers lequel vous pouvez passez votre doigt pendant certaines pratiques, des danses courroucées par exemple.

Concernant l'usage du dorje et de la cloche, en-dehors des moments où nous récitons des mantras, nous devrions tenir le dorje et la cloche en même temps, tenant le dorje droit, avec les griffes représentant les Bouddhas dhyani mâles vers le haut. Puisqu'il n'est pas possible en le regardant de faire la différence entre le haut et le bas du dorje, nous avons besoin de quelque chose pour nous y aider, comme de faire une marque sur le dorje pendant une initiation, ou au moment de sa consécration. Particulièrement lorsque nous faisons la pratique de Vajrasattva, nous devrions utiliser le vajra, le dorje, parce que Vajrasattva appartient à la famille vajra. Suivant les moments, selon les pratiques Byangter et Khordong, nous tenons le dorje sur notre poitrine, avec le pouce et les trois doigts du milieu de notre main droite, notre main gauche tenant la cloche vers notre genou gauche. Quand nous récitons une prière, nous pouvons tenir le dorje et la cloche ou, si nous ne les avons pas, simplement assembler nos mains dans le mudra de la prière.

Quand nous les reposons, le système Byangter recommande de placer le drilbu avec l'est vers vous, le dorje en travers en face de lui, sans qu'ils ne se touchent. La partie supérieure du dorje devrait être à votre gauche, la partie inférieure à votre droite. Lorsque vous les reprenez, prenez-les les deux en même temps.

NOTES

[1] La région des Naxi dans la province du Yunnan.

11

Le Monastère de Khordong

Le monastère de Khordong est situé dans le Tibet oriental, dans la province de Trehor, dans le district de sNyi-Yul, près du village de Deva. La famille Deva fut la première à venir dans cette région et fut, jusque dans les années 60, la plus importante maison et la plus grande famille de propriétaires terriens. Le village prit son nom de cette famille.

Le monastère est connu sous les noms de Khordong Gompa (*'Khor-gDong dGon-Pa*) et de Khangdong Gompa (*Khang-gDong dGon-Pa*). Il a été construit autour de 1725 par Khamtrul Sherab Membar (*Khams-sPrul Shes-Rab Me-'Bar*), né en 1680, l'année du serpent de fer (*lCags-sBrul*) du onzième cycle *Rab-'Byung*. Il naquit dans la maison de Deva Tshang.

Dans les régions du Golok et de Sertag, jusque dans les années 1950, le peuple élisait directement son chef (*dPon-Po*) et ses officiers et « rois ». Le gouvernement central n'avait pas de soldats dans ces régions et les gens ne lui payaient pas d'impôt. Entre ces deux régions se trouve Trehor Nyi Khog et à leur frontière, le village de Deva.

Selon la tradition, cent générations après la construction de la première maison de la famille Deva, le chef de la maison fut appelé Ngangag Namchag Membar (*sNgags-Nag gNam-lCags Me-'Bar*). Son nom était Namchag Membar (*gNam-lCags Me-'Bar*) et, parce qu'il était un yogi tantrique puissant et dangereux, il reçut le titre de Ngagngag (*sNgags-Nag*), « Mantra Noir ». Il était très célèbre parce que s'il se mettait en colère, il faisait tomber pluie, grêle et éclairs sur ses ennemis. On dit que chaque génération de cette famille fut adepte de pratiques tantriques.

Namchag Membar avait gagné son pouvoir de méditation (*siddhi*) par l'accomplissement de la pratique du Phurba du Dieu Noir des Trésors du Nord (*Byang-gTer Phur-Pa Lha-Nag*). Son jeune fils était doté d'un esprit très vif alors il l'appela Sherab (*Shes-Rab*), « Sage Discernement». Sherab désirait connaître les enseignements de la lignée Byangter (*Byang-gTer*) de son père. Quand il apprit que le monastère principal était appelé Dorje Drag (*rDo-rJe Brag*), il voulut s'y rendre malgré le fait qu'il se trouvait dans le Tibet central. À Dorje Drag, il reçut de nombreuses initiations et enseignements. Il devint un disciple de Rigdzin Pema Trinle (*Rig-'Dzin Pad-Ma 'Phrin-Las*), le quatrième Rigdzin Chenpo (*Rig-'Dzin Chen-Po*) et réincarnation de Rigdzin Godem (*Rig-'Dzin rGod-lDem*) et reçut de sa part toutes les initiations et la transmission complète de la lignée Byangter. En échange, il transmit à Pema Trinle les lignées du Tibet oriental de Ratna Lingpa (*Ratna gLing-Pa*), le Khongsal Nyingthig Terchö (*Khong-gSal sNying-Thig gTer-Chos*) et la lignée kama (*bKa'-Ma*) directe. Il était aussi un frère du Dharma de Pema Trinle car ils avaient reçu ensemble une initiation du Vème Dalaï Lama, Ngawang Lobzang Gyamtso (*Ngag-dBang bLo-bZang rGya-mTsho*), aussi connu sous le nom de Zilnon Dragtsal Dorje (*Zil-gNon Drag-rTsal rDo-rJe*).

Les origines de la Lignée Byang-gTer

Au huitième siècle après J.-C., l'indien Mahapandita Śantarakshita, Mahacharya Padmasambhava d'Oddiyana et le Roi du Tibet Trisrong Detsen (*Khri-Srong lDe'u-bTsan*) construisirent le monastère de Samye (*bSam-Yas*). Padmasambhava y donna de nombreuses initiations tantriques. À Samye Chimphu (*bSam-Yas mChims-Phu*), il donna des initiations à ceux qui furent connus comme les Thugse Lobu Bugu (*Thugs-Sras sLob-Bu Bu-dGu*), les neuf disciples intimes, ainsi qu'au groupe connu sous le nom des Lechen Dagpai Khornga (*Las-Can Dag-Pa'i 'Khor-lNga*), les vingt-cinq disciples comprenant le roi et ses sujets. Ces différents groupes de disciples incluaient Nanam Dorje Dudjom (*sNa-Nam rDo-rJe bDud-'Joms*), le Roi Trisrong Detsen, Khandro Yeshe Tsogyal (*mKha'-'Gro Ye-Shes mTscho-rGyal*), Lhasre Mutri Tsenpo (*Lha-Sras Mu-Tri bTan-Po*) et Gelong Namkhai Nyingpo (*dGe-sLong Nam-mKha'i sNying-Po*).

De plus, il y avait un groupe connu comme les Thugse Dapa Sum (*Thugs-Sras Dag-Pa gSum*) qui comprenait le Roi Trisrong Detsen, Nanam Dorje Dudjom et Yeshe Tsogyal. Quand Nanam Dorje Dudjom reçut l'initiation des Huit Grandes Pratiques (*sGrub-Chen bKa'-brGyad*), sa fleur tomba dans le segment du nord (*Byang*) du mandala, aussi sa déité de méditation fut-elle Dorje Phurba (*rDo-rJe Phur-Pa*).

Des siècles plus tard, Nanam Dorje Dudjom s'incarna en Rigdzin Gokyi Demtruchen (*Rig-'Dzin rGod-Kyi lDem-sPru-Can*). Son nom de naissance était Ngodrub Gyaltsan (*dNgos-sGrub rGyal-mTshan*) mais il était appelé « Plume de Vautour » car d'abord trois plumes de vautour, puis ensuite deux supplémentaires, poussèrent sur le sommet de sa tête. Il se rendit à Zang-Zang Lha-Brag et sortit le trésor connu comme le Sedrom Mugpo (*bSe-sGrom sMug-Po*), le coffret de cuir brun. Ce coffret comprenait cinq compartiments : *sNying-mDzod sMug-Po*, le trésor du cœur marron, au centre ; *gDung-mDzod dKar-Po*, le trésor de la conque blanche, à l'est ; *gSer-mDzod Ser-Po*, le trésor de l'or jaune, au sud ; *Zangs-mDzod Mar-Po*, le trésor du cuivre rouge, à l'ouest ; *lCags-mDzod lJang-Gu*, le trésor du métal vert, au nord. Le coffret contenait le CHIDRUB DROWA KUNDROL (*sPyi-sGrub sGro-Ba Kun-Grol*), la pratique extérieure de Chenresi ; le NANGDRUB RIGDZIN DUNGDRUB (*sNang-sGrub Rig-'Dzin gDung-sGrub*), la pratique intérieure de Padmasambhava ; le SANGDRUB DORJE DRAGPO TSAL THINGKA (*gSang-sGrub rDo-rJe Drag-Po-rTsal mThing-Kha*), la pratique secrète du courroucé bleu Dorje Dragpo Tsal ; le YANGSANG GONGPA ZANGTHAL (*Yang-gSang dGongs-Pa Zang-Thal*,), le secret enseignement dzogchen ; le KABGYE DRAGPO RANJUNG RANGSHAR (*bKa'-brGyad Drag-Po Rang-Byung Rang-Shar*), les pratiques des huit grandes déités courroucées ; le PHURBA LHANAG DRILDRUB (*Phur-Pa Lha-Nag Dril-Grub*), l'intense pratique du Clou du Dieu Noir. Toutes ces pratiques avaient de grandes et petites branches et des pratiques associées et tout cela, ensemble, est connu comme le Byangter, les Trésors du Nord.

Les principaux détenteurs du Byang-gTer sont les incarnations de Rigdzin Godem. Ils portent tous le titre de Rigdzin Chenpo, grand détenteur de conscience. Le second Rigdzin Chenpo, Legden Dudjom Dorje (*Legs-dDan bDud-'Joms rDo-rJe*) naquit à Ngari Lobo (*mNga'-Ris gLo-Bo*). La troisième incarnation fut Rigdzin Ngagi Wangpo (*Rig-'Dzin*

Ngag-Gi dBang-Po), né à Chang Nam-Re. La quatrième incarnation fut Lobzang Pema Thrinle (*bLo-bZang Padma 'Phrin-Las*) de Namseling (*rNam Sres-gLing*) à Monkhar (*Mon-mKhar*). Il développa le monastère de Dorje Drag. La cinquième incarnation fut Kalzang Pema Wangchuk (*bsKal-bZang Padma dBang-Phyug*). La sixième incarnation fut Khamsum Zilnon Kunzang Gyurme Lhundrub Dorje (*Khams-gSum Zil-gNon Kun-bZang 'Gyur-Med Lhun-Grub rDo-rJe*), né à Tachienlu et qui était le fils d'un roi local, Chagla Gyalpo (*lCags-La rGyal-Po*). La septième incarnation fut Ngawang Jampal Mingyur Lhundrub Dorje (*Ngag-dBang 'Jam-dPal Mi-'Gyur Lhun-Grub rDo-rJe*) qui naquit dans la même maison que Pema Thrinle. La huitième incarnation fut Kalzang Pema Wangyal Dudul Dorje (*sKal-bZang Padma dBang-rGyal bDud-'Dul rDo-rJe*). La neuvième incarnation, Thubten Chöwang Nyamnyid Dorje (*Thub-bsTan Chos-dBang mNyam-Nyid rDo-rJe*), naquit à Lhassa. La dixième et actuelle incarnation est Thubten Jigme Namdrol Gyamtso (*Thub-bsTan 'Jig-Med rNam-Grol rGya-mTsho*), né à Lhassa à Banasho Lha Kyi.

Le quatrième Rig-'Dzin Chen-Po, Pema Trinle, était le disciple et l'assistant (*Zhabs-Drung*) du cinquième Dalaï Lama, Ngawang Lobzang Gyamtso. Le guru du cinquième Dalaï Lama était le troisième Rigdzin Chenpo, Rigdzin Ngagi Wangpo et le Dalaï Lama prit son propre nom, Ngawang (*Ngag-dBang*), du nom de son guru. Lobzang (*bLo-bZang*) vient du nom de sa première incarnation et Gyamtso (*rGya-mTsho*) est un titre général donné à tous les Dalaï Lamas.

Voici comment le cinquième Dalaï Lama donna son nom à Pema Trinle. Du troisième Rigdzin Chenpo, il lui donna Ngawang et de son nom à lui, il lui donna Lobzang. Comme Pema Trinle était un grand détenteur de la lignée de Padmasambhava, il reçut aussi le nom de Pema (*Padma*) et parce que, depuis le temps de Rigdzin Godem, il était celui qui avait le plus œuvré à développer les enseignements et pratiques Byanger, il fut appelé Trinle (*'Phrin-Las*), activité.

Pema Trinle eut Sherab Membar comme disciple. Celui-ci était extrêmement érudit et avait reçu de nombreuses initiations et transmissions. Pema Trinle avait déjà trente-deux tulkus (*sPrul-sKu*, lamas d'incarnation) qui étudiaient avec lui quand Sherab Membar arriva – mais le nouvel arrivant se montra le meilleur à l'étude et fut donc nommé Sherab Membar parce que son savoir était comme un feu flamboyant

(*Me-'Bar*). Il était aussi un frère du Dharma de Pema Trinle puisqu'ils étaient tous deux disciples du cinquième Dalaï Lama. Quand Sherab Membar fut pleinement ordonné moine, son nom devint Jampa Tenpai Gyaltsen (*Byams-Pa bsTan-Pa'i rGyal-mTshan*).

Le cinquième Dalaï Lama fit les prédictions suivantes à Sherab Membar : « Tu dois retourner chez toi. Dans les alentours de ta maison se trouve une montagne où résident trois dieux serpents nagas. À cet endroit, Nubchen Sangye Yeshe (*gNubs-Can Sangs-rGyas Ye-Shes*) médita sur Shinje (*Yamantaka, gShin-rJe-Shed*). C'est un endroit où la méditation mûrit rapidement. Non loin de là, il y a un moulin à prières et tu devrais y aller et pratiquer assidûment. Tu dois construire une cabane de retraite et l'appeler Thubten Evam Sangngag Chokor Namgyal Ling (*Thub-bsTan E-Vam gSang-sNgag Chos-'Hor rNam-rGyal gLing*). » Le cinquième Dalaï Lama lui donna son sceau officiel et cela m'est parvenu.

Quant à Rigdzin Chenpo Pema Trinle, il lui donna une série complète de tous les textes de Dorje Drag et des dessins d'initiations tsagli (*Tsag-Li*), douze boîtes en tout. Il envoya aussi avec lui treize moines, dont il était le supérieur. Douze de ces moines portaient chacun l'une des boîtes, et le treizième transportait la nourriture. À cette époque, Sherab Membar avait à peu près quarante-six ans.

Quand il arriva chez lui, il se mit à chercher l'endroit dont on lui avait parlé. Au nord-est de sa maison, il y avait une petite source appelée Lugyal Zhugmo (*kLu-rGyal Zhug-Mo*) et, près d'elle, deux autres sources nommées Ritro Chumig Yela et Ritro Chumig Yonla (*Ri-Khrod Chug-Mig gYas-La gYon-La*). Ces sources étaient toutes petites mais avaient tout de même de l'eau et, l'hiver, il y avait de la fumée au-dessus de l'eau et de petites grenouilles et des crustacés y vivaient. Tout près de là, il vit une très vieille maison en ruine, mais aucune trace d'un moulin à prières.

Sherab Membar resta là trois mois puis il eut un rêve qui lui désigna l'emplacement du moulin à prières. Quand il se rendit à cet endroit, il ne put le trouver mais décida tout de même de passer quelques jours sur place. La nuit venue, quand tout fut très calme, il entendit le son d'une roue qui tournait. Parvenant à situer l'origine du son le lendemain, il trouva le moulin à prières qui avait été placé sous la terre et tournait sous l'action du vent soufflant sur les plumes qui lui étaient attachées. Ce moulin avait été construit par Nubchen Sangye Yeshe (*gNubs-Chen Sangs-rGyas Ye-Shes*), du temps de Padmasambhava. L'immense moulin à prières était rempli de mantras de Yamantaka. Il tournait grâce au vent à travers des tunnels et, l'hiver, à cause de la formàtion de glace, on pouvait l'entendre émettre un son grinçant.

Il construisit un petit temple à proximité et y plaça les peintures en rouleau, les thangkas des déités des huit grandes pratiques (*bKa'-brGyad*) avec, au centre, une thangka peinte par Pema Trinle. Ce lieu de pratique devint connu sous le nom donné par le cinquième Dalaï Lama, mais communément sous le nom de monastère de Khordong.

Ses treize compagnons construisirent les branches suivantes du monastère :

1. Thubten Evam Sangngag Chökor Zhugjung Ling (*Thub-bsTan E-Vam gSang-sNgags Zhug-'Byung gLing*) aussi connue comme Zhugjung Gompa (*Zhug-'Byung dGon-Pa*) et qui fut construite par Jigtral Gyamtso (*'Jigs-Bral rGya-mTsho*) à mDo-Khog.

2. Tagtse (*sTag-rTse*) construite par Namdrol Gyamtso (*rNam-Grol rGya-mTsho*) à Nyar-Tri

3. Zhugchen Gompa (*gZhug-Chen dGon-Pa*) construite par Yeshe Gyamtso (*Ye-Shes rGya-mTsho*) à gZhi-'Khor.

4. Ratrom (*Ra-Krom*) par Nudon Zangpo (*Nus-Don bZang-Po*) à sNyi-sMad.

5. Bala Gompa (*Ba-Lar dGon*) par Kunga Ngedon (*Kun-dGa' Nges-Don*) au village de Mi-Nyag.

6. Bane Gompa (Ba-gNas dGon) par Yeshe Dorke (*Ye-Shes rDo-rJe*) au village de Ba Khog.

7. Do Dorje Drag (*mDo rDo-rJe Brag*) par Namdrol Dorje Zangpo (*rNam-sGrol rDo-rJe bZang-Po*) à Tachienlu. Le Lhabrang de Dorje Drag fut nommé d'après le sixième Rigdzin Chenpo, Khamsum Zilnon (*Rig-'Dzin Chen-Po Khams-gSum Zil-gNon*), qui était à cet endroit et qui alla ensuite au monastère de Dorje Drag au Tibet central.

8. Tribu Gompa (*Tri-Bu dGon*) par Kunga Thegchog Tenpai

Gyaltsen (*Kun-dGa' Theg-mChog bsTan-Pai rGyal-mTshan*) au village de Ba. Kunga Thegchog Tenpai Gyaltsen fut le meilleur élève, le plus grand méditant et le disciple le plus avancé du cercle de Pema Trinle. Sherab Membar, sur le point de mourir, le nomma enseignant principal.

9. Le centre de retraites de méditation de Thubten Evam Gatsal (*Thub-bsTan E-Vam dGa'-mTshal*) fut construit par Trinle Lhundrub (*'Phrin-Las Lhun-sGrub*) près du monastère de Khordong. Les méditants s'y concentraient sur les pratiques préliminaires (*sNong-'Gro*), les pratiques énergétiques (*Phag-Mo Zab-rGyas*) et la nature de l'esprit (*rDzog-Chen Ka-Dag*) et ils étaient connus pour leurs succès dans la pratique.

10. Tsone Gompa (*gTso-gNas dGon*) construite par Urgyen Chemchog (*U-rGyan Che-mChog*) au village de gTso.

11. L'ermitage de Drori Ritro (*'Bro-Ri Ri-Khrod*), construit par Kunga Yeshe (*Kun-dGa' Ye-Shes*) à bSer-Khog.

12. Le monastère de Sotogne (*bSo-Thog gNas*), construit par Thogme Zangpo (*Thog-Med bZang-Po*) au village de gTso.

13. Drala Gompa (*Gra-Lags dGon*), construite par Sherab Gyamtso (*Shes-Rab rGya-mTsho*) au village de Dza.

14. Gutsa Gompa (*'Gu-Tsha dGon*), construite par Sherab Zangpo dans les hauteurs du village de Zu.

15. Nelung Gompa (*sNe-Lung dGon*), construite par Sherab Zangpo.

16. Pangle Gompa (*sPang-Le dGon*), construite par Sherab Zangpo.

Le monastère principal de ces quinze centres est Khordong Gompa construite par Sherab Membar. À Khordong Gompa se trouvaient cent-huit temples et un très grand stupa que l'on mit six ans à construire et qui coûta très cher. Tout l'or, le beurre et les richesses de la région furent vendus pour permettre sa construction. En conséquence de cela, tous les gens de la région devinrent pauvres, leur égoïsme fut éradiqué, les luttes et les disputes cessèrent. Sherab Membar reçut la pleine transmission de toutes les initiations et enseignements (*Thob-Yig*) du cinquième Dalaï Lama. Il les transmit sous leur forme complète à Khordong Terchen (*'Khor-gDong gTer-Chen*) directement, ainsi qu'à Drubgon Tse (*sGrub-mGon Tsheg*) et à Tenpa

Gyaltsen (*bsTan-Pa rGyal-mTshan*).

Khordong Terchen Nuden Dorje donna la pleine transmission de la lignée à son neveu Gonpo Wangyal (*dGon-Po dBang-rGyal*) et à Rigdzin Chomdar (*Rig-'Dzin Chos-mDar*) de Bane Gompa. Tous deux donnèrent la pleine transmission à Tulku Tsurlo (*sPrul-sKu Tshul-Lo*) et Tulku Tsurlo la donna à son tour à Tulku Urgyen Tendzin de Bane (*Ba-gNas sPrul-sKu U-rGyan bsTan-'Dzin*). Je reçus la pleine transmission de leur part à tous les deux.

Le neveu du neveu de Sherab Membar s'appelait Urgyen Rangjung (*U-rGyan Rang-Byung*) et son fils était Khordong Terchen Nuden Dorje Drophan Lingpa Drolo Tsal (*Nus-lDan rDo-rJe 'Gro-Phan gLing-Pa Gro-Lod rTsal*). Il était l'incarnation de la Parole de Nanam Dorje Dudjom (*sNa-Nam rDo-rJe bDud-'Joms*), l'incarnation du Corps de Khyeu-Chung Lotsawa et l'incarnation de l'Esprit de Padmasambhava. Le texte intitulé YANG-GSANG RDO-RJE GRO-LOD KYI GTER-LUNG dit : « Nuden Dorje a la bénédiction spéciale de la Parole de Nanam Dorje et du Corps de Khyeu-Chung Lotsawa. Vous êtes mon fils du cœur [de Padmasambhava] et dans le futur vous serez grand parce que vous révèlerez des enseignements et des objets trésors.[1] »

À Ko-Ko-Nor et en d'autres lieux importants, il révéla sept statues de Guru Thongwa Donden (*Guru mThongs-Ba Don-lDan*) qui sont des sKu-rTen, des représentants du Corps de Padmasambhava ; il révéla aussi onze pierres appelées Dodrom Thongwa Donden (*rDo-Drom mThong-Ba Don-lDan*), chacune mesurant cinq empans de diamètre et portant l'empreinte de la main de Padmasambhava sur le haut et les traces des doigts de Yeshe Tsogyal pile au milieu de la pierre. Ces pierres mesurent environ sept centimètres de haut, elles sont rares et, bien que vertes à l'origine, deviennent marron, noires et ainsi de suite pendant la méditation. Il révéla aussi vingt-sept autres pierres trésor.

Comme Sungten (*gSung-rTen*), les représentants de la Parole de Padmasambhava, il révéla les textes suivants : PHYI-SGRUB BKA'-BRGYAD, BLA-SGRUB, NANG-SGRUB MKHA'-'GRO, GSANG-DRUB ZHI-KHRO LTA-BA KLONG-YANGS, YANG-GSANG GRO-LOD, GSER-CHOS, ZAB GSANG MKHA-'GRO SANG-MDZOD. Il révéla aussi DRAG-PO LHA-NGA et SKU-GSUM ZHI-KHRO.

Comme Thugten (*Thugs-rTen*), les représentants de l'Esprit de Padmasambhava, il révéla PHURPA NANGSRI ZILNON (*Phur-Pa sNang-Srid Zil-gNon*) avec dix phurpas faits de métal céleste provenant du cœur d'un dragon et un Hung fait de métal céleste que Padmasambhava avait tenu à Samye.

La première réincarnation de Nuden Dorje naquit deux ans après sa mort. Il fut connu comme Chagkung Geuter (*LCags-Khung sGe'u gTer*), Gili Tertön (*Gili gTer-sTon*), ou Dudjom Lingpa (*bDud-'Joms gLing-Pa*).

La deuxième incarnation s'appelait Dorje Gya (*rDo-rJe rGya*). Il naquit dans le district de Yu Khog. Il était le fils de Terchen Zhenpen Lingpa (*gTer-Chen gZhan-Phan gLing-Pa*). Il révéla deux volumes d'enseignements trésors (*gTer-Chos*), un de Dakini (*mKha'-'Gro*) et un de Dzogchen (*rDzogs-Chen*).

La troisième, parfois comptée comme la quatrième incarnation, est moi-même. Ce tout petit homme qui ressemble à une luciole a reçu un nom comme le soleil, Khordong Terchen Chimed Rigdzin Wangpo (*'Khor-gDong gTer-chen 'Chi-Med Rig-'Dzin dBang-Po*). À trois ans, j'entrais dans le Dharma. À cinq ans, j'appris à lire et à écrire, et pendant les neuf années suivantes, jusqu'à mes treize ans, j'étudiai avec les cinq grands lamas réincarnés de ce monastère, dont Bane Tulku Genlo (*Ba-gNas sPrul-sLu Gan-Lo*), Tulku Gyurme Dorje (*sPrul-sKu 'Gyur-Med rDo-rJe*), Tulku Kunzang Dorje (*sPrul-sKu Kun-bZang*), et Tulku Pema Namzang (*sPrul-sKu Padma rNam-bZang*). De plus, treize ou quatorze vieux moines m'aidèrent dans mes études, aussi ai-je eu de bonnes conditions d'apprentissage.

NOTES

[1] Pour un exemple de son écriture, voir : Low, J. (trad. Nathalie Koralnik), LE MIROIR AU SENS LIMPIDE : TRÉSOR DU DZOGCHEN. Paris, Almora, 2009.

12

L'Education au monastère de Khordong

En bref, quiconque arrive au monastère pour entrer dans la vie religieuse apprend l'alphabet et à lire et écrire. Les nouveaux arrivants arrivent habituellement vers l'âge de cinq ans, mais j'en ai aussi vu qui avaient plus de dix-huit ans. Il y avait aussi dans mon monastère deux ou trois moines qui n'avaient jamais appris à lire et à écrire mais avaient mémorisé tous les textes nécessaires et avaient bien étudié et pratiqué. Leur apprentissage n'était pas inférieur à celui des autres moines et ils passaient presque tout leur temps en pratique puisqu'ils n'étaient pas distraits par des lectures sur l'histoire ou d'autres sujets.

Les enfants entament leur éducation par la lecture et l'épellation et ils apprennent ensuite des vers de prières à Manjusri appelés GANG BLO MA. Nous croyons qu'en lisant cela, les enfants développent une meilleure mémoire et davantage d'intelligence. Mémoriser les textes est important pour de nombreuses raisons. Si un texte est dans votre mémoire, vous pouvez le réciter dans n'importe quelles circonstances, y compris dans l'obscurité totale. Les textes emplissent les enfants de beaux mots, images et rythmes, et leur font prendre part à la tradition. On présente les textes aux élèves en leur demandant de les lire afin qu'ils fassent l'expérience de la transmission du son, le lung (*rLung*). Après cela, ils commencent à mémoriser le *CHOS-SPYOD RAB-GSAL*, qui contient plus de deux cent pages de prières et d'instructions bouddhistes. Ce texte est la pratique de base de la déité de tous les moines du monastère. Quand ils le maîtrisent, ils commencent à mémoriser les pratiques Byangter du *sGro-Ba Kun-Grol* centré sur Chenresi, du *Rig-'Dzin gDung-sGrub* centré sur Padmasambhava, et du *Thugs-sGrub Drag-Po-rTsal* centré sur un aspect courroucé de Padmasambhava. Mémoriser ces textes fréquemment utilisés est nécessaire car les moines ne sont pas autorisés à regarder leur texte pendant les parties principales des pratiques des longues visualisations rituelles.

L'éducation tibétaine traditionnelle et l'éducation moderne sont très différentes. Par exemple, dans le système moderne, l'éducation scolaire doit être terminée en douze ans, mais dans le système tibétain, les étudiants continuent à étudier jusqu'à ce que qu'ils aient maîtrisé leurs études, que cela prenne dix, vingt ou même quarante ans. Cela était possible parce qu'au Tibet oriental, les moines n'avaient pas besoin de trouver un travail et, s'il n'y a pas besoin de trouver un travail, alors il n'est pas question d'avoir rapidement besoin d'un diplôme.

L'éducation offerte au monastère était purement vouée au Dharma et rien d'autre, aussi les seuls textes utilisés étaient-ils des textes du Dharma. De plus, dans les monastères stricts comme ceux de Khordong, Bane (*Ba-gNas*), Dodrubchen (*mDo-grub-Chen*), Dzogchen, Dorje Drag et autres, même l'étude de la poésie, par exemple du Kavyadarsha de Dandin, n'était pas autorisée. Cela était dû au fait que beaucoup de poèmes traitaient d'amour, tenu pour perturber les moines. Les histoires et légendes, également, qu'elles portent sur le Tibet ou d'autres pays, étaient interdites. Même de très hautes histoires du Dharma n'étaient pas permises jusqu'à la fin complète des études parce que, plus faciles à lire que les textes des études dhar-miques, elles auraient pu en détourner les étudiants.

Maintenant, en ce qui concerne les textes principaux étudiés pour les soutras et le bouddhisme général, le *Dul-Ba mDo rTsa-Ba* et le *So-So-Thar-Pai mDo* et d'autres textes étaient utilisés pour les Vinaya, l'étude des règles monastiques. Les principaux textes sur la logique et l'analyse étaient le *Pramanavarttika* et les six autres textes célèbres de Dharmakirti. Nous étudiions aussi le *mNgon-rTogs-rGyan* et le reste des cinq célèbres textes de Maitreyanath. Pour le Madhyamika, nous étudiions le *dBu-Ma rTsa-Ba Shes-Rab*, le *dBu-Ma-rGyan* et d'autres. Pour l'Abidharma, nous étudiions le *mNgon-Pa mDzod* et le *mNgon-Pa sDus-Pa* et d'autres.

Les étudiants devaient accorder une attention particulière au *Bodhi-caryavatara* (*Byang-Chub Sems-dPa'i sPyod-Pa La 'Jug-Pa*) et aux autres textes racines indiens trouvés dans les treize volumes du programme traditionnel d'études Nyingma. Pour les tantras, les textes utilisés étaient le *gSang-sNgags Lam-Rim* de Padmasambhava, le *Chos-dByings mDzod* et le reste du *mDzod-bDun* de Longchenpa, le *Kun-bZang bLa-Mai Zhal-Lung* de Patrul Rinpoche et le *sNgags-Rim* de Pema Trinle. Le *Ye-Shes bLa-Ma* et le *dGongs-Pa Zang-Thal* étaient utilisés pour l'enseignement du dzogchen.

Il n'y avait pas de frais d'inscription ou d'écolage pour les études ; les seules choses que les élèves devaient fournir étaient les livres qu'ils utilisaient. Dans le Tibet oriental, tous les moines, même les plus pauvres, avaient suffisamment de nourriture et de vêtements et ne devaient pas utiliser leur éducation pour se procurer ces choses. Toutefois dans le Tibet central, un soutien gouvernemental ou semi-gouvernemental pouvait être nécessaire.

La période d'enseignement s'étendait du huitième au cinquième mois de l'année suivante. Les enseignements étaient dispensés par les lettrés Khenpo (*mKhan-Po*), les Khenpos spécialistes, les grands lamas et d'autres experts. Quiconque souhaitait entendre un enseignement y était autorisé mais si, par exemple, cent personnes étaient présentes, peut-être que seulement cinquante allaient réellement étudier, pendant que le reste pensait qu'y assister faisait partie de leur devoir religieux et qu'en faisant cela chaque jour, quelque Dharma se prolongerait pour eux. Ceux qui avaient bien étudié étaient appelés lopon (*sLob-dPon*), ou kyorpon (*skyor-dPon*), professeur ou enseignant assistant. Au monastère il y avait des érudits qui avaient étudié les mêmes textes cinquante fois ou plus ; comme il n'y avait pas de limite d'âge ou d'années, des lettrés pouvaient assister aux mêmes enseignements encore et encore. Pour cette raison il n'était pas question de passer ou d'échouer. Ceux qui devenaient des experts ou dont plusieurs monastères reconnaissaient qu'ils avaient compris, étaient considérés comme ayant réussi.

Du chant du coq, le matin, jusqu'à minuit, les élèves se consacraient à leurs études. Les cours étaient donnés de cinq heures du matin à deux heures de l'après-midi. Il y avait probablement trois ou quatre khenpos qui donnaient des enseignements différents. Cela vous donne un tableau général de notre système d'éducation.

Il y avait des sujets supplémentaires comme la médecine, l'architecture des stupas, des mandalas, des monastères et d'autres bâtiments, ainsi que la peinture, la fabrication de statues et ainsi de suite. Le texte utilisé pour cela était le *bZo-Rig Pa-Tra*, *ÉDUCATION AUX ARTS*, de Mi-Pham Rimpoche. À présent vous pourriez objecter que si, comme mentionné plus haut, l'éducation ne se concentrait que sur le Dharma, comment ces autres matières pouvaient être introduites ? Mais notre idée est que la médecine est aussi une partie du Dharma. Sur cent docteurs, cinquante ne demanderont jamais d'argent pour un diagnostic et un traitement. Toutefois si quelqu'un offrait aux docteurs des remèdes ou divers ingrédients, ils les acceptaient joyeusement et les utilisaient pour traiter d'autres patients. Ces matières et arts enseignés dans le *bZo-Rig Pa-Tra* ne sont en réalité que pour le Dharma. Parfois les sujets semblent simples et d'autres fois très très compliqués.

Devenir un grand érudit, comme un kyorpon dans le Tibet oriental, ou un geshe (*dGe-Shes*) dans le Tibet central, pouvaient prendre quinze à vingt ans. Mais si on voulait atteindre de tels niveaux par des méthodes d'apprentissage modernes, cela prendrait plus de deux cent ans. Je dis cela, d'abord parce que nos maîtres n'enseignaient qu'un sujet sur deux à trois heures, ou même sur quatre à cinq heures s'ils voulaient finir une section ou sous-section du texte. Mais dans l'éducation moderne, la durée d'une leçon n'est que de quarante-cinq minutes et, au début de la leçon, chaque étudiant doit répondre à l'appel qui peut prendre jusqu'à dix minutes, ce qui ne laisse que trente-cinq minutes pour l'enseignement réel. Ensuite, quand l'enseignant commence son cours, il doit toujours regarder sa montre pour voir combien de temps il lui reste et cela distrait son attention de sa tâche d'enseignement, ce qui fait qu'à la fin, les élèves ne reçoivent qu'environ trente minutes d'instruction.

Deuxièmement, dans le système éducatif moderne, les élèves n'étudient que des sujets sélectionnés ici et là et ne travaillent pas de manière systématique dans un livre du début à la fin, alors qu'au Tibet le texte entier doit être pleinement compris. Aussi, au Tibet, les grands enseignants n'avaient pas à se demander si leurs étudiants seraient présents ou non parce qu'ils savaient que tous les étudiants aimaient étudier. L'enseignant avait peut-être cinquante ans et savait que tous ses étudiants, âgés de quinze à cinquante ans, venaient pour leur propre intérêt, aussi n'avait-il pas besoin de faire l'appel pour vérifier s'ils étaient présents.

J'ai parlé de cela une fois avec un collègue à l'université de Santiniketan et il a dit : « Oui, nous avons un enseignant comme ça ici. Un jour, il a commencé à enseigner à trois heures de l'après-midi. Il était célèbre et très respecté et son auditoire se montrait très attentif. À neuf heures, le concierge est arrivé et a dit : 'Monsieur, mon travail est terminé et maintenant il faut que je ferme.' Sur quoi l'enseignant a regardé sa montre et a terminé la leçon. » Mais il n'y a pas beaucoup d'enseignants comme celui-ci, c'est pourquoi je dis que ce qui était possible en vingt ans au Tibet prendrait deux cent ans dans le système moderne.

Je ne dis rien ici au sujet des degrés relatifs d'intelligence mais seulement comment sont les systèmes éducatifs. J'ajouterai qu'au Tibet les enseignants devenaient de grands érudits parce qu'ils n'étaient pas rémunérés et que, par conséquent, ils se concentraient uniquement sur leur étude pour leur propre compréhension et celle des autres. Toutefois dans le système moderne même les professeurs ont besoin d'argent alors nous ne pouvons pas vraiment savoir s'ils sont de bons lettrés qui aiment apprendre en soi.

Les élèves n'avaient pas à payer de taxes au monastère pour l'éducation qu'ils recevaient et n'avaient pas non plus à se soucier de la nourriture et du logement puisque, dès leur entrée au monastère, ils recevaient tout gratuitement. Ceux qui venaient de grandes familles étaient financés toute leur vie par leur famille et celles-ci finançaient même d'autres moines chaque année. De cette manière, les moines pauvres recevaient de la nourriture et d'autres choses nécessaires soit directement du monastère, soit de personnes aisées. Par exemple au monastère de Khordong, il y avait un moine du nom de Pema Legden (*Padma Legs-dDan*), qui n'était pas un moine très avancé, mais dont la famille appartenait à la classe moyenne, et qui offrait par conséquent de la nourriture et leur éducation à de nouveaux apprentis chaque année et ce pendant leur quatre ou cinq premières années d'études. Il aimait vivre un peu en dehors du monastère parce que les jeunes moines faisaient beaucoup de bruit en récitant leurs textes. Au Tibet, il y avait un dicton qui disait : « *Chos-Pa Ri La sDud Na Zan Gong Gyen La Ril* », « Même si un pratiquant du Dharma vit au sommet d'une montagne, la nourriture roulera jusqu'à lui. »

13

Le cycle annuel des rituels du monastère de Khordong

Je vais décrire les rituels de dévotion et de méditation qui étaient effectués chaque année au monastère de Khordong depuis l'époque de Sherab Membar (*Shes-Rab Me-'Bar*) jusqu'à ce que j'atteigne moi-même l'âge de vingt ans. En général, ces rituels suivaient le système du monastère de Dorje Drag dans le Tibet central, monastère principal de la tradition Byangter.

Quelques jours importants célébrés pendant l'année

Le premier mois après le losar (*Lo-gSar*), le Nouvel An, est générale-ment connu au Tibet sous le nom de Dawa Dangpo (*Zla-Ba Dang-Po*), ce qui signifie « premier mois ». Dans le système Nyingmapa, il est connu comme le mois du lapin. D'après le système hor ou mongol, il s'agit du Ta (*rTa*) ou mois du cheval. Dans le système des villages prévalant dans l'ensemble du Tibet, on s'y réfère en tant que mois de la naissance. Mais peu importe son nom, nul doute qu'il s'agit du premier mois de l'année. Il est aussi appelé « Chotrul Dawa » (*Chos-'Phrul Zla-Ba*), mois des miracles.

Le quinzième jour de ce mois, le Seigneur Bouddha Shakyamuni révéla ses pouvoirs magiques pleins de compassion afin de contrôler et d'aider les six Tirthikas, les adeptes non-bouddhistes.

Le Bouddha naquit tôt le matin du 7ème jour du 6ème mois, ou Saga

Dawa (*Sa-Ga-Zla-Ba*). Le 15ème jour du 6ème mois, il atteignit l'illumination et le même jour, plusieurs années plus tard, il mourut pendant la nuit. Le 15ème jour du 3ème mois, il enseigna le *Sri Kalachakra Tantra* pour la première fois. Le 4ème jour du 6ème mois du calendrier tibétain, le Seigneur Bouddha entra dans la matrice de Mayadevi et c'est aussi le jour du dharmacakra pravartana, « premier tour de la roue du Dharma », le premier enseignement de la doctrine transmise par le Bouddha Shakyamuni. Le 22ème jour du 9ème mois est célébré comme le grand moment de la descente du divin, lhabab duchen (*Lha-Babs Dus-Chen*), jour où le Bouddha Shakyamuni descendit sur terre depuis les Cieux de Tushita où il était parti enseigner le Dharma à sa mère. Tous les Tibétains tomberaient d'accord sur les détails de ces histoires.

LE PREMIER MOIS

Le premier jour du premier mois, il y a des célébrations pour le Losar, le Nouvel An, et elles se poursuivent le 2ème et le 3ème jour. Du 4ème au 7ème jour, on suit les pratiques habituelles du monastère. Elles consistent, le matin, en la récitation du *Chocho Rabsal* (*Chos-sPyod Rab-gSal*), une collection de prières destinées à la lecture quotidienne et, l'après-midi, en la récitation du *Kangso* (*bsKang-gSo*), des textes pour la restauration des engagements. Du 7 au 15, c'est *bDe-Chen Zhing-sGrub*, la pratique et les enseignements sur comment renaître de le Royaume du Bouddha Amithaba. Le 13, le *'Khor-'Das sPyi-bSangs* est lu pour purifier tous les modes d'existence possibles. Le 15 a lieu l'initiation d'Amithaba et des Mille Bouddhas. Le matin du 15, la pratique de confession et de restauration des vœux monastiques, *Sojong* (*gSo-sByongs*) est lue dans le temple principal et, le soir, on lit le *Ngagso* (*sNgags-gSo*) pour la restauration des vœux tantriques.

Dans d'autres maisons du monastère, certains moines pratiquent le *sGyu-'Phrul bKa'-Ma*, la tradition orale de la nature illusoire d'après le texte de Pema Trinle (*Padma 'Phrin-Las*). Puis, l'ensemble des moines suit la pratique monastique usuelle du 19ème au 25ème jour.

Le 25, les cent moines du nouveau Lhabrang Serkhang (*Lha-Brang gSer-Khang*) accomplissent le *Khandro Sangwa Yeshe* (*mKha-'Gro gSang-Ba Ye-Shes*), le rituel de la Dakini de Secrète Sagesse, d'après le système de Dorje Drag et ils accomplissent le rituel du feu associé, le *Jinseg* (*Byin-bSregs*). Si un grand lama est malade, alors ils font également les danses rituelles des dakinis, *mKha-'Gro Gar-'Cham*, ainsi que le *mKha-'Gro bSu-bZlog*, le rituel pour repousser les difficultés, ainsi que les *brTen-Zhugs*, prières de longue vie.

Du 26ème au 28ème jour se tiennent les pratiques monastiques courantes. Le 29ème jour, le *Khandro Sangwa Yeshe* est pratiqué avec le rituel *Sudog* (*bSu-bZlog*) associé, pour repousser les difficultés. Si cela n'est pas fait, alors nous faisons le *Phurba,* un rituel du Clou Tantrique de *Gonpo Wangyal* (*mGon-Po dBang-rGyal*) avec son rituel dogpa pour repousser les difficultés. Le 30, on lit le *Sojong* le matin et le *Ngagso* le soir.

Le Deuxième mois

Le deuxième mois est généralement connu comme le mois du chien. Dans le système hor, il est connu comme le mois du serpent et les Nyingmapa l'appellent le mois du dragon. Le 10ème jour, Tsechu (*Tshes-bCu*), se tient le *Phyi-sGrub bLa-Ma bKa'-brGyad*, la pratique rituelle extérieure des huit grandes déités. La préparation commence le 8 et le 9. Il s'agit d'un Tersar (*gTer-gSar*), un nouveau texte trésor, de ma première incarnation, Khordong Terchen Nuden Dorje Drophan Lingpa Drolo Tsal (*'Khor-gDong gTer-Chen Nus-lDan rDo-rJe 'Gro-Phan gLing-Pa Gro-Lod rTsal*).

Le matin du 15, il y a *Sojong* et le rituel *Gyuntsog* (*rGyun-Tshogs*) des nombreuses offrandes différentes. Cela suit le système de Dorje Drag (*rDo-rJe Brag*) venant du traducteur Vairocana, le Kunrig Nampar Nangdze (*Kun-Rigs rNam-Par sNang-mDzad*). L'après-midi du 15, on lit le *Ngagso* du texte *Rigdzin Tsasum Kundu* (*Rig-'Dzin rTsa-gSum Kun-'Dus*), l'assemblée des vidyadharas et des trois racines. Le 25, le *Cham* (*'Cham*), ou pratique de danses rituelles, commence au monastère de Serlog Gang (*gSer-Log sGang*) qui se situe à environ deux kilomètres du monastère principal. Là, le maître des danses, le maître des cymbales et certains moines expérimentés enseignent les danses aux novices. Le 25ème jour, on lit également le *Tersar Khandro Sangwa Yeshe* et dans la chambre du Serkhang (*gSer-Khang*, maison d'or) le rituel de la déité Demchog (*bDe-mChog*, grande félicité) est accompli.

Le 29ème jour, le ZABTIG PHURBA (ZAB-THIG PHUR-PA), la profonde pratique du clou rituel de Gonpo Wangyal, est lue. Le matin du jour sans lune, le SOJONG et le GYUNTSOG sont lus et, l'après-midi, c'est au tour du NGAGSO.

Le premier mois est plus actif que le second en termes de grandes cérémonies rituelles de dévotion. Le deuxième mois, dès qu'ils ne sont pas occupés à lire des textes spéciaux, tous les moines doivent se rassembler dans la salle principale pour lire le texte entier de la pratique quotidienne de CHOCHO RABSAL le matin et de KANGSO (BSKANG-GSO) pour la restauration des engagements l'après-midi.

LE TROISIÈME MOIS

Le troisième mois est généralement appelé mois du cochon, mois du cheval dans le système hor et mois du serpent dans le système Nyingmapa.

Le 10ème jour, sous la direction du Vajracharya, cent moines font cent offrandes TSOG (TSHOGS) d'après le ZHITRO TAWA LONGYANG (ZHI-KHRO LTA-BA KLONG-YANGS), le Terchö de Khordong Terchen Nuden Dorje. Cette pratique inclut les quarante-deux formes paisibles et les cinquante-huit formes courroucées, les dix vidyadharas avec leurs consortes, les Rigdzin Yabyum (Rig-'Dzin Yab-Yum), et tout le Phurba Dorje Zhonu (Phur-Pa rDo-rJe gZhon-Nu). Elle est effectuée dans la maison de Nuden Dorje. Le lendemain, ces cent moines se rendent à Serlog Gang, montent des tentes et restent là jusqu'au 15. Ils y lisent les ZHITRO quatre fois par jour et font aussi mille NEDREN (GNAS-'DREN) pour mener les défunts vers une bonne naissance. C'est particulièrement destiné aux villageois de cette région qui sont morts, ainsi qu'aux insectes et autres créatures qui ont été tuées par les villageois dans leur travail. Le responsable Zhitro Nyerpa (Zhi-Khro gNyer-Pa) de cette pratique s'occupe des finances de ces rituels et de nombreuses personnes envoient des offrandes à parfois plus de mille cinq cents kilomètres à la ronde.

Le 8ème jour du 3ème mois, dans le temple Lhabrang du Nouveau Serkhang, la pratique du Sri Kalachakra commence par le rituel SACHOG (SA-CHOG) destiné à préparer le site. Puis, le 9ème jour, a lieu le TAGON (LTA-GON), le stade initial de l'initiation, puis le mandala du KHYILKHOR DULTSON (DKHYIL-'KHOR RDUL-TSHON), fait en poudre colorée, est créé. Les 14ème et 15ème jours, cent-vingt-cinq moines accomplissent la pratique de Sri Kalachakra et le 15ème jour il font les rituels *Jinseg* du feu et *Dagjug* (*bDag-'Jug*) d'auto-initiation en tant que la déité. À l'intérieur du Serkhang, ils accomplissent la danse rituelle de *Dorje Gar* (*rDo-rJe Gar*) qui ne peut être observée que par ceux qui ont reçu l'initiation du Sri Kalachakra. En alternance, on lit une année le texte du *Kalachakra* de Mipham (*Mi-Pham*) Rimpoche et, l'année suivante, le *Terchö* (*gTer-Chos*) de Lerab Lingpa (*Las-Rab gLing-Pa*).

Le 15ème jour certains moines lisent le *Sojong*. Le même jour, cent-cinquante moines lisent le *Tsokle Rinchen Trengwa* (*Tshogs-Las Rin-Chen 'Phreng-Ba*), rituel d'offrande du corps. Puis, avec d'autres moines, ils font l'offrande *Torma Gyatsa* (*gTor-Ma brGya-rTsa*) des cent sacrifices rituels avec l'offrande de l'eau. Le même jour, quatre ou six de ces moines doivent se rendre à la rivière Ro-Nye, qui se situe à environ trois kilomètres du monastère. Là, ils lisent principalement les textes de la *Prajnaparamita*. À l'origine, seuls ces textes étaient emmenés pour être lus mais, par la suite, plusieurs volumes des œuvres choisies du *Kangyur* (*bKa'-'Gyur*) du Bouddha furent emmenés également. À cet endroit, ils offraient rituellement de l'eau bénie aux tourbillons de la rivière. Au retour, ils effectuaient les joyeuses danses tournoyantes *Gawa Khyilpa* (*dGa'-Ba 'Khyil-Pa*) dans la cour du monastère.

Puis, du 25ème jour jusqu'à celui de la nouvelle lune, sous la direction du Dorje Lopon Tripa (*rDo-rJe sLob-dPon Khri-Pa*) en charge des rituels de méditation, dans le Nouveau Serkhang, cent moines récitent le rituel des déités paisibles et courroucées, le *Zhitro Tsorwa Rangdrol* (*Zhi-Khro Tshor-Ba Rang-Grol*) de Karma Lingpa, ainsi que cent nedren pour les défunts. Cela est financé par les gens du village de Nye.

Le matin du jour de la nouvelle lune, les moines lisent le *Sojong* pour restaurer leurs vœux vinaya et, l'après-midi, le *Ngagso*. Des activités supplémentaires prennent également place ce mois-ci. Le 20 a lieu une répétition et un examen de danse sur les terres de Serlog Gang. Le chef de chœur umdze (*dBu-mDzad*), ou son assistant, est présent, avec le maître de danse –ou son assistant-, ainsi qu'un ou deux geko (*dGe-bsKos*), responsables de la discipline. Chaque nouveau danseur se tient entre deux danseurs expérimentés et ils exécutent ensemble tous les pas et gestes. Si tous les novices réussissent le premier jour, ils sont autorisés à se produire lors de la danse du tambour *Ngacham* (*rNga-'Cham*) lors du prochain Tsechu (*Tshes-bCu*), le dixième jour du calendrier lunaire. Ils auront alors déjà eu vingt-cinq jours de pratique et effectué la pratique préliminaire de la section des débutants du Sartra (*Sar Tra*).

Le 20, une autre activité importante prend place : certains moines méticuleux sortent de leurs boîtes les segments entreposés d'immenses thangkas brodées et les recomposent. La thangka entière mesure environ cinquante mètres de haut et vingt de large. Le 25ème jour le Vajracharya accompagné de vingt-cinq moines accomplissent le *Tsechu Sachog* (*Tshes-bCu Sa-Chog*), afin de préparer le lieu pour les célébrations du 10ème jour du mois suivant. Du 26 au 29, des tormas sont préparées par cinquante moines et des experts construisent le mandala avec les poudres colorées. Le jour de la nouvelle lune, la dernière répétition des lamas danseurs a lieu dans la cour du temple. Il s'agit à nouveau d'un examen et certains de ceux qui ont réussi auparavant échouent cette fois-ci. Cela conclut les activités du troisième mois.

Le Quatrième mois

Le quatrième mois est généralement connu comme le mois du rat (*Byi-Pa*). Dans le système hor il est connu comme le mois du mouton, et les Nyingmapa l'appellent mois du cheval.

Le premier jour, les tormas pour la pratique de *Lama Sangdu* (*bLa-Ma gSang-'Dus*), l'assemblée secrète de Guru Padmasambhava, sont préparées dans le Serkhang supérieur. Puis, le troisième jour, le Dorje Lopon Chenpo et cent vingt-cinq moines lisent le *Gyalngen Lasang* (*rGyal-bRNgan Lha-bSang*) dans le Nouveau Serkhang pendant que des offrandes de fumée sont faites. Après cela, ils réalisent les cadres et ajustent les cordages pour fixer l'immense thangka qui a été assemblée lors du troisième mois. Pendant l'assemblage du cadre, les cent-huit volumes du *Kangyur* sont ouverts et chaque volume est parcouru dans le système *Dzog* (*rDzog*) pour tourner chaque page. Ensuite, les moines se dispersent dans les quatre directions et lisent le *Sutra du Coeur* (*Prajnaparamita Hridaya*) ainsi que le rituel qui repousse *Dogpa*. Cette lecture doit être poursuivie jusqu'à ce que le cadre soit terminé. Ils portent alors le *Kangyur* autour du monastère et replacent chaque volume à sa propre place.

Cette récitation et celle du *DOGPA* sont effectuées parce que, par le passé, au monastère de Nyi-Dar, à environ quatre-vingts kilomètres à l'ouest de Khordong, un moine qui était devenu un démon à sa mort essayait toujours de causer des ennuis aux pratiquants Nyingma. Une année, il cassa le mât qui soutenait le cadre et cela entraîna la mort d'un homme. Des mâts de remplacement sont difficiles à obtenir rapidement. Quand la thangka est suspendue dans le nouveau hall du monastère, on lui donne la consécration *RABNE* (*RAB-GNAS*) parce que, bien qu'elle l'ait déjà reçue auparavant, elle vient d'être sortie de la boîte dans laquelle elle a été emballée à la fin du rituel de l'année précédente. La thangka pouvait être entièrement exposée car le hall était très grand mais certains coins de tissu en haut et en bas devaient être enroulés.

À partir du troisième jour commençait le *RIGDZIN DUNGDRUB DRUBCHEN* (*RIG-'DZIN GDUNG-SGRUB SGRUB-CHEN*), la pratique intérieure de Padmasambhava dans le Byangter. Certaines années, la fabrication de pilules *TENDU RILBU* (*brTAN-DU RIL-BU*) pour la stabilité est combinée avec cette pratique et, si cela est fait, alors à la fin de la pratique, le 9ème jour, le *RANGJUNG KAWANG CHENMO* (*RANG-'BYUNG BKA'I-DBANG CHEN-MO*), la grande initiation de la parole existant par elle-même, est donnée. Toutefois, si les pilules rilbu ne sont pas confectionnées, alors le 10ème jour, teschu, se tient la danse *CHAM* du *DUNGDRUB TSENGYE* (*GDUNG-SGRUB MTSHAN-BRGYAD*), la pratique des huit formes de Padmasambhava.

Pendant que certains moines lisent le *RIGDZIN DUNGDRUB* dans le Nouveau Serkhang, cent vingt-cinq moines sont avec le Dorje Lopon et lisent le *LAMA SANGDU* de Guru Chöwang (*GU-RU CHOS-DBANG*). Si l'on ne fait pas pilules rilbu, alors quand la danse *CHAM* est terminée, l'initiation en quatre parties par quatre expédients *DUMBU ZHI WANG* (*DUM-BU-BZHI DBANG*), est donnée pendant l'après-midi.

Pendant cette période de dix ou onze jours, le soutien financier était généralement offert par la famille de Terchen Nuden Dorje et, jusqu'à mes quinze ans, les activités de ces jours ont été financées par ma propre famille parce que nous recevions de nombreuses offrandes et rémunérations pour des pujas ou d'autres activités. Notre soutien servait à nous purifier du fait d'avoir reçu des offrandes pour effectuer des activités du Dharma. Ces fonds étaient administrés par l'officiant du Tsechu Nyerpa (*Tshes-bCu gNyer-Pa*).

Le 8ᵉᵐᵉ jour, un millier d'offrandes de *Tsog* étaient faites ainsi que celle de mille lampes à beurre. Ce jour était financé par Sherab Chödro (*Shes-Rab Chos-Grogs*). Le 10ᵉᵐᵉ jour, mille offrandes de *Tsog* étaient faites avec mille lampes à beurre et cela était financé par la famille du second Nuden Dorje. Pour ces deux jours, le minimum était de mille offrandes de *Tsog* et mille lampes à beurre, mais six à sept mille offrandes de *Tsog* étaient envisageables car tout le monde souhaitait en faire ces jours-là. Quand la confection sacrée de pilules *Rildrup* (*Ril-sGrub*) avait lieu, alors des jours supplémentaires destinés à la préparation [de *Sa-Chog, Ta-Gon,* etc] en lien avec cela étaient financés par la famille de Nuden Dorje. Le 8ᵉᵐᵉ jour, au coucher du soleil, les gâteaux sacrificiels pour les Trois Racines *Tsasum Torma* (*rTsa-gSum gTor-Ma*) étaient préparés puis offerts avec la danse *Kuntag Gyalmo* (*Kun-brTag rGyal-Mo*).

Le système pour le premier jour est celui de Dorje Drag et celui du neuvième jour est celui vu par Nuden Dorje de ses propres yeux lorsqu'il se rendit à Zangdopalri. Un tissu d'environ 450 mètres était installé en un immense auvent dans la cour du monastère parce que chaque année il se pouvait qu'il pleuve sur le monastère. La pluie ne tombait que dans une zone d'environ huit kilomètres autour du monastère. Cet auvent était nécessaire parce que Gonpo Wangyal n'autorisait pas que des rituels d'interruption de la pluie soient pratiqués durant ces jours. Cela était lié au fait que, afin de préparer le lieu pour l'arrivée des Tsengye (*mTsan-brGyad*), les huit manifestations de Padmasambhava, Indra, Brahma, et les nagas envoyaient de la pluie pour purifier la région.

Le 9ᵉᵐᵉ jour avait lieu une dernière répétition durant laquelle les lamas dansaient dans leurs robes de moines habituelles. Cette danse de guérison *Sorig Cham* (*gSo-Rigs 'Cham*), ou la danse en robes rouges *Mar Cham* (*dMar 'Cham*), étaient autrefois les répétitions et les examens mais, par la suite, les répétitions étaient déjà terminées lors du troisième mois. Cependant, bien qu'elles ne soient pas vraiment nécessaires, elles perduraient pour le salut de la coutume. Ce jour-là, seuls danseurs et musiciens étaient autorisés à être présents.

L'après-midi du 9ᵉᵐᵉ jour, sous le grand auvent, de nombreuses tentures, grandes et petites, avec des pièces de tissus, des pendeloques, des bannières et ainsi de suite, étaient accrochées en guise de décorations. Le 10ème jour, tous les moines se levaient avant le chant du coq, au son du premier NYENSAN (sNYAN-BSAN) mélodie d'invitation jouée au hautbois gyaling. Au second nyensan, ils commençaient à lire le RIGDZIN DUNGDRUB et vers cinq heures ils avaient terminé la première section et prenaient leur thé et un petit déjeûner. Ils lisaient ensuite la prière en sept chapitres LE'U DUNMA (LE'U-BDUN-MA) de Padmasambhava, suivie par l'éloge TOPA (BSTOD-PA) aux protecteurs du Dharma. Ils lisaient le KANGWA (BSKANG-BA) pour la restauration des vœux rompus, jusqu'à la section intitulée TSASUM KANGSO (RTSA-GSUM BSKANG-GSO) qui renouvelle les engagements aux Trois Racines, et à ce moment le soleil était sur le point de se lever, et les danses commençaient.

Le 11ème jour, les moines se rassemblaient tous vers cinq heures du matin. Ils lisaient le texte du RIGDZIN DUNGDRUB en entier, puis recevaient chacun le RILDRUP RABJAM (Ril-sGrub Rab-'Byams-Ka'i dBang), l'initiation de la Parole omnipénétrante ou, si ce n'était pas celle-ci, l'initiation de (ZLUM-PO-BZHI DBANG), qui est donnée avec le vase, le crâne, le miroir et la torma. Si la pratique des RILBU a eu lieu, alors à ce moment-là on effectue un rituel du feu et des cendres ainsi que de la poudre colorée du mandala sont emmenées à la rivière où, au signal du monastère, elles sont lancées dans les tourbillons pendant qu'au monastère est effectuée trois fois la danse GAKHYI à la suite de quoi on demande aux dieux serpents de demeurer paisibles.

Du 11ème au 15ème jour, cent huit moines lisent le TSE-SGRUB BDUD-RTSI 'KHYIL-PA BUM-SGRUB, une pratique de longue vie pour la déité Dutsi Kyilwa dans le Nouveau Serkhang. Le Nouveau Lhabrang finance cela pour deux jours, les villageois pour un autre, et les nomades pour le dernier.

Le matin du 12ème jour, la plupart des moines font leur pratique habituelle mais certains préparent la RABNE TORMA (RAB-GNAS GTOR-MA) pour la consécration, préparent les mandalas et placent la thangka dans le hall central.

Du 13ème au 15ème jour, cent huit moines et le Dorje Lopon lisent le texte rituel RABNE GYUDON GYAMTSHO (RAB-GNAS RGYUD-DON RGYA-MTSHO) qui consacre les objets indiqués. Pour toutes les statues et autres objets sacrés du monastère, ainsi que pour les dieux du village et de la montagne, ils font la purification TRÜSOL ('KHRUS-GSOL) et la bénédiction de consécration RABNE À ce moment les moines ordinaires lisent le KANGYUR, les enseignements complets du Bouddha. Si un moine avancé était mort, alors sa famille était susceptible de financer les lampes à beurre et la récitation du KANGYUR.

Le 15ème jour, il y a SOJONG le matin et NGAGSO l'après-midi.

Du 16ème au 24ème jour, les moines suivent le système général de pratiques du monastère.

Le 25, les tormas pour le Nouveau Trésor, KHACHO DORJE NALJORMA (GTER-GSAR MKHA'-SPYOD RDO-RJE RNAL-'BYOR-MA) sont préparées et ensuite a lieu le rituel de la déesse Vajrayogini.

Du 26ème au 28ème jour, on suit le système général du monastère.

Le 28, les gâteaux rituels sont confectionnés pour le MAGYUD TRAGLUNGMA (MA-RGYUD KHRAG-RLUNG-MA), l'essence vitale des tantras mères. Le 29ème jour, on effectue cette puja et les tormas sont jetées au loin.

Le 30, il y a SOJONG le matin et NGAGSO l'après-midi.

LE CINQUIÈME MOIS

Le cinquième mois est généralement connu comme le mois du buffle. Dans le système hor, il est connu comme le mois du singe et les Nyingmapa l'appellent le mois du mouton. Ce mois-ci se tient une importante célébration Tsechu du dixième jour de Padmasambhava à Tsone (Tso-gNas).

Au monastère, le 8ème jour, dans le Nouveau Serkhang, seize moines lisent la pratique de Vairocana KUNRIG NAMPAR NANGDZE.

Le dixième jour dans le hall du monastère a lieu la pratique de Tsechu de Tamdrin Dregpa Zilnon (rTa-mGrin Dregs-Pa Zil-gNon), une forme courroucée qui contrôle les démons. Il s'agit d'un terma de Nuden Dorje.

Le matin du 15, a lieu le SOJONG et ensuite tous les moines sortent du monastère pour se rendre dans les trois proches lieux suivants : Lagyal Gyugmo (kLa-rGyal Gyug-Mo), Mochog (rMog-Chog) et Lac Gyagangtso (rGya-sGang mTso). Là, ils récitent l'offrande de fumée DZAMLING CHISANG ('DZAM-GLING SPYI-BSANG) pour purifier le monde, et aussi l'offrande de fumée KHORDE CHISANG ('KHOR-'DAS SPYI-BSANG) pour purifier le saṃsāra et du nirvāṇa, un terma de Gonpo Wangyal.

Puis du 16ème au 18ème jour, ils restent près du lac et se reposent et, le 19, ils font à nouveau le Khorde Chisang.

Le 25ème jour, ils sont de retour au monastère et récitent le rituel de la dakini courroucée à tête de lionne Sengedong Dragmo (Seng-Ge gDong Drag-Mo), le terma de Mati Ratna, et ils l'accompagnent de nombreuses offrandes de Tsog.

Le 29ème jour, ils lisent le Tardog (gTar-bZlog), la section qui repousse les obstacles de ce texte de Senge Dongma text.

Le jour de la nouvelle lune, il y a Sojong le matin et Ngagso l'après-midi.

Le Sixième mois

Le sixième mois est généralement connu comme le mois du tigre. Dans le système hor il s'agit du mois de l'oiseau et les Nyingmapa l'appellent le mois du singe.

Comme expliqué ci-dessus, le 4ème jour de ce mois, le Bouddha entra dans la matrice de Mayadevi et ce jour-là les moines lisent l'éloge aux seize Arhats d'après le système Byangter, le Nechu Chagchod (gNas-bCu Phyag-mChod), et ils lisent aussi le Kangyur.

Le 8ème jour, a lieu la pratique du Menlai Dochog Yizhin Wangyal (sMan-bLa'i mDo-Chog Yid-bZhin dBang-rGyal), la puissante pratique des huit Bouddhas de Médecine exauçant les vœux, écrite par le 5ème Dalaï Lama.

Le 10ème jour a lieu la pratique de Dorje Drolo du Tersar Drolo (gTer-gSar Gro-Lod) qui est un texte trésor de Nuden Dorje. Le 15ème jour, il y a Sojong le matin et Ngagso l'après-midi. Ensuite commence Yarne (dByar-gNas), la retraite estivale de la saison des pluies.

Le 17ème jour a lieu le rituel de bienvenue de la Dakini à tête de lionne, Zilnon Sengdongma Suchog (Zil-gNon Seng-gDong-Ma bSu-Chog) Le 19ème jour, les soixante offrandes de torma Druchuma (Drug-Cu-Ma) de ce cycle de Senge Dongma cycle sont accomplies.

Le 23ème jour, se tient la pratique du clou rituel de Zilnon Sengdong Phurdrub (Zil-gNon Seng-gDong Phur-sGrub) associée au cycle de cette Dakini à tête de lionne. Il comprend des sections sur les Chamkar (lCags-mKhar), les enceintes qui emprisonnent en métal, les constructions protectrices en fil *Do* (*mDos*), et les pièges *Tsangdrub* (*rTsang-sGrub*).

Le 25ème jour a lieu un rituel d'offrandes de *Tsog* assemblées pour la Dakini Sengdongma. Le 29 les constructions en fil, l'enceinte métallique, les pièges et les gâteaux rituels de torma sont tous jetés au loin.

Le jour de la nouvelle lune, il y a *Sojong* le matin et *Ngagso* l'après-midi. Les autres jours du mois suivent le système rituel général du monastère.

Le Septième mois

Ce mois est généralement connu comme le mois du lapin. Dans le système hor, il est connu comme le mois du chien et les Nyingmapa l'appellent le mois de l'oiseau.

Le 8ème jour les moines prenant part à la retraite de la saison des pluies estivale Yarne lisent la confession auspicieuse et la restauration de *Tashi Sojong* (*bKra-Shis bSo-sByong*) Le 10ème jour, on lit, avec les offrandes assemblées de *Tsog*, le Trésor du Féroce Coin Rouge *Dra Dragmar Ter* (*Gyra Drag-Mar gTer*) trouvé par Gonpo Wangyal. Le 15, il y a *Sojong* le matin et *Ngagso* l'après-midi. Le 25ème jour, des offrandes de *Tsog* assemblées sont faites sur la base du *Magyud Traglung*. Le 29ème jour, on lit le *Sangphur* (*gSang-Phur*), le Terma du Clou Secret de Gonpo Wangyal.

Le 30ème jour, *Sojong* est lu le matin et *Ngagso* l'après-midi. Ce jour marque la fin de la retraite de la saison estivale des pluies et les moines se reposent pendant les trois jours qui suivent, restant librement à l'extérieur du monastère.

Le Huitième mois

Ce huitième mois est généralement connu comme le mois du dragon. Dans le système hor, il est connu comme le mois du cochon et les Nyingmapa l'appellent le mois du chien.

Le 7ème jour, les pratiques dansées commencent. Le 8ème jour, le *Donyo Chipa* (*Don-Yod mChis-Pa*), la Profonde Demeure de Nuden Dorje, est lu. Le Tsog rituel de Tsechu offert le 10ème jour est tiré du texte *Kabgye Dragpo Rangjung Rangshar* (*bKa'-brGyad Drag-Po Rang-Byung Rang-Shar*), les Huit formes courroucées existant et se manifestant d'elles-mêmes, un Ter trésor de Rigdzin Godem. Du 10 au 15, mille KANGWA (BSKANG-BA) sont lus dans le Lhabrang Serkhang pour restaurer et renouveler notre relation avec les protecteurs du Dharma.

Le 15ème jour, SOJONG est lu le matin et NGAGSO l'après-midi. La dernière répétition de danse a lieu le 17. Entre le 21 et le 25, cent mille offrandes assemblées de TSOG sont faites dans le Lhabrang au moyen du Phurba de Byangter. Ensuite, entre le 26 et le 29, davantage de pratiques sur le Phurba ont lieu ainsi que mille restaurations de vœux KANGSO. Le 29 a lieu le rituel de danse du PHURBA CHAM.

Le 30, SOJONG est lu le matin et NGAGSO l'après-midi

LE NEUVIÈME MOIS

Le neuvième mois est généralement connu comme le mois du serpent. Dans le système hor, il est connu comme le mois du rat et les Nyingmapa l'appellent le mois du cochon.

Le 8ème jour a lieu la pratique MENLA (SMAN-BLA) du Bouddha de Médecine. La puja Tsechu du 10ème jour est la pratique de SANGPHUR VAJRAKILAYA DE Gonpo Wangyal.

Le 15ème jour, SOJONG est lu le matin et NGAGSO l'après-midi. Nous croyons que ce jour-là, alors que le Seigneur Bouddha était à Tushita, il promit d'en descendre pour le bien de tous les êtres de notre monde. Si un lama important était mort cette année ou celle qui précédait, alors ce jour-là étaient récitées de nombreuses prières leur demandant de revenir dans ce monde pour le bien des êtres.

Le 22ème jour, le Bouddha descendit de Tushita et ce jour-là, nous lisons le NETEN CHAGCHOD (GNAS-BRTAN PHYAG-MCHOD) honorant les seize Arhats, selon le système de Dorje Drag.

Le 25ème jour, le ZILNON SENGE DONGMA est lu accompagné de cent offrandes de TSOG. Le 29ème jour, nous lisons le SANGPHUR de Gonpo Wangyal. Avec cette pratique, les grains Gyedre Karwa (RGYAD-'DRE KAR-BA) sont lancés pour enchanter les huit groupes d'esprits potentiellement perturbateurs.

Le 30, SOJONG est lu le matin et NGAGSO l'après-midi.

LE DIXIÈME MOIS

Le dixième mois est généralement connu comme le mois du cheval. Dans le système hor, il est connu comme le mois du buffle et les Nyingmapa l'appellent le mois du rat.

Le 8ème jour est effectuée la pratique *KUNRIG* (*KUN-RIG*) de Vairocana d'après la tradition Byangter. Le 10ème jour commence la pratique de danse rituelle. La pratique Tsechu du 10ème jour est le *RIGDZIN DUNGDRUB GURU YONTEN TERDZOD* (*RIG-'DZIN GDUNG-SGRUB GU-RU YON-TAN GTER-MDZOD*), une pratique qui se concentre sur Padmasambhava et qui est un texte trésor de Rigdzin Godem.

Du 11ème au 15ème jour, le texte *ZHITRO TAWA LONGYANG* (*ZHI-KHRO DTA-BA KLONG-YANGS*) sur les déités paisibles et courroucées découvert par Nuden Dorje est pratiqué avec *NETONG* (*GNAS-STONG*), vider les royaumes du saṃsāra. Le 15, *SOJONG* est lu le matin et *NGAGSO* l'après-midi.

Le 7ème jour, a lieu le rituel *SACHOG* pour préparer le site pour n'importe quelle pratique qui serait effectuée durant ce dixième mois de l'année. Lors des six années femelles, il s'agit de la pratique du *KABGYE RANGJUNG RANGSHAR* (*BKA'-BRGYAD RANG-BYUNG RANG-SHAR*) de Rigdzin Godem et lors des six années mâles, c'est le texte du *SHINJE TSEDAG* (*GSHIN-RJE TSHE-BDAG*) de Gya Zhangtrom (*RGYA-ZHANG KHROM*) qui est lu. De plus, le 7ème jour a lieu la première répétition de la danse rituelle *CHAM*. La répétition finale a lieu le 21ème jour.

Du 23 au 27, on lit la pratique de ce mois telle que décrite plus haut et le 29, les tormas sont jetées et la danse rituelle *CHAM* est accomplie. Cela peut également être accompli lors du douzième mois. Le dernier jour du *CHAM* se tient dans le monastère et n'est pas ouvert au public. Quand les tormas sont jetées, le Dorje Lopon est vêtu du costume du Chapeau noir et il danse le *ZORCHAM* (*ZOR-'CHAMS*), la danse de l'arme projectile.

Le jour de la nouvelle lune, *SOJONG* est lu le matin et *NGAGSO* l'après-midi. Ce jour-là débute la période d'étude et de pratique, ouverte par le *DANYING* (*BRDA-RNYING*), l'étude de la forme traditionnelle de rédaction des textes Nyingma. Pour tous les moines et les laïcs en général, il y a un enseignement sur le guruyoga *LAMAI NALJOR* (*BLA-MAI RNAL-'BYOR*) et sur le *ZERNGA* (*GZER-LNGA*), la pratique préparatoire des Cinq

Clous. Pour les moines qui ont achevé leurs pratiques préparatoires NGONDRO (sNGON-'GRO), il y a un enseignement sur TSALUNG (RTSA-RLUNG), le yoga de l'énergie et sur le DZOGCHEN (RDZOG-CHEN). Aucune modification de l'ordre d'étude n'est autorisée.

LE ONZIÈME MOIS

Le onzième mois est généralement connu comme le mois du mouton. Dans le système hor, il est connu comme le mois du tigre et les Nyingmapa l'appellent le mois du buffle.

Le 3ème jour a lieu le rituel de THUGJE CHENPO SACHOG (RTHUGS-RJE CHEN-PO SA-CHOG) afin de préparer le site pour les rituels de Chenresi. Ensuite on installe le mandala de poudre-poussière de Chenresi. Le 8ème jour débute la récitation MANI BUMDRUB (MANI 'BUM-SGRUB) de 100'000 mantras de Chenresi. Le 10ème jour, cent TSOG sont offerts avec cette pratique et lorsqu'elle est terminée, le 15ème jour, l'auto-initiation DAGJUG et le rituel NEDREN pour assurer une bonne renaissance sont accomplis. De plus, le 15ème jour, ont également lieu les pratiques générales de SOJONG le matin et de NGAGSO l'après-midi.

Le 25ème jour, dans le Lhabrang Serkhang, a lieu une pratique d'après le système Tsalpa (Tshal-Pa) pour la dakini Kachöma (mKha'-sPyod-Ma).

Le 29ème jour a lieu le Guru Dragpo de Gonpo Wangyal et le lancer de fils entrecroisés GYEDO (BRGYAD-MDOS) des huit classes de dieux et de démons.

Le 30, SOJONG est lu le matin et NGAGSO le soir.

LE DOUZIÈME MOIS

Le douzième mois est généralement connu sous le nom du singe. Dans le système hor il est connu comme le mois du lapin et les Nyingmapa l'appellent le mois du tigre.

Le 7ème jour se tient une pratique de danse rituelle. Le 8ème jour, le AṢṬASĀHASRIKĀ PRAJÑĀPĀRAMITĀ SŪTRA, LA PERFECTION DE LA SAGESSE EN 8'000 LIGNES est lu. Le 10ème jour a lieu une offrande de TSOG ainsi que la pratique rituelle de JAMPAL NAGA RAKSHA ('JAMS-DPAL NA-GA RAKSHA), Manjusri sous sa forme courroucée de maître des démons, et aussi un rituel conclusif d'assermentation et d'exorcisme LAETHA TETRUG (LAS-MTHA' GTAD-SPRUGS).

Le 15, SOJONG est lu le matin et NGAGSO l'après-midi. Le même jour, ceux qui font la pratique des NGONDRO practice sont testés sur leurs capacités dans le transfert de conscience PHOWA ('PHO-BA) et reçoivent un TSEWANG (TSHE-DBANG), l'initiation de longue vie. Ceux qui font la pratique du yoga de l'énergie Tsalung reçoivent l'initiation de TUMMO MEWANG (GTUM-MO ME-DBANG) afin que chaleur et puissance puissent être développées. Ceux qui pratiquent le dzogchen reçoivent l'introduction NGOTRO (NGO-SPROD) à leur propre nature.

Le 16ème jour a lieu la bénédiction du lieu SACHOG et la construction du mandala de poudre-poussière pour n'importe laquelle des pratiques alternatives qui n'aurait pas été accomplie durant le dixième mois. Le 7ème jour est celui de la répétition pour la danse rituelle CHAM. La répétition finale se tient le 21ème jour. La pratique principale est le 23ème jour. Le 25ème jour, la pratique principale est accomplie avec de nombreuses offrandes accumulées et, dans le Nouveau Lhabrang, le NANGDRUB KHANDRO GONGDÜ (NANG-SGRUB MKHA'-'GRO DGONGS-'DUS), la pratique intérieure de l'assemblée des dakinis, est lu avec des offrandes de TSOG et de feu.

Le 28 a lieu la dernière répétition pour les danses. La danse finale a lieu le 29 et les dernières tormas sont jetées.

À la nouvelle lune il y a SOJONG le matin et un rituel CHIDAG DOGPA ('CHI-BDAG BZLOG-PA) destiné à repousser la mort l'après-midi, puis NGAGSO le soir. La nuit se tient une initiation de longue vie TSEWANG et, à minuit, les moines qui ont effectué les rituels pour les Dharmapalas font leur pratique.

Ainsi, le cycle des pratiques d'une année entière est complet.

14

Célébrations du Nouvel An

Le Losar, ou Nouvel An, a lieu le *PREMIER* jour du premier mois tibétain appelé *Chos-'Phrul Zla-Wa*, le mois des miracles. Dans notre monastère de Khordong, on croyait que la nouvelle année commençait à la fin de la dernière nouvelle lune du dernier mois de l'année écoulée. Les jeunes et les laïcs ordinaires étaient heureux de cet évènement mais pour les gens du Dharma, c'était l'occasion de considérer l'imperma-nence et la mort, et de réfléchir au peu de place qu'ils avaient laissée au Dharma durant l'année qui s'achevait et à comment ils allaient s'engager plus profondément dans l'année qui commençait.

À *Tho-Rangs sTag-Gi Dus*, l'heure du tigre, vers 2 heures du matin, lorsque le noir du ciel s'éclaircit légèrement, nous commençons *sNyang-gSang 'Bud-Pa*. Il s'agit, en soufflant dans les longues cornes de nos *Dung-Chen*, dans les hautbois *rGyagling*, et avec d'autres instruments encore, nous attirons l'attention des Trois Racines [Guru, Deva et Dakini] et des Trois Ratnas [Bouddha, Dharma et Sangha] pour qu'ils nous écoutent. Ainsi nous jouons tous ensemble selon les règles de notre monastère et le *rGya-gLing* joue l'air appelé *Dru-'Dzin Pho-Brang* trois fois. Cela dure à peu près une heure et demie.

Pendant ce temps, les huit moines connus comme les *mGon-Khang bsKang-gSo-Ba* qui ont, durant l'année écoulée, lu les rituels des Protecteurs du Dharma, accomplissent maintenant le *dNgos-Grub Len-Pa* recevant les accomplissements du *sGRUB-PA CHEN-PO BKA'-BRGYAD DRAG-PO RANG-BYUNG RANG-SHAR*. Les tulkus (*sPrul-sKu*, lamas incarnés) du monastère y participent.

Dans la deuxième période du petit matin, le *mChod-gYog*, le moine préposé aux offrandes apporte toutes celles qui sont nécessaires. Un garçon aux organes des sens en parfait état et en très bonne santé, bien élevé et provenant d'une bonne famille tient un bol de *Phye-Mar*, de la tsampa sucrée, et une fille aux qualités semblables tient un pot de chang, de la bière artisanale. Généralement, les femmes n'ont pas le droit d'entrer dans le monastère mais ce jour est particulier.

Le garçon et la fille doivent avoir l'un et l'autre entre douze et quatorze ans. Alors Mi Tsering (*Mi Tshe-Ring*), l'Homme à la Grande Longévité arrive sous les traits d'un homme très vieux et paisible accompagné par un homme habillé comme un sadhu indien, un saint errant. Ils viennent se poster devant les hauts lamas et disent, « *Lha rGyal-Lo* !», « Victoire aux dieux !» Le *'Dra-dKar* à figure de sadhu prononce de nombreuses belles paroles et des sortes de plaisanteries du style: « Oh oui, je descends de Vajrasattva. » Puis tout le monde sort à l'exception du lama principal et des grands tulkus. Le Mi Tsering dit des « *bKra-Shis bDe-Legs* », de bons vœux qu'il leur adresse, le jeune garçon leur offre la tsampa spéciale et la fille, la bière.

Le lama principal dit « *Phun-Sum-Tshogs* », « Puissiez-vous recevoir tout en abondance ! » et ensuite il dit « *Kun-Kyang Bag-Dro sKu-Khams-bZang* », « Soyez tous en bonne santé et à votre aise ! » Alors le saddhu plaisantin dit : « *Khyad-Cag brTan-Du bDe-Bar Thob-Par-Shog* », « Puissiez-vous tous être heureux ! ». Là, le *gSol-dPon*, l'intendant en chef, offre de la nourriture aux hautes incarnations et aux *mKhan-Po*, ainsi qu'aux officiers des relations publiques. On donne aux autres gurus et aux moines des pommes de terre rouges avec du beurre et le *'Dra-dKhar* dit : « Soyez tous heureux ! »

Dans la troisième partie du petit matin, vers cinq heures, un gong résonne. Tous les moines vont vers le monastère et attendent dans le hall de pouvoir entrer au son de la conque et du tambour. Les moines ordinaires entrent les premiers mais restent debout. Sur la terrasse du hall principal, le vajracharya et les autres moines se prosternent, puis entrent lentement dans le hall et se placent debout devant leur place. Puis, lorsque la mélodie *sNyan-gSang 'Bud-Pa* commence à être jouée, le mahavajracharya -c'était moi- est accueilli avec de l'encens et des prosternations. Lorsqu'il s'assied, tout le monde s'assied à son tour. Alors tous, très lentement, nous lisons le GSOL DEBS LE'U BDUN MA et nous buvons le thé quotidien. Les lamas de la vieille maison, soit ceux qui viennent de Sherab Membar (*Shes-Rab Me-'Bar*), et les lamas de la nouvelle maison, soit ceux venant de Khordong Terchen ('*KhorgDong gTer-Chen*), offrent à ce moment, en alternance chaque année, les biscuits khapse (*Khab-Se*). Ensuite, à l'extérieur, ils donnent des foulards (*Kha-bTags*) au vajracharya puis les lamas et les tulkus s'offrent les uns aux autres des foulards en disant « *bKra-Shis bDe-Legs*», « Meilleurs vœux ! », et se présentent devant le vajracharya.

Le soleil se lève à huit heures à peu près et, alors, le vajracharya, le *Pyan-Drangs*, les maîtres de récitation et de musique, et les *Chos-'Dul*, spécialistes du vinaya, pas moins d'une centaine en tout, se rendent à la maison du Terchen, dans sa cour ouverte puisque cette pratique n'est pas autorisée sous le toit du *Lha-Brang*. Là, ils lisent le LHA-BSANG RGYAL-SMAN qui doit être terminé à une heure de l'après-midi.

Près de la maison du *Lha-Brang* et là où Gonpo Wangyal (*mGon-Po dBang-rGyal*) construisit un temple, pour chacune des montagnes entourant le lieu, commence l'offrande de l'encens qui purifie, *Lha-bSangs*. Dans la cour devant la montagne, il y a un espace surélevé vers lequel environ deux cents personnes se rendent, portant des branches de genévrier qu'ils disposent pour faire un grand feu. Des offrandes de feu et de libation (*gSer-sKyems*) sont faites aux dieux locaux y compris à Gonpo Chag Drugpa (*mGon-Po Phyag Drug-Pa*), Ekajati (*Lha-Mo Ekajati*) et Nyenchen Thanglha (*gNyan-Chen Thang-Lha*).

Huit très bons yaks et huit chevaux fins avec des crins blancs derrière les sabots, huit chèvres à quatre cornes, huit moutons à quatre cornes, huit chiens noirs à poitrine blanche – tout ceci était véritablement là de même que des images de bien plus encore. Alors, au moment où on dit « *Lha rGyal-Lo* », « Victoire aux dieux ! », tous les hommes du village jettent de la tsampa dans les airs et toutes les femmes versent du chang. Ils le font trois fois, c'est le *gSum-'Dren Zhabs-Bro*. Un petit peu de chang est offert trois fois et bu complètement à la troisième offrande. S'il fait beau ce jour-là, c'est pris comme le signe que l'année entière sera paisible.

Pendant tout ce temps, alors que le soleil se lève, dans le temple, le vajracharya, l'umdze (*dBu-mDzad*), le maître de musique, et un millier de moines récitent le KANGYUR en entier. Ensuite, les moines qui ont fait les offrandes de fumée reviennent et tous lisent le GNAS-RTAN PHYAG-MCHOD-RGYAS, le rituel pour les seize arhats mahastaviras. Le Bouddha ordonna de garder et pratiquer ces doctrines et donc nous leur demandons aussi de le faire. Ceci est accompli selon le rituel de Dorje Drag.

Puis, sur un toit élevé, juste sous le daim et le dharmachakra, nous plaçons le DGE-BDUN DUNG-'KHOR et le consacrons (Rab-gNas). Après cela, tous les moines prennent un volume du KANGYUR ou TENGYUR (BSTAN-'GYUR) ou d'autres textes et circumambulent une fois tout autour du monastère et trois fois autour du temple principal. Ensuite ils remettent les livres à leur juste place et vont s'asseoir là où ils doivent. Là ils lisent le BLA-MA MCHOD-PA MCHOG NOR-BU'I PHRENG-BA et font le TSOG des offrandes rassemblées. S'il y a des moines très importants ou très vieux, alors les autres moines disent « brTan-bZhugs», « Longue Vie ! »

Les gens du village se lèvent vers cinq heures du matin, avec le premier rayon du soleil. Les enfants disent « bKra-Shis bDe-Legs », «Meilleurs vœux ! », à leur mère qui répond « Portez-vous tous bien !» Puis elle leur donne de son arak, de l'alcool distillé en disant « Phun-Sum-Tshogs », « Puissiez-vous recevoir de tout en abondance ! » Ce système a l'air d'être très respectueux à l'égard de la mère mais en réalité, celle-ci s'est levée trois heures avant les enfants pour préparer la nourriture et faire en sorte que tout soit prêt.

Les bergers célèbrent la nouvelle année à peu près de la même façon que les villageois. Les enfants disent « bKra-Shis bDe-Legs », et leur mère répond « sKu-Khams bZang ». Alors les enfants offrent à leur mère un gros pot de lait avec du beurre.

D'habitude, on ne mange pas de la bonne nourriture le premier jour. A ce moment, la lune n'est pas visible mais nous croyons qu'elle brille au sommet du Mont Meru et c'est donc le dieu de la nouvelle année. En conséquence, nous faisons l'offrande de nourriture du Zhal-Zas Tshogs, l'offrande de fumée de genévriers, bSangs et autres.

Le DEUXIÈME jour du mois, tous les moines vont de la maison de Nuden Dorje au temple principal en portant le KANGYUR. en entier. Dans le plus petit hall des textes sont lus. Le rDo-rje sLob-dPon lit le BKA'-'DUS LHA-BSANG CHEN-MO. Dans les maisons des grands lamas, dans la cuisine du monastère et dans les maisons des villageois, des tripes et des têtes de moutons sont cuites pour le troisième jour. La cuisine est faite le deuxième jour parce que nous croyons que le reflet de la lune brille sur l'océan ce qui veut dire que c'est la nouvelle année des dieux-serpents nagas, qui sont aussi les dieux de la cuisine. Mais nous ne mangeons pas avant le lendemain.

Le *Troisième* jour du mois, tous les grands lamas du monastère rejoignent l'assemblée générale. Tous les villageois des environs demandent que, chaque année, le *Kangyur* soit lu au moins une fois. Le troisième jour est le Nouvel An des humains puisque ce jour-là, la lune est visible pour tous. Alors nous mangeons de la bonne nourriture et nous nous rendons visite les uns aux autres.

Le troisième jour, le mahavajracharya va au temple avec le maître de musique, l'umdze, avec l'assistant de la torma (*gTor-Ma*), les assistants du maître de musique, le Tsultrim Gekö (*Tshul-Khrims dGe-mkod*), le responsable des moines. Là, chaque moine reçoit un très gros morceau de viande et beaucoup de biscuits khapse avec des petites pommes de terre rouges. Après ça, le Khordong Terchen leur donne à chacun un morceau de sucre et des biscuits khapse, façon de leur dire qu'il les invite tous chez lui. Et le responsable des relations publiques leur dit: « Voici, pour vous, la nourriture du grand lama. »

Ensuite, du *QUATRIÈME AU SEPTIÈME* jour, seuls les textes généraux sont lus. C'est le *Chos-sPyod Rab-gSal* le matin et le *Chos-sKyong bsKang-gSol* les prières de supplication et de réparation, l'après-midi.

Du *SEPTIÈME AU QUINZIÈME* tjour, les vieux moines qui suivent Sherab Membar lisent le *sNar-Thang bKa'-'Gyur*, le *bsTan-'Gyur* et le *rNying-Ma rGyud-'Bum*. Ensuite, ils lisent le *bDe-Can Zhing-sGrub* pendant huit jours. Ils pratiquent le *bDe-Can Myur-Lam* et le *bDe-Can sMon-Lam* de Raga Asyes pour faciliter une renaissance dans la Terre Pure d'Amitabha et le vajracharya ou l'abbé donne des enseignements sur ce sujet et sur Amitabha. A cette occasion, on ne mange que de la nourriture blanche [c'est-à-dire pas de viande]. Traditionnellement, dans l'est du Tibet, quatre-vingt-dix-neuf pourcents des gens ne mangent pas de poulet, d'œufs ou de poisson. Si le vajracharya est célèbre et populaire, beaucoup de villageois, peut-être mille ou deux mille, viendront écouter ses enseignements. Ils s'asseyent sur la terrasse.

Du *DIXIÈME AU QUINZIÈME* jour, selon le système de Pema Trinle (*Padma*

'Phrin-Las), quelques moines lisent le sGYU-'PHRUL BKA'-MA.

Le TREIZIÈME quelques moines font la pratique de 'KHOR-SDE SPYI-TSHANG qui purifie tout le samsara et le nirvana, de Khordong Gonpo Wangyal ('Khor-gDong mGon-Po dBang-rGyal) à Serlog Gang (gSer-Log sGang), là où l'oncle de Sherab Membar arrêta les grêlons qui s'abattaient et les rassembla en tas, simplement en pointant les doigts dans leur direction.

LE QUINZIÈME jour, le jour de la pleine lune, à la fin du bDe-Can-Zhing sGrub, le mahavajracharya donnera une initiation soit de Ratna Lingpa (Ratna gLing-Pa) soit le 'DRO-BA KUN-SGROL de Rigdzin Godem (Rig-'Dzin rGod-lDem), avec la pratique de mille bouddhas. Les autres moines font beaucoup d'offrandes, bDe-Can-Zhing Tshogs. La préparation de lampes à beurre est la responsabilité du sTong-mChod gNyer-Pa, l'organisateur des milliers d'offrandes. Ce jour-là, d'autres moines lisent le KANGYUR et le sNAGS-BSO des trésors du Terchen de Khordong.

Du SEIZIÈME AU VINGT-QUATRIÈME jour, en dehors des pratiques personnelles, seuls les textes quotidiens généraux sont lus.

Le VINGT-CINQUIÈME jour, dans le Serkhang de la maison jaune de Nuden Dorje, la pratique Byangter de MKHA'-'GRO GSANG-BA YE-SHES est lue. S'il y a des grands lamas qui sont malades, de l'aide leur sera apportée au moyen de cette pratique associée aux danses des dakinis.

Des VINGT-SIXIÈME AU VINGT-HUITIÈME jours, des textes généraux de puja sont lus.

Le VINGT-NEUVIÈME jour, le MKHA'-'GRO GSANG-BA YE-SHES BSU-BZLOG est lu, à l'extérieur si possible. Autrement, c'est le PHUR-PA BZLOG-PA qui est lu.

Le JOUR DE LA NOUVELLE LUNE, on lit le GSO-SBYONG et ensuite le sNGAGS-SRUNG de Rigdzin Tsasum Kundu (Rig-'Dzin rTsa-gSum Kun-'Dus).

Le HUITIÈME JOUR DE CHAQUE MOIS, on fait le rituel du Bouddha de Médecine (sMan-bLa, Guérisseur Suprême). Chaque année, tout le financement des offrandes provient de la maison de Sherab Membar. Ils envoient trois mille khal [environ 42'000 kilos] d'orge, chaque année.

Le DIXIÈME JOUR, de chaque mois des rituels sont accomplis, le

Mang-Ja ou offrandes générales de thé sont sponsorisées par des gardiens de troupeaux venant de *Jatami Chen Yu* et de *mChog-Tshang*.

Le QUINZIÈME JOUR DE CHAQUE MOIS, il y a des offrandes générales de thé venant de la propriété de Khordong Utrul (*'Khor-gDong dBu-sPrul*), qui donne deux mille khal d'orge par an.

Pour la puja de *Zhi-'Khro*, trois mille khal viennent de la propriété de Gonpo Wangyal.

Le *sNags-bSo* du jour sans lune est sponsorisé par le premier *Lha-Brang* de Sherab Membar. Ils envoient la moitié de l'orge de la maison, ce qui équivaut à environ sept mille khal.

15

Commentaires sur la culture

La culture a trois aspects : ce qui est acquis par la participation, les aspects traditionnels qui sont adoptés, et la culture acquise par l'éducation.

Concernant la culture acquise par la participation, il s'agit des comportements qui entourent un enfant dès sa naissance. C'est la culture familiale « naturelle » ou « donnée ». C'est ce qui est pris comme évident, ce qui semble normal. C'est acquis par la participation et ne nécessite pas d'apprentissage formel. Il y a des aspects qui sont absorbés par la participation, par exemple le dialecte de la famille, et d'autres qui sont révélés par la participation, par exemple les traits de caractère de l'enfant et ses dispositions, comme être généreux, égoïste et ainsi de suite.

Dans les trois ou quatre jours qui suivent sa naissance, un nouveau-né est présenté à sa famille étendue, qui est heureuse de compter un nouveau membre parmi elle. Ceux qui ne font pas partie du groupe familial sont indifférents à cet enfant qui n'est rien de plus qu'une autre personne ayant besoin de nourriture et de vêtements. L'enfant pleure et c'est le signe qu'il a besoin d'aide. Au moment où il a grandi jusqu'à mesurer la longueur d'un bras d'adulte, il est capable de dire « OM MANI PADME HUNG HRI ». Il n'est pas nécessaire de lui apprendre à dire cela, car il l'entend tout le temps. Si un enfant est heureux quand il voit un lama ou quand il en voit un danser, alors, quand d'autres personnes auront des peines et des difficultés, cet enfant les ressentira également et souhaitera rendre les autres heureux. Si quelqu'un a des ennuis à cause d'un ennemi, un bon enfant sera triste, un enfant médiocre ne réagira pas, et un mauvais enfant dira que c'est une bonne chose. C'est de la culture générale de village transmise directement et indirectement à travers des milliers de moments d'interactions. Un minimum de connaissance de ce qui est bon et mauvais est nécessaire si l'on veut survivre dans ce monde. Cette connaissance peut être rigide ou flexible selon la manière dont elle est acquise.

Pour ce qui concerne la culture traditionnelle, chaque village au Tibet avait sa propre culture locale déterminant les coiffures, les souliers, les vêtements et ornements des hommes et des femmes. Les individus n'étaient pas autorisés à métisser leur style vestimentaire. Même lorsqu'ils parcouraient plusieurs milliers de kilomètres pour faire du commerce ou lors d'un pèlerinage, ils conservaient le style vestimentaire de leur village. Les enfants portent la tenue de leur lieu de naissance. Ils gardent aussi le dialecte de leur région. Les villages ont également leur propre manière de présenter les offrandes pendant l'adoration, transmise de génération en génération. Les connexions familiales sont maintenues par le fait de se parler de manière amicale, par une volonté de soutenir chaque membre de la famille et par le fait de conserver une bonne connexion avec l'environnement. Par exemple, chaque jour de l'eau était amenée à la porte et trois gouttes offertes au ciel pour les Trois Joyaux.

Pour ce qui concerne la culture acquise par l'éducation, à travers les parents, les enseignants, et les aînés du village, les enfants apprennent la culture formelle par le biais d'histoires et d'exemples. Des histoires éducatives leur étaient aussi racontées quand des rituels étaient effectués pour les personnes malades. De plus, des drames à visée éducative comme ceux inventés par Druptob Thangtong Gyalpo, Drowo Zangmo, Alche Nangsa, Padma Odbar et d'autres, étaient régulièrement joués et ces drames montraient comment de bons résultats découlent de bonnes actions et comment de mauvais résultats émergent de mauvaises actions.

Emprunts

« Qui ne connaît personne n'obtient rien » - car ce n'est pas dans la coutume que de prêter à des étrangers. En revanche si quelqu'un est bien connu, s'il a besoin d'argent, de chevaux ou de yaks, il recevra tout ce dont il a besoin. S'il doit rendre un animal, il ne lui est pas nécessaire de donner exactement le même cheval. Si un cheval est mort, son propriétaire peut dire qu'il a besoin d'un cheval avec des qualités particulières, mais il n'est pas autorisé à les exagérer. Dans ces circonstances, si le propriétaire avait émis de fausses prétentions, le village tout entier l'aurait su, le tenant alors pour mauvais et il aurait été déshonoré.

Si des objets étaient empruntés pour une année, typiquement si cent objets étaient empruntés, alors cent cinq devaient être rendus. Néanmoins, il y avait d'avides hommes d'affaires qui désiraient recevoir cent vingt retours sur un prêt de cent objets, en guise de taux d'intérêt mensuel. Il y avait aussi un système de dépôt où vous deviez déposer un bien de trois fois la valeur de celui que vous empruntiez. Certains créanciers étaient corrects, mais d'autres étaient sans vergogne. Par exemple, un créancier pouvait dire qu'il viendrait à midi le 15ème jour de la troisième lune pour récupérer son dû, mais ensuite ne pas se présenter pour le recevoir, venir tard, ou dire qu'il était venu quand en fait ce n'était pas le cas. Sur cette base, les créanciers demandaient ensuite davantage d'argent. De nombreuses personnes faisaient cela.

Toutefois, si un moine fait des affaires pour un sponsor ou pour récolter des fonds pour le monastère, alors il doit faire preuve de prudence parce qu'il sait que les actions ont des conséquences. Si un moine fait des affaires afin de gagner de l'argent pour lui-même, alors c'est un misérable travail.

Riches et pauvres

Avant tout, je dis que si dès demain et pendant neuf ou dix ans, une famille n'avait ni revenu ni pousses, elle aurait toujours suffisamment de nourriture. Dans le Tibet oriental, il y avait tellement de nourriture disponible qu'il n'y avait pas de raison à ce que quiconque ait faim. De plus, les gens, qu'ils soient bergers ou fermiers, mangeaient une nourriture très simple qui était également très saine et nourrissante.

Généralement, chaque maison avait au minimum cinquante à cent acres de terre et les plus riches en avaient jusqu'à mille. Si les fermiers n'étaient pas paresseux, ils pouvaient gagner en une récolte trente à soixante fois ce qu'ils avaient planté. Nous croyons aussi que si nous pratiquons la vertu, alors nos efforts seront fructueux grâce à cette vertu. Donc, avant de débuter nos activités agricoles, nous faisons des offrandes aux dieux de la terre, aux dieux serpents, aux dieux de l'eau, qui sont tous sous le contrôle de Vajrapani. Au milieu de la saison fertile, nous faisons des offrandes aux Lha Srin De Gye, les huit groupes d'esprits locaux, pour qu'ils ne causent pas d'ennuis aux récoltes, et n'entraînent pas gel, grêle, mildiou, ou glissements de terrain. Quand bien même ils amèneraient grêle ou mildiou alors qu'ils ont accepté nos offrandes, il y a des pratiques spécifiques que l'on peut faire. Par exemple, dans ma région, nous avions pratiqué Tara verte selon Gonpo Wangyal et cela avait ramené les pousses à leur pleine vigueur.

Pendant les moissons, nous donnons toujours généreusement aux gens qui sont en retraite même s'ils se trouvent dans des grottes éloignées de notre pays. Dans le mois qui suit l'arrivée de la récolte dans la maison, chaque famille accomplit un kangso pour la restauration ainsi que la pratique du mandala zhitro des déités paisibles et courroucées pendant un à quatre jours, pour le salut des nombreux insectes qui ont été tués durant le travail des champs.

Cultures

Notre nourriture principale est la tsampa alors nous faisons pousser de l'orge, blanche et bleue, à griller et moudre. Nous avons aussi du sowa et du seigle à épaisse membrane, le yugpo, avec lequel nous faisons aussi de la tsampa. Le blé pousse dans certaines régions mais pas dans la nôtre, qui est trop froide. On fait également pousser des pois. On fait encore pousser du maïs, marmo lotok. Il devient grand et a des poils que l'on appelle ngema, mais il ne mûrit pas pleinement. C'est la même chose avec le piment, la tomate et le tournesol –les fleurs apparaissent mais pas de graines.

Régime

Au Tibet nous avions des radis, des navets, des épinards, des choux et des pommes de terre qui poussaient dans les environs de Lhassa, mais dans ma région ils ne nous intéressaient pas. En général, nous ne mangions pas de légumes. Nous sommes comme des tigres ; nous mangeons de la viande. Nous mangeons aussi de la tsampa, du beurre, du lait caillé, et du fromage. C'était toujours la même nourriture aussi notre corps n'avait-il pas de difficultés.

Dans notre pays, nous n'utilisions pas d'os ou de mauvaise viande périmée car nous avions de la nourriture en excès et devions même, parfois, jeter du lait caillé. Durant la mousson, il n'était pas possible de préserver le lait ou de faire du fromage aussi avions-nous beaucoup de gaspillage. Nous faisions aussi pousser de très petites pommes de terre rouges que nous mangions avec du beurre. Nous ne faisions pas pousser de légumes, mais des fleurs. Si des légumes poussaient tout de même, nous les ignorions. Ce n'est qu'après mon installation à Kalimpong que j'ai commencé à en manger. Si j'avais dit aux gens de mon pays ce que je mangeais, ils auraient dit : « Ça y est, tu es devenu une vache ! »

Viande

Où trouvions-nous la viande ? Généralement, elle venait des bergers, mais aussi du village. Pourquoi les bouddhistes mangent-ils de la viande ? Oui, ça semble très mauvais, mais même dans le Tripitaka tibétain vous ne trouverez aucune claire restriction venant du Bouddha à ce sujet. Le Bouddha dit : « Gentiment, ne le faites pas.» Nous évitons aussi de tuer des animaux à cause des quatre aspects de l'accumulation karmique : la base, qui est réification ; l'intention, qui est égoïste ; l'action, qui est blessante ; et le résultat, qui est le bonheur pour soi aux dépens d'autrui. Parce que les religieux suivent le Tripitaka nous ne négligeons pas cette instruction et, pour cette raison, les moines ne tuent pas leur propre viande mais la reçoivent d'autres personnes.

Les laïcs, bergers et villageois, diraient que tuer n'est pas mauvais parce que si l'on pratiquait le fait de ne pas tuer, ces animaux mourraient de toute façon dans les cinq à dix ans.

Bois de chauffage

Si vous n'étiez pas paresseux ou vieux, pas aveugle ou handicapé, alors à moins de cinq minutes à pied de votre maison et sans grands efforts, vous pouviez aisément trouver du bois pour une réserve de cinq jours. Le four de la cuisine devait toujours avoir du feu en train de brûler pour que nous ayons de l'eau chaude disponible et puissions faire du thé dès que nécessaire. Nous utilisons aussi de l'eau chaude pour cuire la viande ou faire plus de thé si de nouveaux invités arrivent. Buvions-nous de l'eau chaude ? Non, c'était uniquement pour ceux qui ne parvenaient pas à digérer le thé.

Logement

Les bergers vivaient dans des tentes noires en crin de yak. Ces tentes pouvaient être grandes ou petites, de vingt à cinquante pieds de diamètres et de cinq à douze pieds de haut, de chaque côté. Elles étaient faites de bandes de laine, tissées de la largeur d'un empan. Ce tissage serré les rendait très résistantes.

Les paysans avaient quatre à cinq pièces, chacune avec une porte mais pas de fenêtre, juste une longue ouverture dans le toit pour la fumée et la lumière, ouverture qui devait être recouverte par temps pluvieux. Les portes étaient inutiles. Parfois, le matin, j'ai vu des gens dormir entourés de moutons et de chiens. Quand je leur demandais: « Ne dormez-vous pas porte fermée ? », ils disaient : « Si. » Alors je demandais : « Alors par où est passé le mouton ? » Ils répondaient : «Par la porte. » Nous avions aussi des voleurs. Certains volaient par pauvreté, mais il y avait aussi de riches voleurs.

Animaux

Dans ma région, une personne pauvre possédait entre cinquante et cent yaks, entre dix et vingt chevaux, et entre cent et cinq cents moutons, mais une personne riche avait un millier de chevaux [*tongta*] et dix mille dzo ou yaks [*trinzo*]. Si on voulait compter leurs yaks, on ne voyait qu'une grande masse noire, depuis le haut de la colline. Un dzo a un yak comme père et une vache comme mère, tout comme une mule a un cheval comme père et un âne comme mère. Ils avaient aussi des moutons et des chèvres, mais il n'était pas dans les habitudes de nos bergers d'avoir beaucoup de chèvres.

Il y avait aussi des animaux non-domestiques, comme le drong, qui est comme un buffle mais avec de très longues cornes, mesurant jusqu'à cinq ou six pieds de long. S'ils étaient tués et pesés, ils auraient donné quelque chose comme cinquante quintaux de viande, ce qui est équivalent à un éléphant indien. Il y avait aussi le kyang, un petit cheval de montagne, et les gyara[1], les gowa[2], les shawa[3], les nawa[4], les tso[5], les chiru[6] et les kyin[7] – il y avait tant d'animaux à cornes et aux sabots fendus, incluant le daim musqué. Il y avait des tigres, des léopards, des ours, des tremong[8], des chats sauvages, des renards, des loups, des sa[9] , des yu[10] -de nombreux carnivores différents.

Il y avait de grands corbeaux, des cha tra ma, des chung gong kye, des ke chi war, des nyu dzang et de nombreux autres oiseaux.

Aussi, dans et près de l'eau, il y avait des grenouilles, de petits et de grands poissons, et parfois dans les grandes rivières, des poissons capables de bloquer son cours- mais c'est un mauvais signe !

Il y avait des serpents, petits et très dangereux. Il y avait de nombreuses créatures volantes, comme des papillons, des lucioles et ainsi de suite, mais nous n'avions pas d'abeilles. Dans notre maison, il y avait des chats, des rats, des mouches ordinaires et des mites.

Saisons

De la fin du cinquième mois jusqu'à tard dans le sixième mois, il y avait six semaines de pluie ininterrompue durant lesquelles vous ne voyiez jamais le soleil ou le ciel. Aussi, au Tibet, pendant le onzième et le douzième mois, il y avait beaucoup de neige et le temps était lourd, période durant laquelle les vieilles personnes trouvaient difficile de respirer et où plusieurs d'entre elles mouraient.

Dans les longs voyages, il fallait traverser de nombreuses rivières et, du troisième au dixième mois, parce qu'il y avait peu de ponts, il fallait faire de nombreux détours et cela rendait le voyage très long. Toutefois, du dixième mois au début du troisième, il était possible d'aller partout rapidement parce que les rivières étaient gelées. Ainsi, un voyage qui prenait deux jours pendant l'été pouvait prendre une demi-heure en hiver. Pour cette raison, quand les gens voyageaient pour des raisons culturelles ou pour rencontrer des amis, ils préféraient le faire durant l'hiver.

Manger et boire

Notre thé venait de Chine. Nous y ajoutions du lait et rarement seulement, du beurre. Dans certaines régions avoisinantes, les gens faisaient une sorte de soupe avec de la tsampa et un thé fort et la mangeaient avec du fromage, du lait caillé et de la viande. Le lait et les douceurs étaient considérés comme de la nourriture pour enfants.

Les gens en bonne santé, dès qu'ils pouvaient voir les lignes de leurs mains le matin, prenaient du thé avec de la tsampa, du fromage et du beurre. Puis vers neuf heures, ils prenaient du thé et de la tsampa. À midi, ils mangeaient de la tsampa, de la viande, du beurre et du lait caillé. À quatre heures, du thé et de la tsampa. À huit heures, du thé, de la tsampa, de la thugpa [soupe], de la viande, du lait caillé et du fromage. Chaque village avait ses propres coutumes concernant la nourriture et, même, chaque maison avait ses propres pratiques. Quatre repas par jour étaient considérés comme essentiels, mais cinq c'était mieux. Si quelqu'un ne mangeait que quatre repas, alors son dernier repas était pris à dix-sept heures trente.

Les moines se nourrissaient de manière identique, mais ceux qui avaient pris la pleine ordination gelong ne mangeaient aucune nourriture nécessitant d'être coupée ou mâchée l'après-midi.

Dormir et se réveiller

Les laïcs se réveillaient aux premiers sons du coq. Ils mangeaient pour remplir leur estomac, puis sortaient pour revenir vers deux heures de l'après-midi, pour leur repas. Ils ne travaillaient pas après cela et dormaient immédiatement après le dîner.

Les moines se levaient aussi au chant du coq. Ils récitaient alors les écritures et méditaient. Ils menaient ensuite la journée entière en suivant le modèle de leur monastère et dormaient après le dîner et l'accomplissement des récitations quotidiennes requises. Les jeunes moines allaient dormir tôt et les vieux moines pouvaient y aller plus tard. Le matin, personne ne dort après quatre heures trente ou cinq heures, lorsque le ciel est clair. C'est la vision des villageois et la pratique des moines du village, toutefois les moines des monastères ont des idées différentes.

NOTES

[1] Gyara, une sorte d'antilope-chèvre, Capricornis sumatraensis.

[2] Gowa, gazelle tibétaine, Procapra picticuadata.

[3] Daim de McNeil, Cervus elaphus macneili.

[4] Nawa, mouton bleu ou bharal, Pseudois nayaur.

[5] Tso, un autre type de gazelle.

[6] Chiru, antilope tibétaine à très longues cornes, Pantholops hodgsoni

[7] Kyin, Ibex, Capra ibex.

[8] Tremong, ours brun tibétain, Ursus arctos pruinosus.

[9] Sa, léopard des neiges, Panthera uncia.

[10] Yu, lynx.

16

Rigdzin Godem
et
le Sikkim

Il y a trois excellentes incarnations qui sont les plus grands découvreurs de trésors (*gTer-sTon*), chacune ayant les bénédictions du Corps, de la Parole, et de l'Esprit de Padmasambhava. Le Tertön semblable au soleil qui est l'incarnation du Corps du Guru est Ngadag Nyang Nyima Ozer (*mNga'-lDag Nyang Nyi-Ma 'Od-Zer*). Le Tertön semblable à la lune qui est l'incarnation de la Parole du Guru est Guru Chokyi Wangchuk (*Guru Chos-Kyi dBang-Phyug*). Le Tertön qui est comme le joyau exauçant tous les souhaits, l'incarnation de l'Esprit du Guru, est Rigdzin Gokyi Dem Truchen (*Rig-'Dzin rGod-Kyi lDem-'Phru-Can*).

Ici, nous nous préoccupons de l'incarnation de l'Esprit, Rigdzin Gokyi Dem Truchen, connu comme Rigdzin Godem. Il naquit le dixième jour du premier mois de l'année du buffle d'eau dans le nord du Tibet, dans le village de Toryor Nepo (*Thor-Yor Nas-Po*), en face du versant est de la colline appelée Riwo Trabzang (*Ri-Bo bKra-bZang*). Son père, Lopon Dudul (*sLob-dPon bDud-'Dul*), appartenait au peuple hor ; sa mère était Jochem Sonam Khyedren (*Jo-lCam bSod-Nams Khye-'Dren*) et lui s'appelait Ngodrub Gyaltsen (*dNgos-Grub rGyal-mTshan*).

Le texte intitulé *'KHRUNGS-RABS sGRON-MA RNAM-GSUM* dit ceci: « Sa tête est large et il a un grand front, signes que sa vue et sa compréhension sont très hautes et difficiles à mesurer. Il a un grain de beauté au point du brahmaranda sur la couronne de sa tête, signe que sa porte de sagesse est ouverte. » Ainsi le texte énumère-t-il ses caractéristiques symboliques.

Le texte *sNYING-THIG MAN-NGAG DON-BDUN* qui est un trésor (*gTer*) de Rigdzin Godem lui-même, dit : « Né l'année du buffle d'eau, il possédait un grain de beauté symbolique et, signe de la bénédiction qu'il avait reçue de Padmasambhava, des plumes de vautour poussèrent deux fois au sommet de son crâne. »

Ainsi, lorsqu'il eut douze ans, trois plumes de vautour apparurent au sommet de sa tête et, quand il en eut vingt-quatre, deux plumes supplémentaires apparurent, si bien qu'il en avait cinq au total.

A l'âge de vingt-cinq ans, il trouva le joyau Man-Shel du naga à la source appelée Dutsi Chumig (*bDud-rTsi'i Chu-Mig*). Il le montra à Zangpo Dragpa (*bZang-Po Grags-Pa*), qui séjournait à l'ermitage appelé Manglam Ritro (*Mang-Lam Ri-Khrod*). Sous la direction de ce dernier, le huitième jour du mois du serpent de l'année du cheval de feu, alors qu'il avait vingt-neuf ans, des trois piliers de pierre du rocher blanc *'Dzeng* près du sommet de Riwo Trabzang, il sortit les clés, ou guides, des trois grands trésors (*gTer*) ainsi que de cent petits trésors (*gTer*) et il déposa à leur place quelques trésors de remplacement (*gTer-Tshab*).

Vers neuf heures du soir le quatrième jour du mois du mouton de la même année, à la grotte de Zangzang Lhadrag (*Zang-Zang Lha-Brag*), sur la crête de Riwo Trabzang qui ressemble à un amas de dangereux serpents, Rigdzin Godem sortit le coffret[1] du trésor de cuir marron qui avait été fait par trois personnes dont les noms se terminaient tous par Gon (*mGon*). Ce coffret était divisé en un compartiment central et quatre compartiments secondaires, et il en sortit les grands profonds trésors (*gTer*) connus comme les « cinq trésors », Dzonga (*mDzod-lNga*). Pour les décrire brièvement, au centre se trouve le *sNying-mDzod sMug-Po*, le trésor du cœur de couleur brune. À l'est se trouve le *Dung-mDzod dKar-Po*, le trésor de la conque de couleur blanche. Au sud se trouve le *gSer-mDzod Ser-Po*, le trésor doré de couleur jaune. À l'ouest se trouve le *Zangs-mDzod dMar-Po*, le trésor de cuivre de couleur rouge. Au nord se trouve le *lCags-mDzod Nag-Po*, le trésor de métal de couleur noire. Ces trésors contiennent les textes suivants : *bLa-sGrub* ; *rDzog-Chen dGongs-Pa Zang-Thal* et *Ka-Dag*; *rTsa-rLung Phag-Mo Zab-rGyas* ; *Thugs-sGrub gSang-sGrub Drag-Po rTsal* parmi d'autres encore. Rigdzin Godem écrivit plus de cinq cent textes sur la base de ces textes principaux.

En général, les profonds trésors Ter (*gTe*) sont l'unique méthode permettant d'apporter le bonheur au Tibet et dans les autres pays maintenant et à l'avenir. Ces Byang Ter (*Byang-gTer*), en particulier sont ceux qui promeuvent le Dharma, préviennent les guerres, font cesser les épidémies, pacifient les luttes internes, contrôlent les démons, nourrissent l'Etat et contrôlent les maladies dangereuses, car ils contiennent tout ce qui est nécessaire au bien des êtres.

Ces doctrines contiennent également les clés ou guides vers de nombreux endroits et, spécialement, vers les sept grands lieux sacrés et secrets. Pour ces raisons, le Byang Ter est célèbre partout comme «le Ter (*gTer*, trésor) qui est comme un ministre protecteur et dispense ses bienfaits pour le Tibet tout entier ».

À la fin de sa vie, Rigdzin Godem se rendit au Sikkim (*Bras-Mo gShongs*) et ouvrit la voie vers les lieux sacrés[2]. Il devint le Guru de Chogdrub De (*mChog-sGrub-sDe*), le roi de Gung-Thang et cela apporta du bonheur au peuple du Tibet.

Puis, finalement, ayant accompli de nombreuses actions comme celles-ci, à l'âge de soixante-douze ans, avec de nombreux signes incroyables, il fondit son esprit dans l'espace englobant tout du dharmadhātu. Ainsi fut-il hautement bénéfique aux êtres sensibles et au Dharma.

Du Ladakh à l'ouest jusqu'à *Dar-rTse mDo* [Tachienlu] près de la frontière chinoise, et des terres de Mongolie au nord jusqu'au Sikkim des temps anciens au sud, il y a eu de nombreux détenteurs de la lignée du Byangter et maintenant ils se répandent aussi dans les pays occidentaux.

Alors qu'il ouvrait la voie des lieux sacrés du Sikkim, Rigdzin Godem Truchen (*Rig-'Dzin rGod-lDem 'Phru-Can*) fit cette prière :

> « *Corps, Parole, Esprit. Grand Maître, accordez-moi tous les réels accomplissements. Bien que je sache que les apparences mondaines*

sont illusoires, une saisie de ces apparences déroutantes comme étant des choses réelles en elles-mêmes survient toujours. Mes poisons et leurs subtiles traces ne sont pas épuisés. Je vous prie, bénissez-moi en coupant la racine de tous les espoirs et désirs.

Corps, Parole, Esprit. Grand Maître, accordez-moi tous les réels accomplissements. Face aux manifestations impermanentes des mauvaises actions de cette période dégradée, la renonciation survient et je rejette les objets de mes espoirs et désirs. Pourtant, je suis troublé par la souffrance du désir pour les objets de mon usage quotidien. Je vous prie, bénissez-moi en coupant la racine du désir et de l'envie.

Corps, Parole, Esprit. Grand Maître, accordez-moi tous les réels accomplissements. De précieuses méthodes pour chasser les souffrances liées aux trois poisons ont été exposées par les Jinas dans de nombreux enseignements, pourtant je me trouve très fortement sous le pouvoir des subtiles traces karmiques qui sont si difficiles à abandonner. Je vous prie, bénissez-moi en coupant la racine des actions négatives.

Corps, Parole, Esprit. Grand Maître, accordez-moi tous les réels accomplissements. Les situations causales extérieures, les situations causales intérieures et les situations survenant soudainement émergent toutes de la racine de la croyance en la dualité. À présent, je sais cela, pourtant je ne suis pas libéré du pouvoir des obstacles de Mara. Je vous prie, bénissez-moi afin que mon esprit se manifeste dans sa nudité.

Corps, Parole, Esprit. Grand Maître, accordez-moi tous les réels accomplissements. Je vous prie, bénissez-moi par la libération des chaînes de la croyance en la dualité. L'esprit lui-même est non-créé, arrivant aisément dans son propre mode. Il n'est pas fait des bonnes actions et qualités des bouddhas, et il n'est pas lié dans la prison du naufrage, de la torpeur et du vacillement. Avec la brillante, radieuse, éclatante lumière naturelle de la conscience, la vaste mère dharmata et son enfant se rencontreront rapidement.

Ainsi, n'étant pas rendu stupide par les mauvais amis que sont les situations où surviennent la paresse et le relâchement, je protégerai fermement et tendrement la bonne maison de sunyata et, par cela, la mère dharmata et son enfant se rencontreront rapidement.

Puis, dès cet instant, j'agirai avec force pour le bien de ceux qui errent dans le samsara. Je dois accomplir les actes d'un bodhisattva. Je dois accomplir une grande vague de vertu pour le bien des autres. Je dois gagner le véritable pouvoir de retourner et de vider entièrement le samsara. »

Notes

1 Le coffret mesure une coudée de haut, a la forme d'un joyau et sa circonférence est d'au maximum la longueur d'un bras.

2 Il s'agissait auparavant d'une terre cachée et inconnue.

DÉDICACE

S'il y a un quelconque mérite dans ce livre,
nous le dédions à tous les êtres sensibles
Et s'il en est dépourvu,
puisse-t-il se dissoudre dans sa propre nature vide.

ཕན་པར་བསམས་པ་ཙམ་གྱིས་ཀྱང་།
སངས་རྒྱས་མཆོད་ལས་ཁྱད་འཕགས་ན།
སེམས་ཅན་མ་ལུས་ཐམས་ཅད་ཀྱི།
བདེ་དོན་བརྩོན་པ་སྨོས་ཅི་དགོས།།

Quand la simple pensée d'aider les autres
Est plus excellente que de vouer un culte à tous les bouddhas
Il n'est même pas nécessaire de mentionner la grandeur qu'il y a
À œuvrer pour le bonheur de tous les êtres sans exception.

[Extrait du Bodhicharyavatara de Shantideva]

Bibliographie

Ouvrages en anglais

Low, J. SIMPLY BEING: TEXTS IN THE DZOGCHEN TRADITION, 3rd ed., (CPI Antony Rowe, November 2010)

Lama, C. R. and Low, J. RADIANT ASPIRATION: THE BUTTERLAMP PRAYER LAMP OF ASPIRATION, (Simply Being, July 2011)

Low, J. BEING GURU RINPOCHE: A COMMENTARY ON NUDEN DORJE'S TERMA, VIDYADHARA GURU SADHANA, (Trafford, Canada, 2006)

Low, J. BEING RIGHT HERE: THE MIRROR OF CLEAR MEANING, (Shambala Publications, 2004)

Lama, C. R. And Low, J. THE SEVEN CHAPTERS OF PRAYER, AS TAUGHT BY PADMASAMBHAVA OF URGYEN, KNOWN IN TIBETAN AS LE'U BDUN MA, (edition khordong, 2008)

Dudjom Rinpoche, Jikdrel Yeshe Dorje. Dorje, G. (Tr and Ed). THE NYINGMA SCHOOL OF TIBETAN BUDDHISM: ITS FUNDAMENTALS AND HISTORY, (Wisdom Publications, Boston, 1991)

Ouvrages en français

Low, J. (trad. Nathalie Koralnik et Patrice Sammut), LA SIMPLICITÉ DE LA GRANDE PERFECTION, RECUEIL DE TEXTES DZOGCHEN TRADUITS DU TIBÉTAIN ET PRÉSENTÉS PAR JAMES LOW. Éditions du Rocher, Monaco, 1998.

Low, J. (trad. Nathalie Koralnik et Patrice Sammut), DANS LE MANDALA DE PADMASAMBHAVA. Éditions Khordong-France, Belmont, 2010.

Lama, C . R. et Low, J. (trad. Nathalie Koralnik et Patrice Sammut), LA PRIÈRE EN SEPT CHAPITRES, ÉCRITE PAR PADMASAMBHAVA. Éditions Khordong-France, Belmont, 2010.

Low, J. (trad. Nathalie Koralnik), LE MIROIR AU SENS LIMPIDE : TRÉSOR DU DZOGCHEN. Éditions Almora, Paris, 2009.

www.ingramcontent.com/pod-product-compliance
Lightning Source LLC
Chambersburg PA
CBHW060317100426
42812CB00003B/800